前田育徳会尊経閣文庫編

尊経閣善本影印集成 55

消息礼事及書礼事 他

八木書店

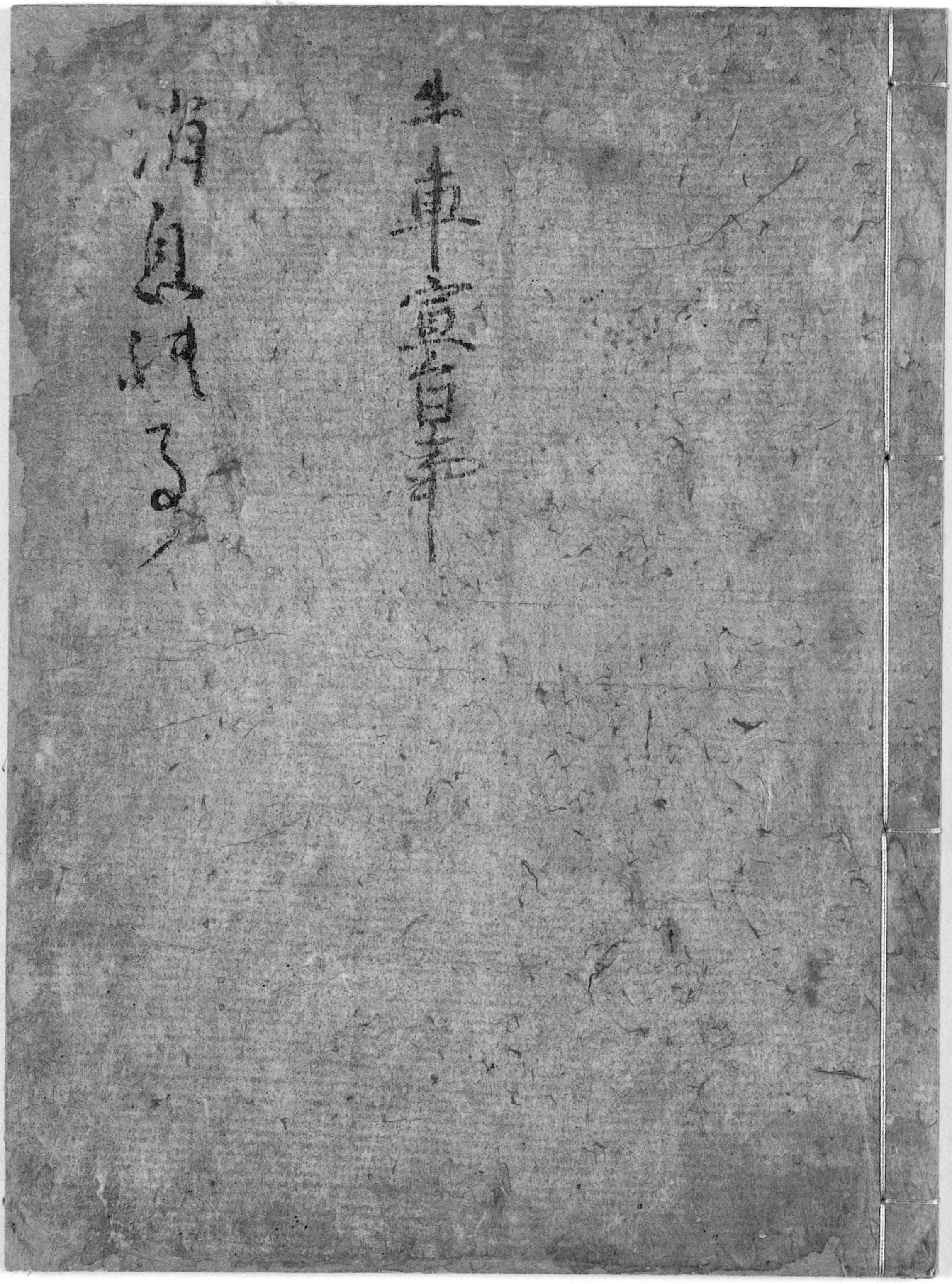

消息礼事及書礼事　表紙（本文三頁）

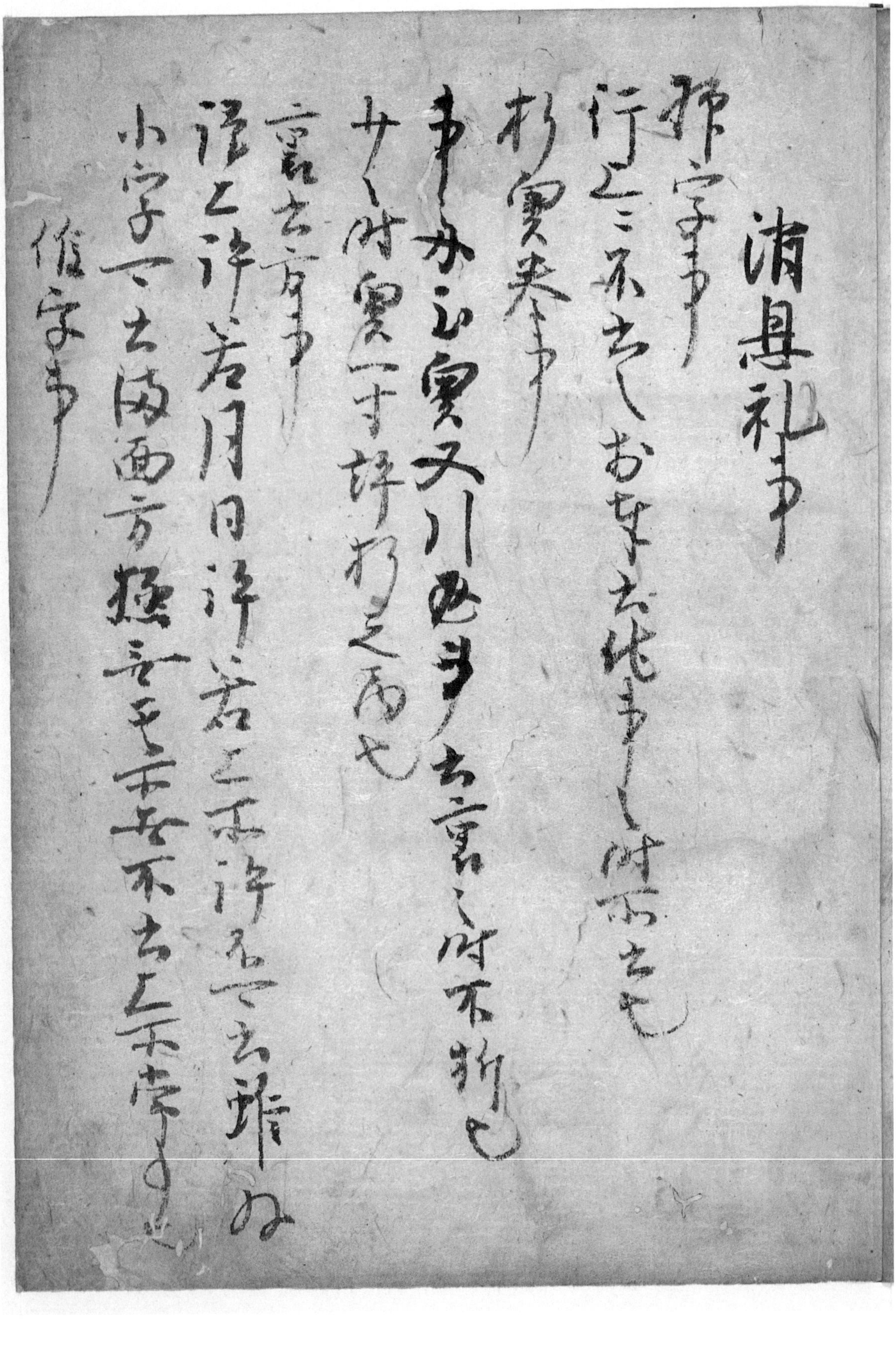
消息礼事
仮字事

消息礼事及書礼事　消息礼事（本文五頁）

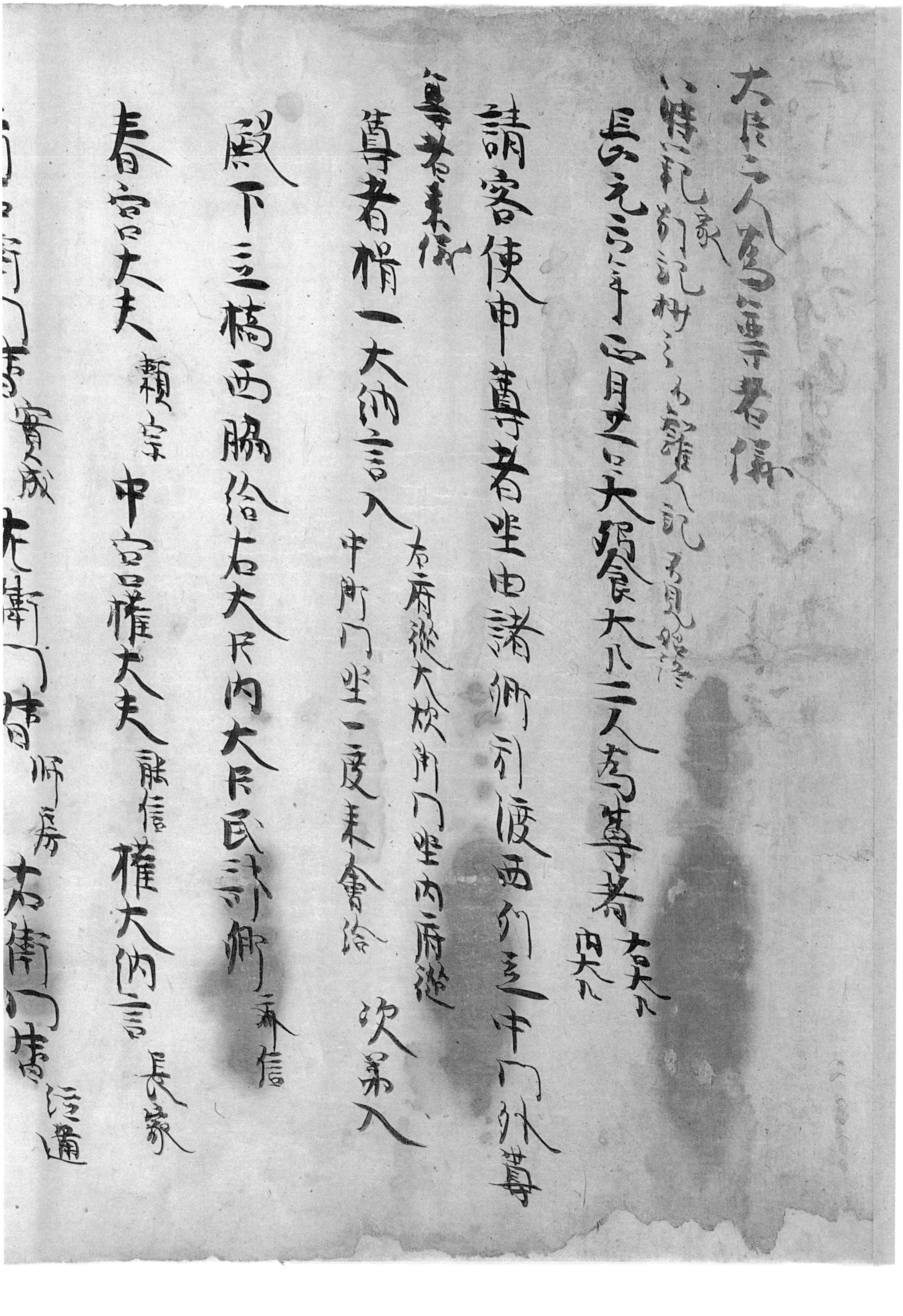
大臣二人為尊者儀
時範記家 別記卅三而蔵人記不見此儀
長元二年正月廿二日大饗大臣二人為尊者 右大臣 内大臣
請客使申尊者坐由諸卿列渡西対之中門外尊
尊者来儀
尊者揖一大納言入 右府従大炊御門坐内府従 中御門坐一度来會給 次第入
殿下三橋西脇給右大臣内大臣民部卿 斉信
春宮大夫 頼宗 中宮権大夫 能信 権大納言 長家
左衛門督 実成 左衛門督 師房 右衛門督 経通

大臣二人為尊者儀（本文四四頁）

大要抄

大内十二門

陽明門　近衛御門ト云　北ノハシ

陽明門ノ次ニ在東門　東御門ナリ

待賢門　中ノ御門

郁芳門　大炊御門　大宮大路ニ向

已上東面門也

美福門　壬生ノ御門云　東ハシ

朱雀門

皇嘉門　ウタウ寮ノ御門云　西ノハシ

已上南面ニアリ二条大路ニ向アリ

大要抄　大内十二門（本文六三頁）

鳥羽院御時之上前摂政人許之不見
二ケ度宣旨人ハ於宮城門ニ下車云々

車様事

檳榔　四位公卿人皆乗之、其詞
一同也、庇車　院　親王　関白　大臣
乗之、庇ノ躰ハ如常ノ方輿ノ上ハ白袖ハ居
車中ハ竪文也云々
半庇　院　親王　摂之物見之上

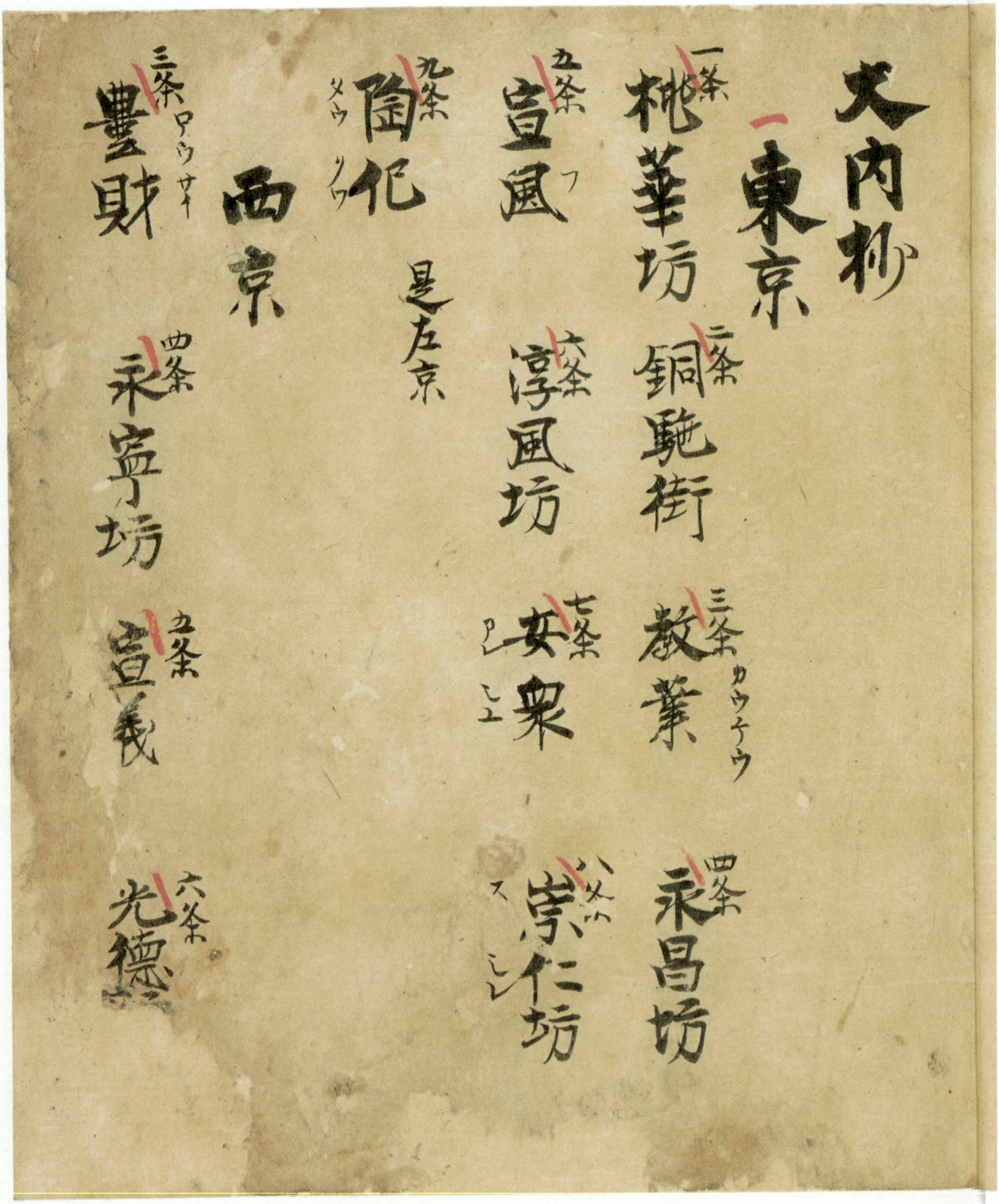
大内抄

一東京

一条 桃華坊

二条 銅駝街

三条 教業 カウゲウ

四条 永昌坊

五条 宣風 フ

六条 淳風坊

七条 安衆 アンヒユ

八条 崇仁坊 スヽン

九条 陶化 タウクワ

是左京

西京

三条 豊財 ホウサイ

四条 永寧坊

五条 宣義

六条 光徳

大内抄　東京／西京（本文一一五頁）

七条 敏財

八条 延嘉坊

九条 開達

是右京

二
大内裏

二○ 殿 弘仁九年四月以殿門号題額

大極殿 朝堂院正殿名

豊楽院 朝堂院正殿 本名乾臨閣

武徳殿 馬場殿是也

紫宸殿 内之一謂南殿

○服暇事 間　第集

仁平二年八月四日 左府被脱祖母帯云々 今出河原有此事云々
保元二年十二月廿六日 今夜於門外除服 去比播磨入道女子逝去也
重服
保元三年十月七日 母堂入滅給 予相扶而参向 件同服之後参三条
十一月廿八日 今日始出仕 申刻着素服事 申具素服訖 先参殿下 次参向
金吾御許 花山院 是奉相具可参内之故也 然早以令参内給云々 而退
家上参五位殿 令着陣給 有申文事 令着殿上給
廿日 着衣冠 申具衣服訖 参内
十二月十三日 申刻着衣冠 参博陸御許 次参内 日来依神事不参内
保元三年五月十日 於法勝寺被行千僧御読経 仁王経可勤之由先人
同申参人 依来参之 是為息男御願 重服之者尤可有憚者也

例言

一、『尊経閣善本影印集成』は、加賀・前田家に伝来した蔵書中、善本を選んで影印出版し、広く学術調査・研究に資せんとするものである。

一、本集成第七輯は、平安鎌倉儀式書を採りあげ、『内裏式』『本朝月令要文』『小野宮故実旧例』『年中行事秘抄』『雲図鈔』『無題号記録（院御書）』『春玉秘抄』『春除目抄』『京官除目次第』『県召除目記』『禁秘御抄』『局中宝』『夕拝備急至要抄』『参議要抄』『羽林要秘抄』『上卿簡要抄』『消息礼事及書礼事』『大臣二人為尊者儀』『大要抄』『大内抄』『暇服事』の二十一部を十一冊に編成、収載する。

一、本冊は、本集成第七輯の第十一冊として、『消息礼事及書礼事』（一冊）、『大臣二人為尊者儀』（一冊）、『大要抄』（一冊）、『大内抄』（一冊）、『暇服事』（一冊）を収め、朱がある原本については、墨・朱二色に色分解して製版、印刷した。

一、原本は遊紙を除き、墨付で第一丁、第二丁と数え、各丁のオモテ、ウラをそれぞれ本冊の一頁に収め、図版の下欄の左端または右端に（1オ）、（1ウ）のごとく丁付した。

一、目次及び柱は、原本記載の編目名等を勘案して作成した。

一、原本の包紙の上書などを、参考図版として附載した。

一、各書目について、左記の各氏執筆による解説を収載する。

『消息礼事及書礼事』…川島孝一（徳川林政史研究所）　『大臣二人為尊者儀』…宮崎康充（元宮内庁書陵部）

『大要抄』…徳仁親王・木村真美子（学習院大学史料館）　『大内抄』…中込律子（学習院大学）

『暇服事』…稲田奈津子（東京大学史料編纂所）

平成二十七年十一月

前田育徳会尊経閣文庫

目　次

消息礼事及書礼事

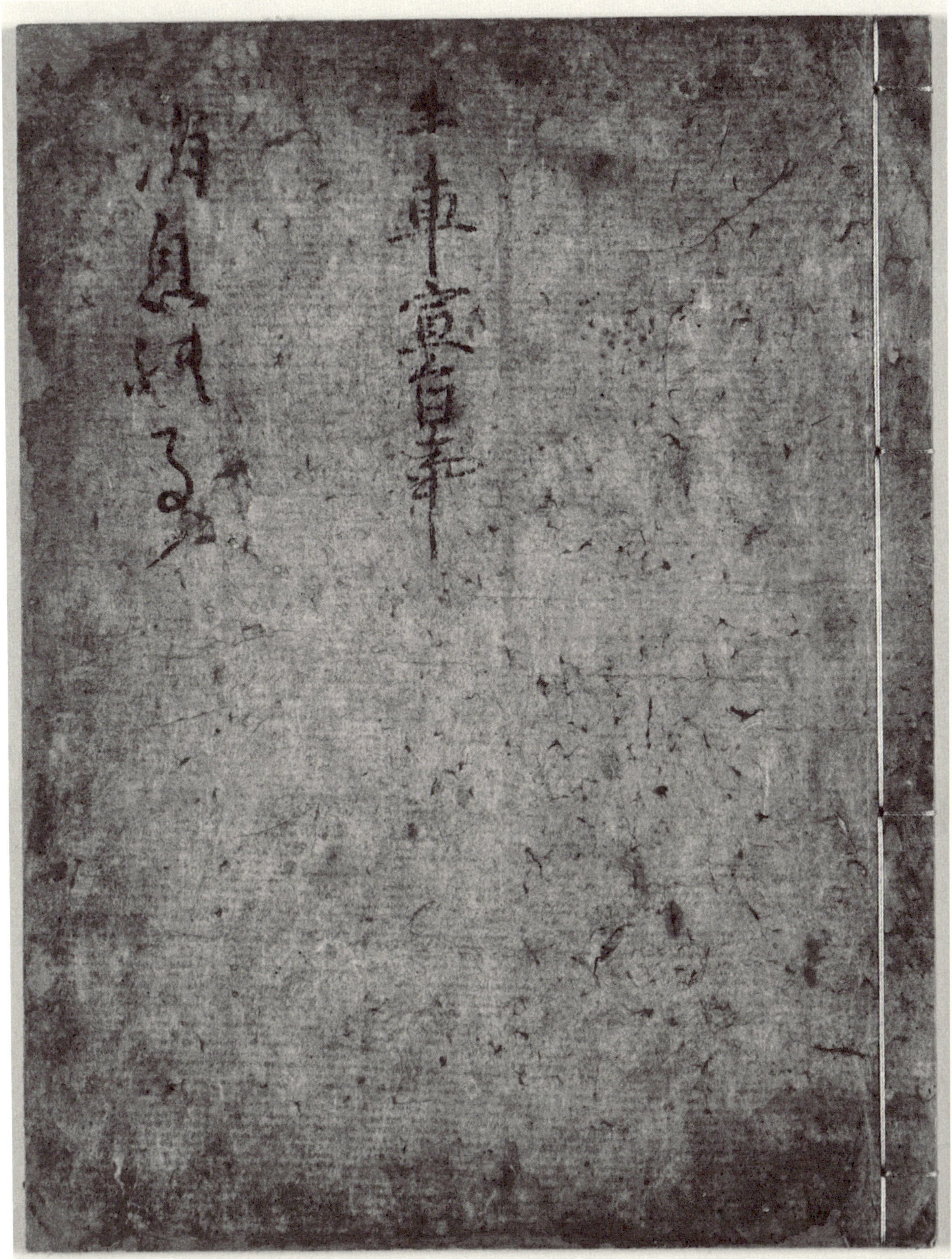

消息礼事及書礼事　表紙

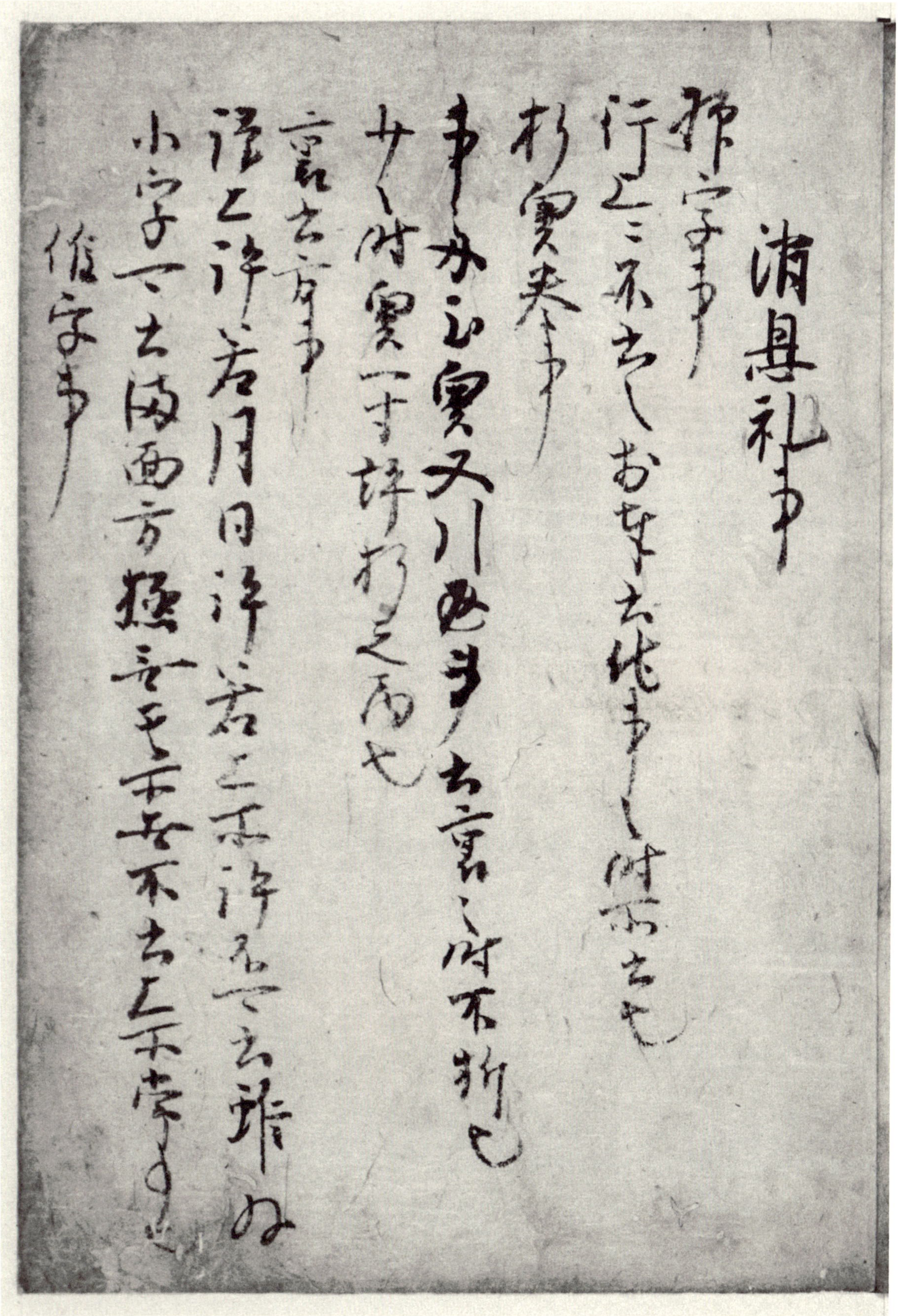
消息礼事

（１オ）

封字之如此書事〻

言上状事

故中御内書下知被書以後者十文加様用言上状

事也

懸紙事

同人口宣事不可覧礼状於中四季文之時

ハ被書入之事也

用五枚事

用言上状加懸紙ハ二枚礼三紙之五枚也

是様無強之消息書封内結立紙之下段

法性寺殿御時二條院御在位之事御沙汰
如件其下ニ名字被書事自藤原云々以名関白時々
知足院入道殿被書花園左府ニ消息被
用五枚左府只最末ニ以筆事自筆可書
厩馬助清則被書事付使被書由
云使ノ物也故明経博士師元朝臣平云々

上下事

進上字中古職事書之下如此書之也近二
近代直不書之或子息或家司許進之
新大納言之時如此書之字

（2オ）

送人外礼之時必付消息頭結事者其古来法
其綴也又礼紙ノ内ニ不書證言也朱書也
封紙ハ返事ニハ不用シテ本紙ハ紙ヲ切別テ一封也
封様ハ返事ニハ不用シテ送ニ一封也立文ハ厚紙ヲ
裏ヲ下捻也紙面ヲ内ニ巻也三段ニ成ナル消息ハ
可為重也
天台座主之興福寺別当宛所書状事ハ
進上　天台座主御房　左大弁など
進上　興福寺別当僧正御房 [illegible]
頭弁大夫ハ謹上ト下書也為宗信ノ故也東寺等

長者三井長吏非如上寺長吏不可書追上
字與天台座主同称号別當頭并ノ許ハ只
謂之頭并殿ニテ可書也五位ニハ不書上所只民部ニ位也
并下者ニ書事ノ存也此ハ数テ如此書也又僧モ
八幡別當轉ノ法印存也此ハ書ニクケレハ只法印
御室僧都御房ト書也何不書上所事ハ可随上下
也尋常ノ人ニハ無禮ニテ略事ノ存也
上謂之
親王大臣ハ下ヨリ書之許ハ書文ハ大臣殿ニトノ流
判シテ一般殿也雖テハ書何書事ノ為上有定乎

（３オ）

未ハ只御使ニ返報ヲ伝者申セモ内京ハ去ニテ候し
又云四ハ上人ハ許ヲハ草去ナニ骨シ故旧ハ申ハ
御事ヲ云ニ善人ハ草去ツ老附僧侶ナスハ可申候也
多モ去ルトモ去り清具也ハ云ニ去る人名ニテ可被申し
殿も但今ノ名字ハ云ニ居里ニハ恩ハ謹言ト可去
上云ハ謹モ中間言ヲ但ナト可去乞僧ハ一申シ也云モ
何モ殿女候ナトト可去シモ上云ハ居字名ヲ可去親王
御字ナトヘ之進状ハ父ハ御名ヲ去テ進上仁和寺
御房ナト可之去状叙不殊ニ為御家人不屈家
斗ツ人ニハ様ヲ内ハ可申シ也高也ナト被去し

故法性寺殿朝隆ニ許ニ其文ニ彼　御書ハ消息
下ス也トアルハ消息トモ云 北下也 云ハ彼イキシ消ト
云事也 才ツ云絶義也　御気色トアルハ云下ス[illegible]
也　仍ハ消息トハ有令[illegible]之事也
非親族人ハ許不ハ信之君ハ又ニ下文具名ン
之信許ハ[illegible]　又何尊ハトモ云也　云事也
時言ハ一同之侶者下ヰモ進之天名庄ニ云[illegible]事
無云謂事不[illegible]旅ホシトモ也又付下ヰ之人
天名庄之住人名ツ云リ　無謂不知故字ヲ
天名庄ニ共福寺別当ハ政所トモ云也 餘

（4オ）

申ハ貴ハ侍ト申ス也度ニ無偏別当ハ改テシ
相伝也
大略ハ此人許ヘ弁文ト申ト云ハ子細事也
去候判一殿事也ト返状ハ忽諾儀ト存也
委謂
二人名事
百様ノ義一ニハ名ハ二文字有ハ二人ト云ハ我名ノ
義也相字ノ字ヲ書ニ二人ナレト云事也一ニハ着
奈良皇勝奈良相云物筆不告進之
我名如此去習事也
白人ニハ一字ヲ書時ハ去

右位不及二合下許書之
付消息様故台雲路民部入道信範卿被書
置之也

（5オ）

（5ウ）

書礼事

進上

父主人所進上殊敬人ニ書之但主君ニ進上ト
字還云俟ト云儀有之其故者進上ト書ハ只直ニ
状其消息之儀也於不限主人殊下敬之人云云
其家人之名与家人為末筆者可存同之礼
也但賜主君ニ自筆文之時者其筆文之許
状云進上人之御中某上或ハ名乙某殿兄弟
或云家人名某上ニ者御所進上者伯叔共所相違
随人依事可相計歟　長兄若無礼与父同

（6オ）

謹上
其官二三重上臈人ニ書之、但品位不足之言之
人、雖為官位之上臈、不及沙汰歟、又近
代謹々上ト不書之、無謂事歟、但謹上も頗無
便宜、上も過分ナル人許ヘ不書上、只一流也、与不
知子細之人樺憤事也、然而不便事歟
謹上
所聞之人書之、常礼也
謹奉
最重少前書之時、大草若ハ頗下臈人ニ書之

當時殊ニ如此書ハ、謹上也

奉上

昔者書之近代一切不然

言上如件

至極敬人ニ書之

上啓如件

言上ヨリ猶劣リ先上ヨ殊敬人ニ書也

執啓如件

謹々上人ニ書シ猶敬シテ礼也或又謹上人ニ書也

執達如件

（7オ）

未同人なし与謹上同
爲六位之者遣四位五位許消息ニハ謹上執啓
四位五位遣蔵人職事三位許状モ同前中納言
許ニハ進之上啓大臣許ニハ進之言上中弁
頭ニハ弁大弁以下中納言許ニハ執啓大納言
許ニハ上啓也頭中将同前但家々説不同也
謹言
称下モ人ニモ
恐々謹言
未乗或称殿シ人なし与謹上同礼也

恐惶謹言
謹々上或進上人事之殊敬之礼也
頓首謹言
進上之人ニ極敬ノ時也　或恐惶頓首　誠恐頓首云々
其謹言
同前但其頓首謹言ナト書ハ今少深キ礼也
謹状　以状
上々下　宣旨院宣之時書之常状ニハ不書
恐々被　謹言ナト書テ　謹言如此書之謹状ト 或
書是故實也専僧許へ書之凡僧ニハ以状

（８オ）

僧綱ハ謹状ト書常事也

退言上

其謹言ト書極人ニ書之

退言上

退言上ト書極人ノ中ニ殺下乞人ニ書也或又

上乞人ニ孔テ常通消息人ニ書也

退申

同人与謹上同

重謹言

書札紙裏之間也其謹言退言上退言上ナト

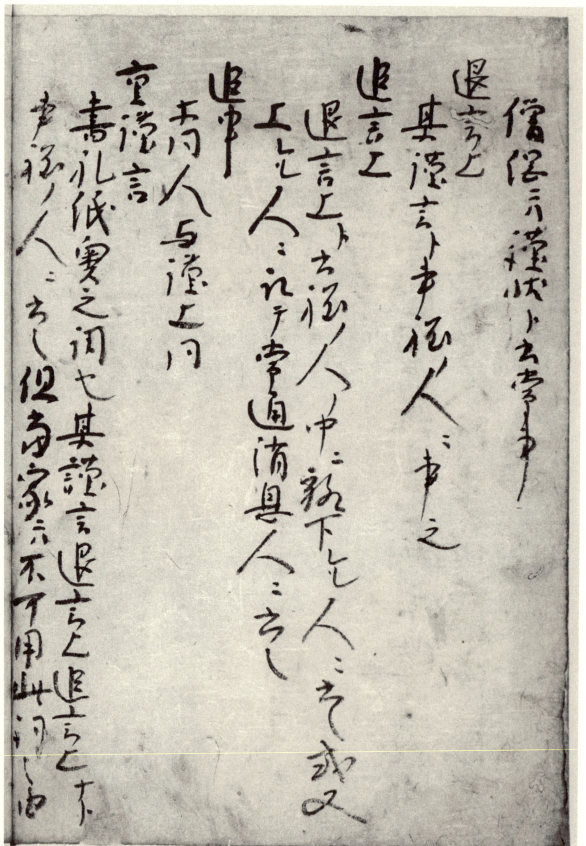

書極ノ人ニ書也但当家ニハ不可用此詞者也

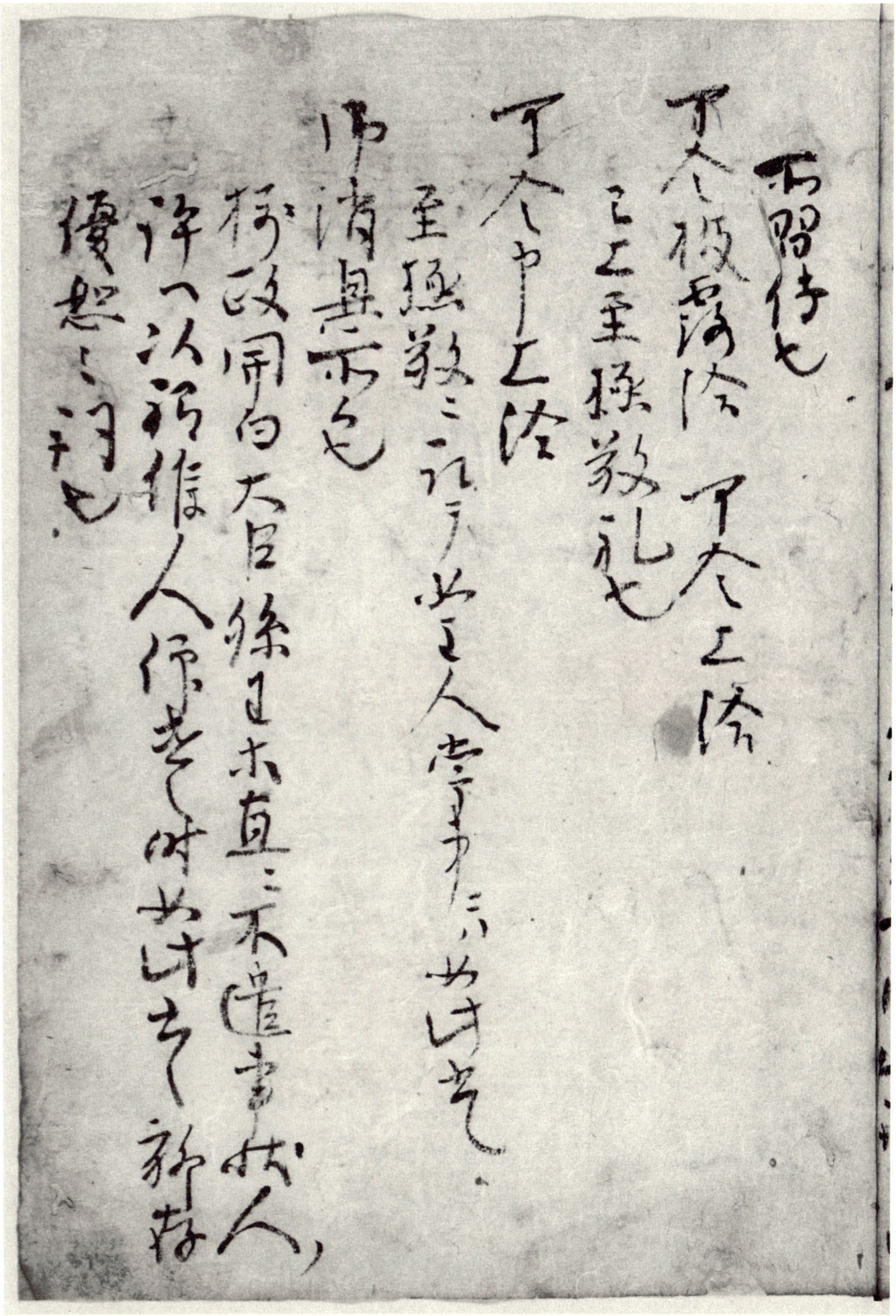

（9オ）

依御気色執達如件者
家人或僧家門弟ノ中ニ用ラルヘキ人ニ
云之消息ト云ハ消(イキヅ)息トモ云テ直得其言
之儀也云ハ御有命人御気色多ハ如此下知
也依貴人仰下知者云ハ御言多ハ
不云云是故ニ其モ云モ故其言多ト云ハ顕
色ニ顕ルヽ詞也云貴女ナトニハ御筆可書見
之哉在下存知事也遠孔門院御時瞻
觀宗本ヨリ言多ナト云シモ時有職ノ筆
傾申ケシキ

某上　殊敬人
某請文
月来但御義之處　委ハ請文字无し不謂
五位職事小納言許へ下　宣旨ノ時様
大納言某請文ト云し或又依之下之人
近来謹不云も
某状
等同ノ人ニモ　少上ヒヒ人ニモ　云し但近代
然しも不云
某奉

（10オ）

其上ニ六奉ノ字可書之　但近代不必然
消息ニ五段礼ト三事有リ　須宸筆
御書之時用此礼　非常作　至極敬礼也
消息ニ懸紙二枚　其次ニ又懸紙一枚　又
諸ニ懸紙一枚　已上五段也　次ニ敬ニ三紙
也　懸紙二枚　諸又一枚　已上三段也　又常
事ノ也　紙捻ニテノ結　三文ノ之下事　殊
敬時結之　如又并ニ結　又レハ此ヨリ
下ノレハ無　許ノ結ヘ　又文ニシ中ニ続而已
附結ノ　如又三ト　附一方ニシ結ハ事ノ

結之又有書様只消息ニハ立文テ上ノ
方ヲ結テ帛ヲ中ニ號附ハ下ヲ結也是之
陛下之口傳也
消息三枚ニ成ニハ巻テ帝ヌヘシ　二枚アル消息ノ
書ノ奥ニ月日ノ許ニ書事ハ不下頭ナル事也
相構テ面ニ月日ヲ書テ尚モ奥ニ書ヲハ不可出
不然ハ文書ノ奥ニ注上ナト云字ヲ一書略也
二合書事有様ノ儀一ニハ若ハ二文有ハ
稱号ノ義也　其覺字ナトモ　二合ト付ハ意也　一ニハ
昔奈良ノ京ノ時奈良草ト云物小野ノ篁ナト

道公之其時我為ﾂ出仕事ニ十二年也ナﾑﾉ
古昔ハ世ル事モ無下ニ薄如此時ノ例モ二合
字事時ハ不可信用只二合ト許書之為
近代我身信用ノ様テ二合ノ為ハ恐書事
人多不用之
平出　字闕ハ載今文白也ニ不可書之
天子　太上天皇　女院しか老皆闕字也其代
称号今者不平出ニ書ニ無闕事也今ニ渡
太上皇ハ号ヲ若ニハ女院ハ非一字
闕者太上皇猶平出也　春宮　中宮　后

閑白モ闕字也ニ
三文ニハ畏リソ白牛車言シ上ス也 他家ニモ
本式ハ学者ナレシ近有家ト云テ
手紙ニ言シ上ニス也 深院也 知足院殿
事ハナト念ヘ 鳥羽院 御之 何三文シテニモ
モ候也
右三文ニ用二枚書ニ表礼状ニ祝シ事也
消息ニハ不為事 不存礼儀之故用二
枚状 男也 女者 許状 古畏リシ三文ニス 不
可然事也

(12オ)

普通ノ三字文ハ上ハ短ク下ハ長ク摠ル也名字ハ
也又三文ツハ上長クシテ下ヲ短クス是故ニ書ヲモ
人不知事ナリ本自然存知ノ事也自知足院
殿并福門院ヘ被進色々文ヲ見ニ上ヲ
長クシテ捻目ニ被ノ書付儀不習侍之間
侍ニ尋会
三文ノ上下ノ分ヲ早ニコキ成ス人アリ是
不可然歟也只自由ニテ有也
消息ノ端ヲハ廣ク書テ三行人ニ為所書

孫ッ之侍也云々　此事未知之是非ハ官文之様也
常ノ消息ノ端ノ様ニハケス、シキ事也
案文等ヲ消息ニ巻具スルニハ取懸紙テ
礼紙ノ中ニ籠ル也　有懸紙ヲハ不巻具シテ別ニ
礼紙ノ外ニ相副テ立文ノ中ニ籠ル也
太神宮ヘ申文ヲ巻具スルニハ不撤懸紙ノ不了
天神之礼之故也
僧徒ノ状ヲ巻具スル時ハ不用懸紙僧文ニハ
不了有礼儀ト云義也　但宗教ノ家ニ孫存付候

（13オ）

他家ニハ不如此歟ニテ大形家之外ハ一段寺
務被升人ヘハ御所消息懸紙シ撤シテ参也
況下主文相具事努力ゝ不可然
下人内書或ハ院ヘ被遣御消息ニハ人々
御中開白判　但是ハ直ニ被奉御書之
師ナラテハ一人ゝ事入ゝ也尤播殿開白ハ
太上天皇ト不同之礼也近代ハ信俸院中
不及子細被下　震筆御書付若其或其
請文ナト或文御返事ゝ時人ゝ御中ト下テ
事ナト其中消息被下事況有直ノ御文ニ直ニ

此返事ナシ憚ル故也　次ニハ人モ給書人御
書テ此付字院アリ　但此儀頗不被得心
事也　自書ニ自筆ニ御書ノ時被仰事ナシ
礼紙ニ奏具シテ令返之

進上

御事遣テ付紙返ノ令計色入始之
此礼儀近代人不知之非常事歟
親王与大臣其礼相同　牛判以下不混之上謹言
可為時宜之　但當院御子等其家隷並　親王
若不其混俗是又随天下之品法一斟酌可事歟

（14オ）

又雖同太子儲貳長嫡者不一准也
親王与大臣雖有同礼太政大臣者下准
一品親王之由見于格式二品三品者不如
次可相當左右大臣已下如者雖為親王者二品
已上者殊一数以兄者自餘貴種人哉
太政大臣宗帥者世々不當人也此為保元
朝務者彼人令象之時太弁尚人頭已下皆
在事之則大相國參内世々雲客是従之由
依有故障也如者事礼上人々一旦以
雖皇子皇孫皇后親王以下不及其礼者未盛

同撰録之子息歟　富有院宣之時石口綸旨
大相ノ宮僧正御房ニテ　事ハ常事也
殿下若雖如御家人不任家司之輩ハ
直ニ書御文非家司人ニハ内々申し思ヨリ之也ニ
御意者太下状書様之内太下状様中御意在之
進之人ハ御中或様也　上御門状ト書へし
但可依太下御意也　四品諸大夫参議三位ハ
進上人々御中　書宗ハ太下子息子或御
家人のれきし
雅量宗ニ為蔵人頭之時中御門宰相許ヘ

（15オ）

直ニ右大臣なト書之、二ヶ所被宣之、經民院并
當爲一上様可ㇾ同、太宰帥以下給非違使別當
皆居行幸外之時者、居処ニハ別當殿下不書之
右衛門督在京右兵衛督在下書之、故實也
非違別當赴城外之時者、欲載成ニテ、在辞中
逐衛尉殿、至于地下五位六位給非違使可
爲此儀、非ニテ別當殿下事無ハ追例之者ハ
只書其官

（15ウ）

凡書札者僧官位〻上下僧品階〻差殊
殊或優宿老之年或優勝於為会
〻況有〻更不可守一隅者也老已及病
閑事〻〻是即随要公〻付許也今案
為格有依人之寵望如清其代任古
或世雖有補書与〻事及表何内〻一
見〻外如力〻不可及掛落如恥〻
建保五年三月廿一日書写〻為而義訓書
此為手耳毎閑之粗雑而為錦

（16オ）

為備向後之亀鏡、故ニ御筆ヲ一筆染候也、
雖不堪之添削、同草本殺、雖倣清書也、
要老病之間、不使他筆、於御前事写、
件草本帰被破之畢、但依恩書儀遺、
流深納箱底、不及他見之間、此書全為
他本一冊之、、、

向相国禅閤内々度々被前段禅門
遺草覚書等寿直遺之、同仁法元年
十月九日相具消息五代二巻之遣之

右蒙甚三位中将実藤卿判云々彼
本為家奥被優之間追書写之
以此子細於伝此末書之人又節
随他見苟非其要早破之而
経典之判處而已
探真記之

消息礼事及書礼事　裏表紙

大臣二人為尊者儀

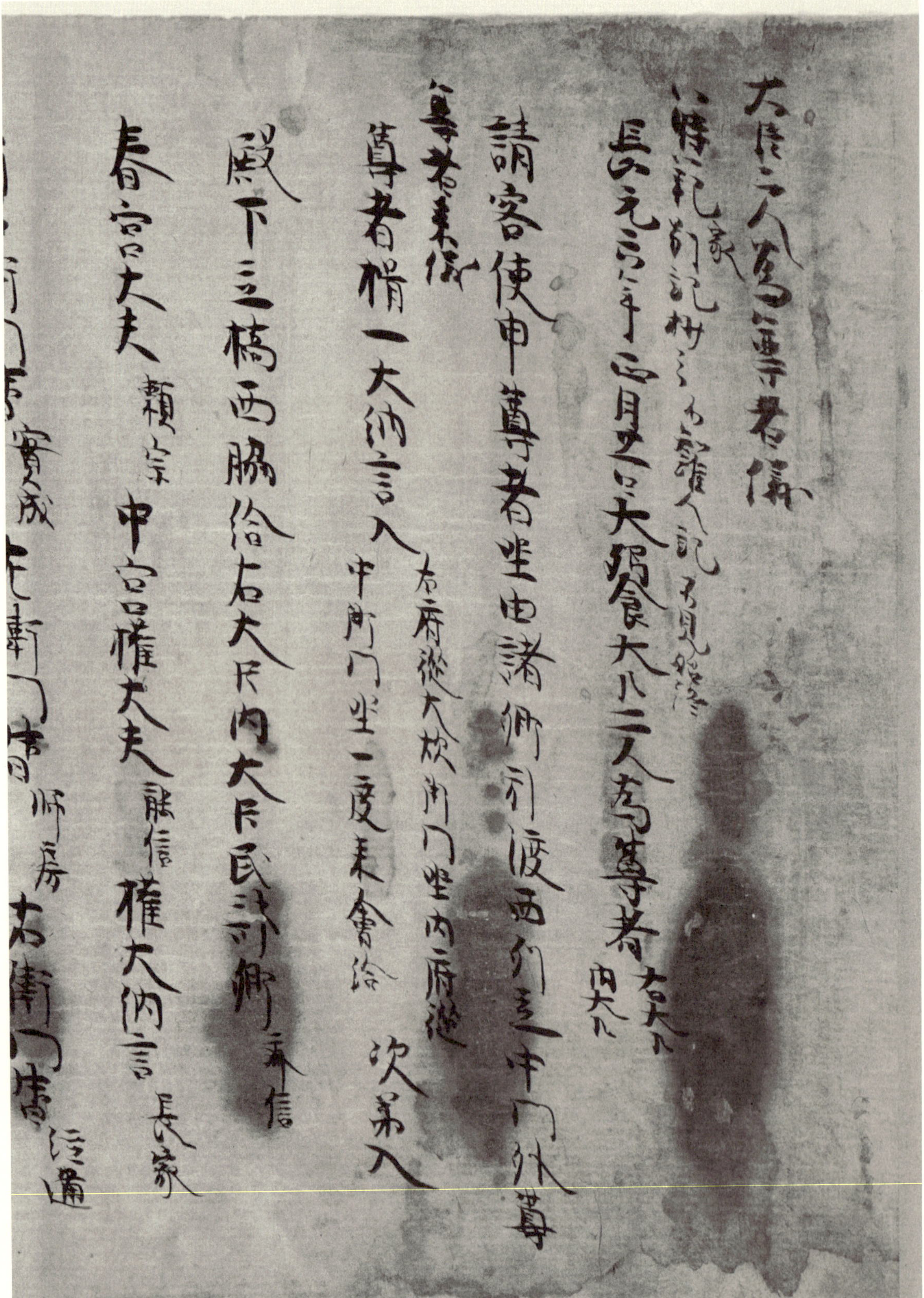

(1)

春宮大夫頼宗 中宮権大夫能信 権大納言長家
前右衛門督実成 左衛門督師房 右衛門督経通
侍従中納言資平 権中納言定頼 大蔵卿通任 右宰
相中将兼経 右兵衛督朝任 左宰相中将顕基 等
列之
以下西上北面異位重行列之 尊者当南階立給
拝礼
再拝之後主人渡東給揖譲尊者〻〻又以揖
譲再三如此相雙上給 主人東尊者西主人帝上
膝一級給以左足為先給 右府

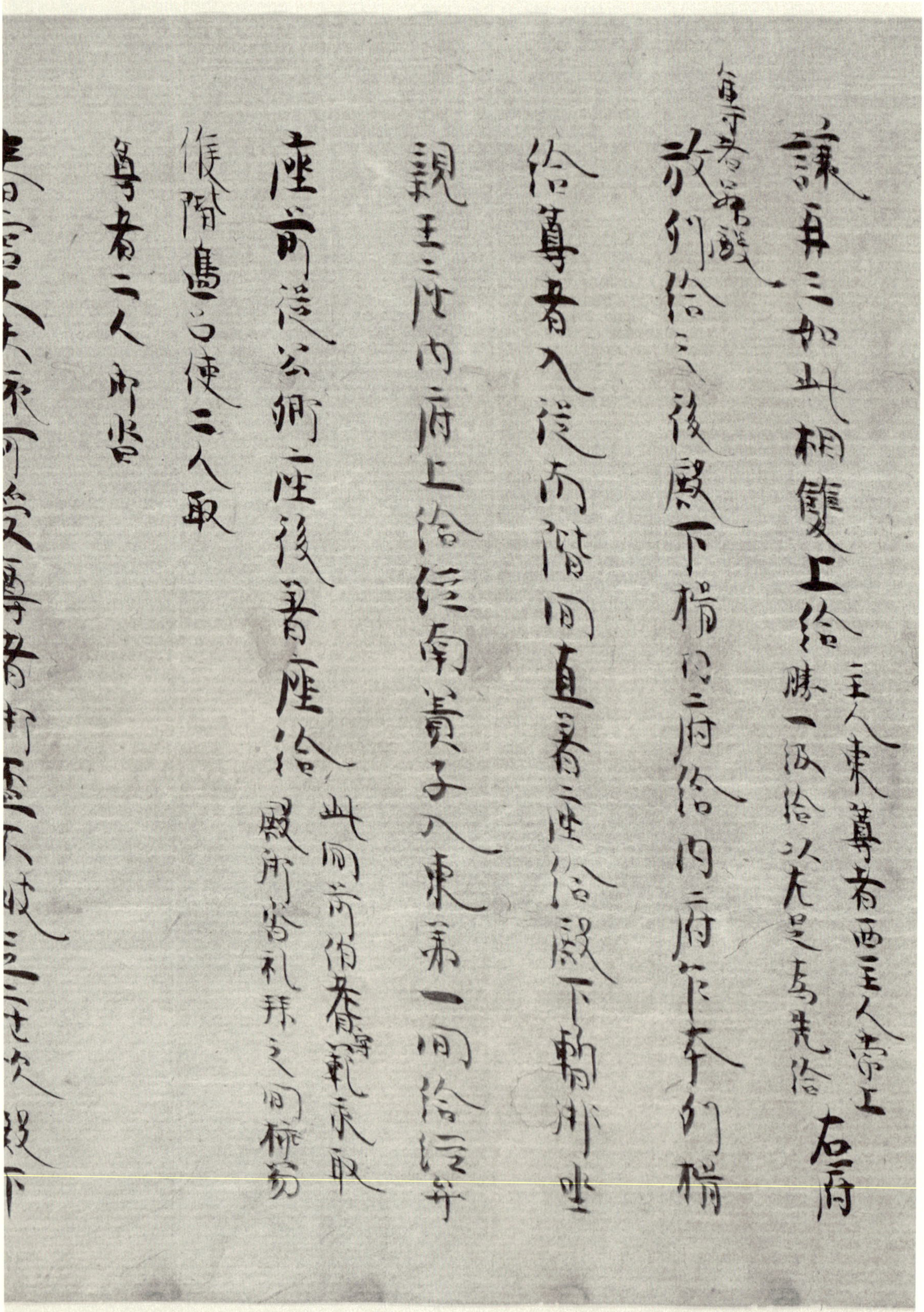

譲再三如此相譲上給（主人東尊者西主人常上／勝一級給以左足爲先給）右府

（尊者昇殿）於列給之後殿下揖次内府給内府[illegible][illegible]列揖

給尊者入從西階間直着之座給殿下[illegible]揖坐

親王之座内府上給從南簀子入東第一間給從弁

座前從公卿之座後着座給（此間前伯耆守範永取／殿所皆礼拜之間[illegible][illegible]）

從階隱召使二人取

尊者二人前皆

是日富大夫[illegible][illegible]受尊者[illegible][illegible][illegible][illegible][illegible]三[illegible]次殿下

尊者二人 兩皆

春宮大夫依可受尊者御盃不被立之欲 殿下

入從一間於尊者南令候給前大貳惟憲卿爲

更居勸盃 取瓶子 殿下出從一門給從實卿西

行給此間前甲斐守範國 殿上人取円座敷南

廂從東第二間 殿下着座給次供殿下御前

注史生

物机一脚 次右少弁定親起座 被餛飩 供座末

著起之

升座之右東第二間中央膝行跪第二間西柱東

(2)

注史生
物机一脚　次右中弁定親起座　披覧 著起之 候座末
斜進居東第二間中央膝行就第二間西柱東
邊揖　尊者右府申云　史生召　尊者譲主人
給　主人譲尊者　給　尊者目給弁

上書不限何事云々
以諸記分別記略耳之
右宗人記大臣饗儀之
二條師通
永保四年正月廿一日内大臣家大饗大臣二人為尊者

（3）

上並御所向事也

近衛家記略抄之 中宮権大夫記 又貞(?)被注之歟

永保四年正月廿一日内大臣家大饗 大臣二人為尊者 二條所過

尊者 左大臣 堀川 右大臣 六條

使帰参申尊者来歴由于時未一點 納言已下

列立中門外 尊者 左府自二条大路街坐 右府又自同大路街坐 西門前

著宮寺下車儀

並車下給 主人立階西頭給 稍引程給 兩尊者揖

入列儀

一大納言次第列立 列立庭中 異位重行 再拝之後

進中儀

入門揖合尊者又揖合主人尊者

入列儀
一大納言次第列立　列立庭中　異位重行　再拝之後

庭中儀
主人揖尊者給尊者又以揖給三譲了尊者

左大臣放列寄砌下又以揖譲次階下揖譲了

上給主人又揖右大臣給右府揖譲如初　此間尸

昇殿儀
大臣渡親王座上直著外座給右府主人相並

昇階給　左府上臈　一級給　右府経簀子入自西一間経弁座

前着實座給主人暫佇立親王座　此間蔵人能遠取　主人佇沓拝乱之

前着奥座給主人暫候坐親王座 此間蔵人頭能遠取主人沓持乱之

間挿笏侍立作揖居

召使二人取尊者二人沓

勧盃之儀

主人自西一間於尊者左南令敷給宮内卿公定

朝臣 蔵人頭 為奥座勧盃 入自西一間経弁座前勧之 或云可渡弁座上云々 諸大夫

立位 取瓶子尊者放盃之後出自西一間経貴子

東行給伯耆守知綱取讃岐圓座出自東方

敷西第六間 迫西柱 主人着座給

次右中弁尹家朝臣着起座之座末料

（4）

敷西第六間（迫西柱）主人着座給
次右中弁伊家按鼰鼿着起座従座末廚
進居西第二間中央膝行於西第三間西邊（三丈之儀）
揖尊者右府申云史生召乎尊者目給弁揖
唯廻自本路着座召右大史祐俊宿祢
次尊者以下退出（尊者召之儀）（両尊者自南階降給 主人下立階下給）先是賜殿下
并尊者右府御随身腰差（各疋絹）

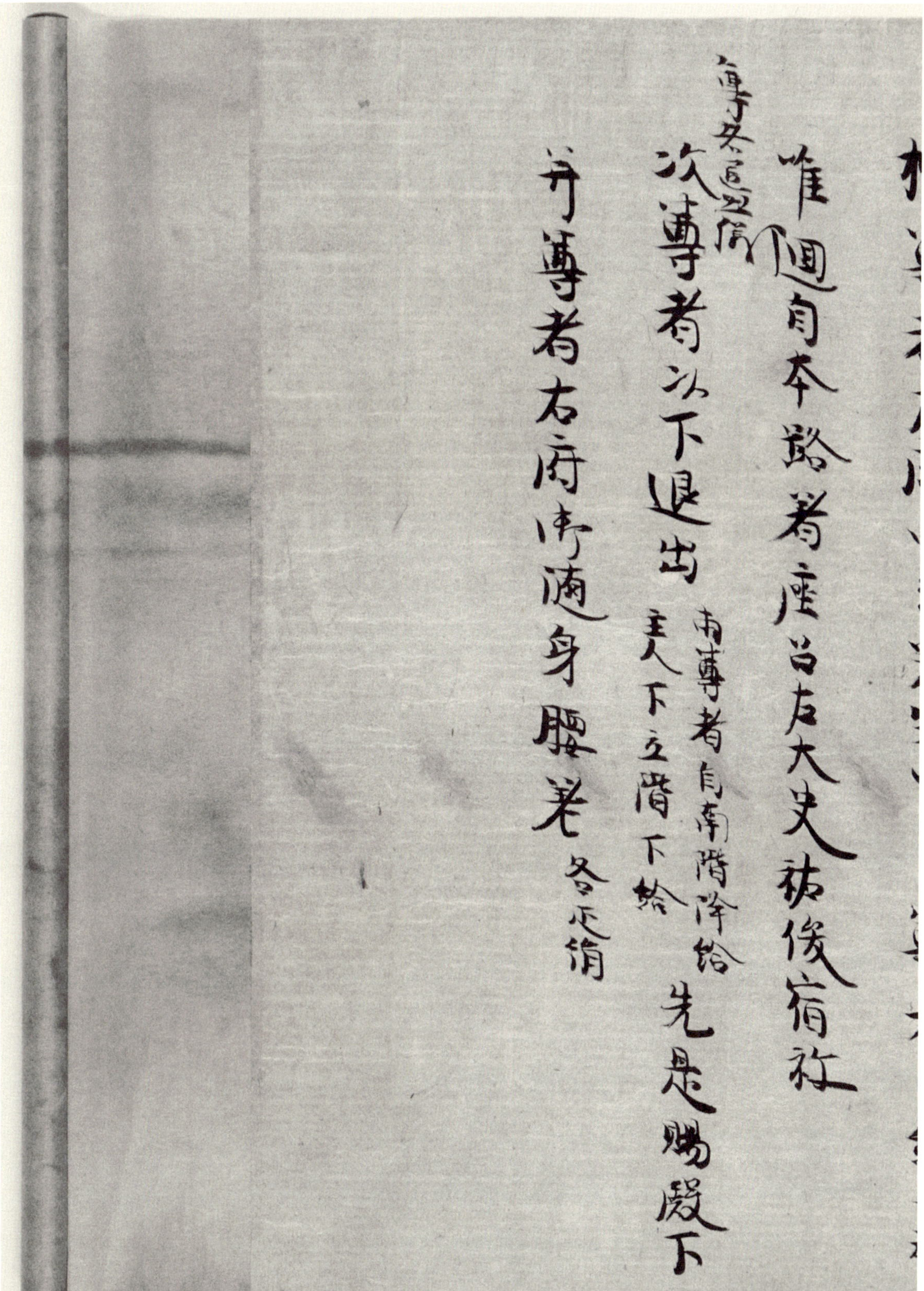
唯廻自本路着座右大臣揖後宿祢

尊者来迎之所

次尊者以下退出

尊者自南階降給

主人下立階下給

先是賜殿下

并尊者右府御随身腰差

各疋絹

大臣二人為尊者儀　端裏書

大要抄

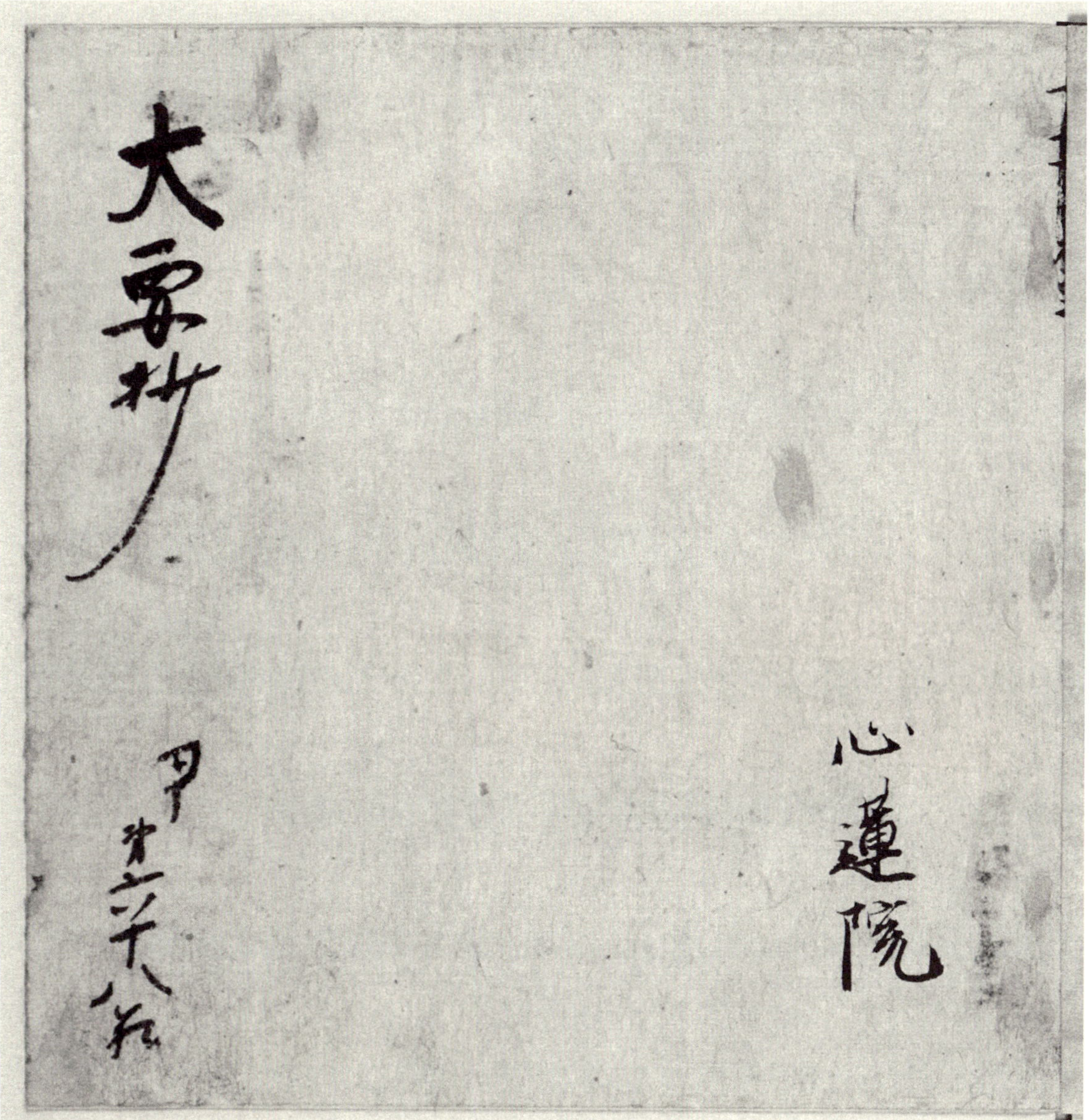

大要抄

心蓮院

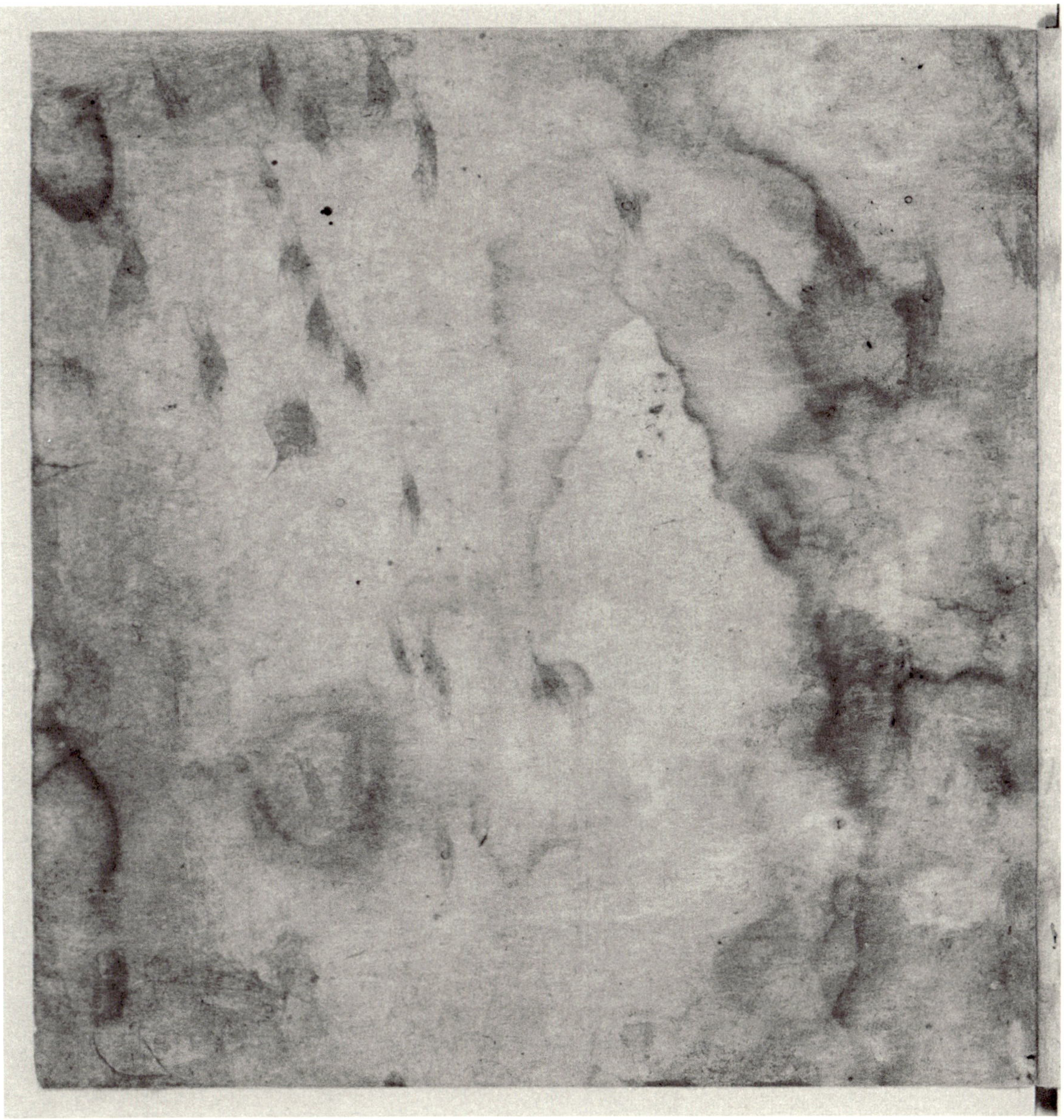

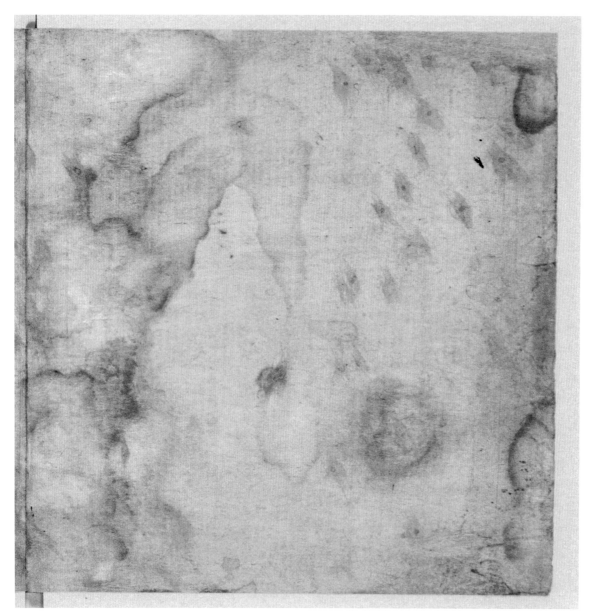

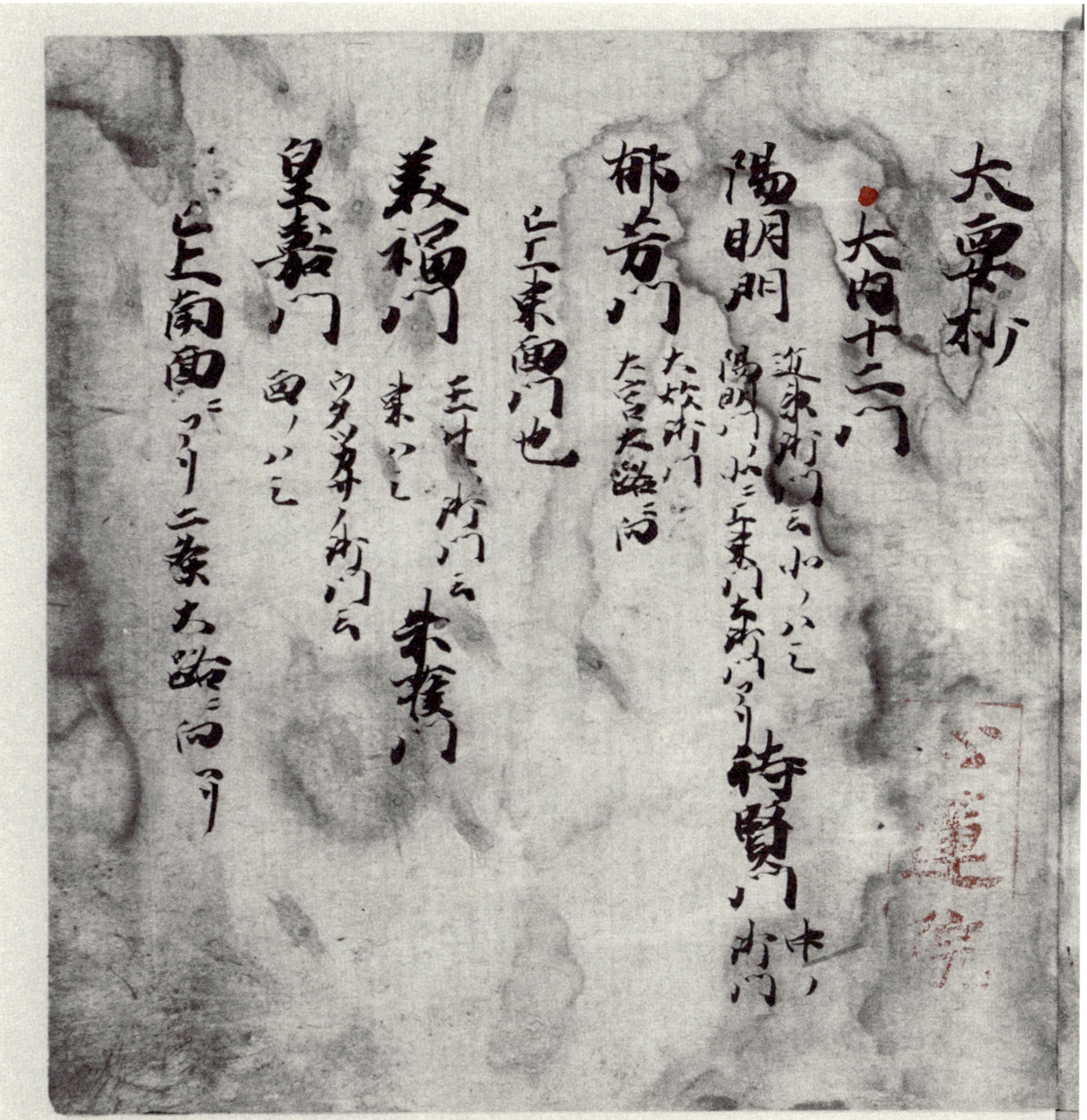

大要抄

大内十二門

陽明門　近衛御門ト云北ノハシ

陽明門ノ次ニ在東門南ヘハタリ　待賢門　中ノ御門

郁芳門　大炊御門　大宮大路ニ向

已上東面門也

美福門　壬生御門ト云東ノハシ　朱雀門

皇嘉門　ウタ寮ノ御門ト云　西ノハシ

已上南面ニアリ二条大路ニ向アリ

（１オ）

鉄天門 馬司ノ外門 南ノハシ　藻壁門 西ノ中ノ外門

殷富門 西ノ道東ノ 北ノハシ

已上西大宮ニ向ヘリ也　殷富門ノ北ニ上西門アリ 西京門

安嘉門 兵庫司ノ外門西ノハシ　偉鑒門 アケスノ外門

達知門 リチ井ノ外門東ノハシ

已上北面ニアリ一條ノ大路ニ向ヘリ

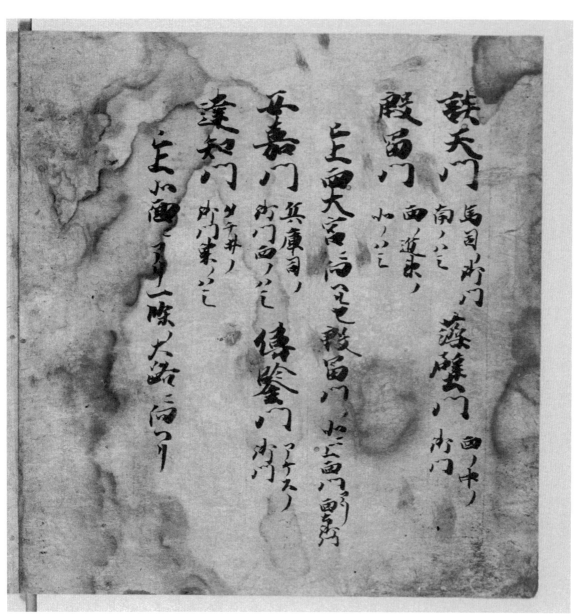

（1ウ）

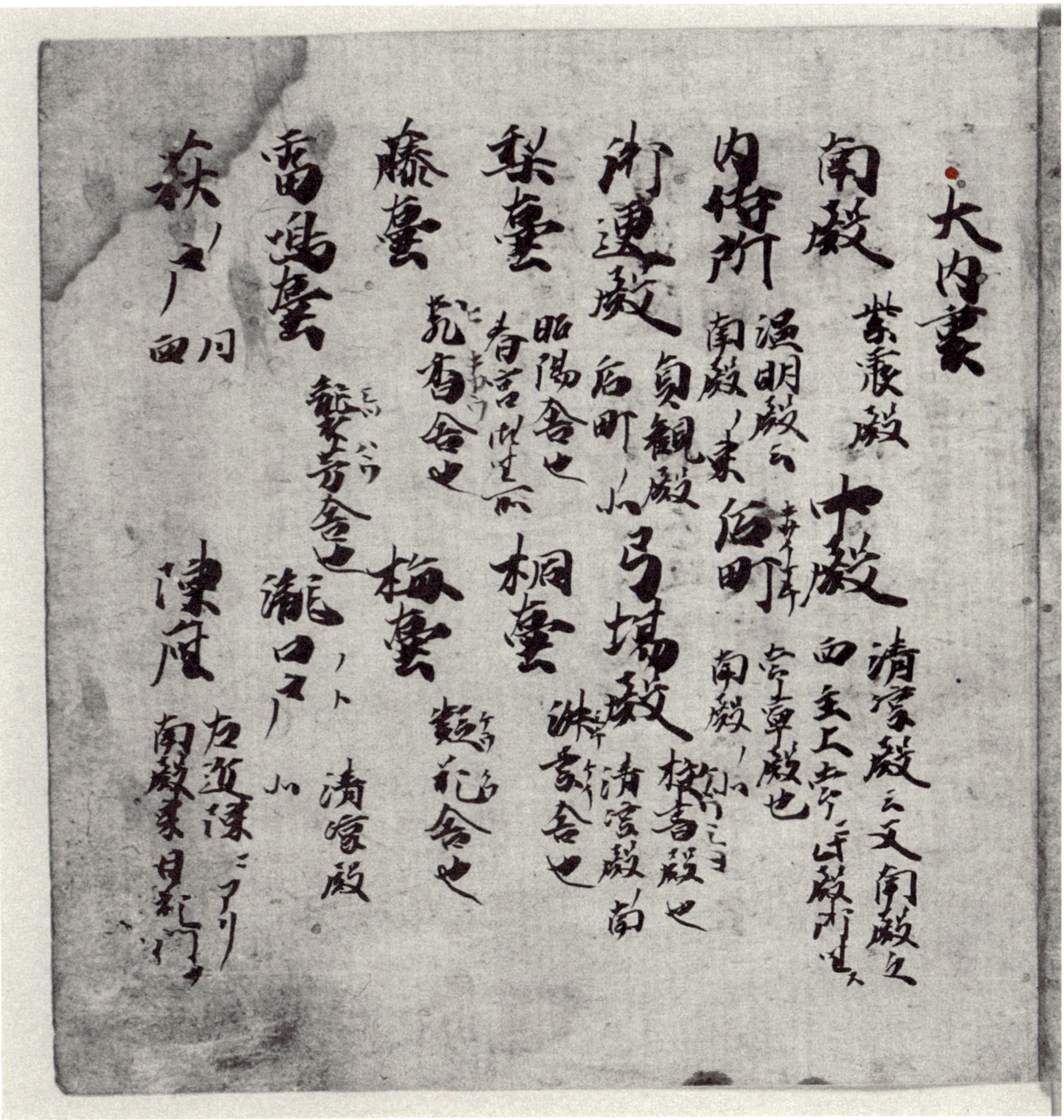

大内裏
南殿　紫宸殿
中殿　清涼殿ト云又南殿ト云　主上ノ常ノ御所也
内侍所　温明殿ト云　南殿ノ東
后町　常寧殿也　南殿ノ北
御匣殿　貞観殿　后町ノ北
弓場殿　校書殿也　清涼殿ノ南
梨壺　昭陽舎也　春宮御所
桐壺　淑景舎也
藤壺　飛香舎也
梅壺　凝花舎也
雷鳴壺　襲芳舎也
滝口ノ戸　清涼殿ノ北
萩ノ戸　同西
陣座　左近陣ニアリ　南殿東[illegible]

（2オ）

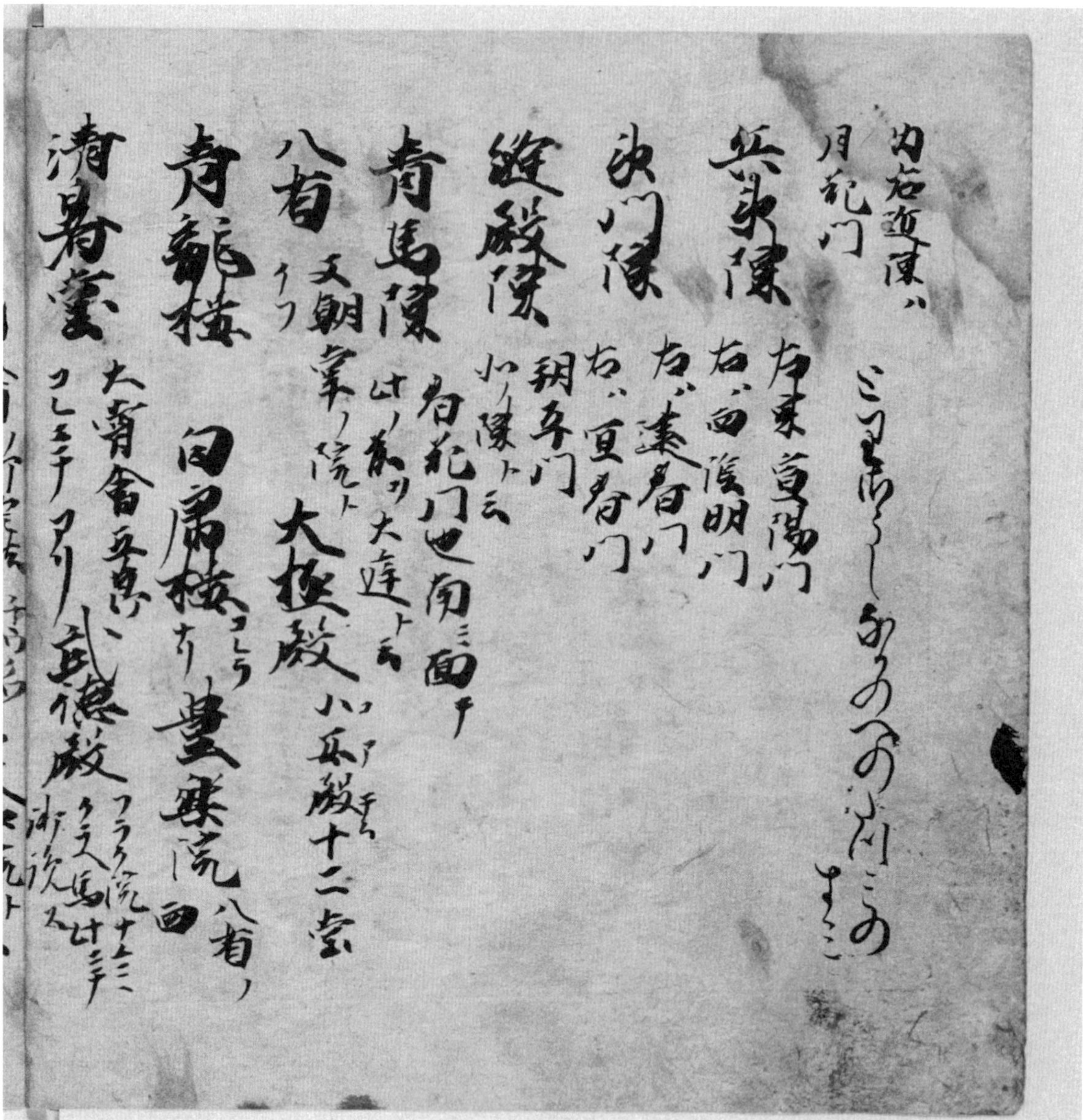
内右近陣ハ　[illegible]
月花門
兵衛陣　左東宣陽門
右ハ西陰明門
左ハ建春門
衛門陣　右ハ宜秋門
縫殿陣　朔平門
ハノ陣ト云
青馬陣　右花門也南ニ面テ
八省　イフ　又朝堂ノ院ト　此ノ前ヲ大庭ト云　大極殿　八省殿十二堂
青龍楼　白虎楼　コレラナリ　豊楽院　八省ノ西
清暑堂　大宵舎　カレニテアリ　武徳殿　フラク院ナル

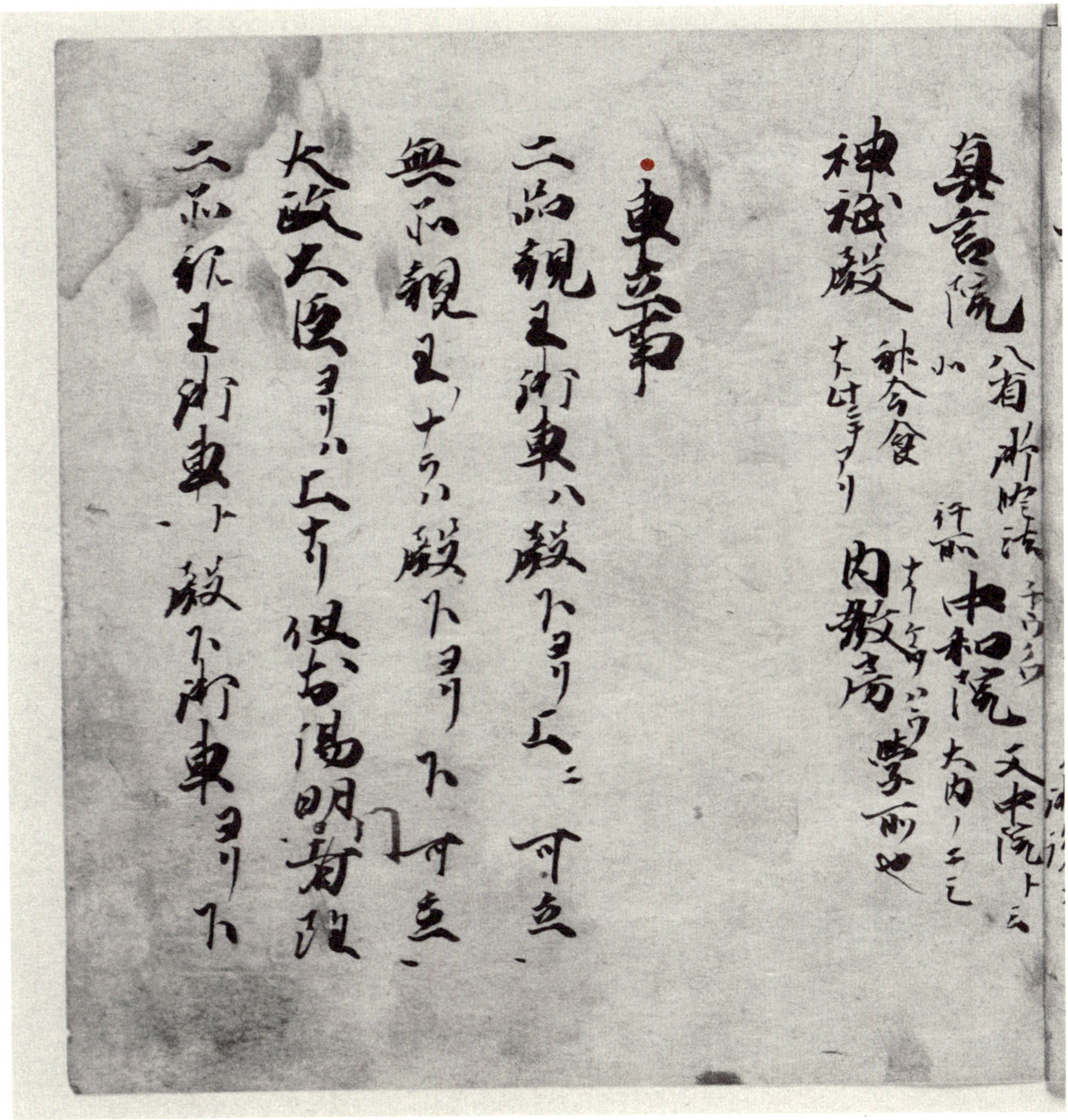
真言院 八省 所陀法 小 行所 中和院 文中院ト云 大内ノ二之
神祇殿 神今食 内教坊 女楽学所也
車立事
二品親王行東ハ殿下ヨリ上ニ可立
無品親王ノナラハ殿下ヨリ下ニ可立
太政大臣ヨリハ上ナリ 但大陰陽明𣴎隠
二品親王行東ト殿下行東ヨリ下

（3オ）

可立陽明門ノ中門ノ北ニ下御車ハ立也 殿
御堂ニ御車ハ南ニ可立或自余所立
北宮ノ御車ヲ北ニ可立也此東西向ノ
所ニテハ以北ヲ為上ト南北ニ向所ハ以東右
上也

牛車（キツシヤ）宣旨事

作駕車ニ自上東門入二町西行太閤
門ト壬生トノ南ニテ下車云々

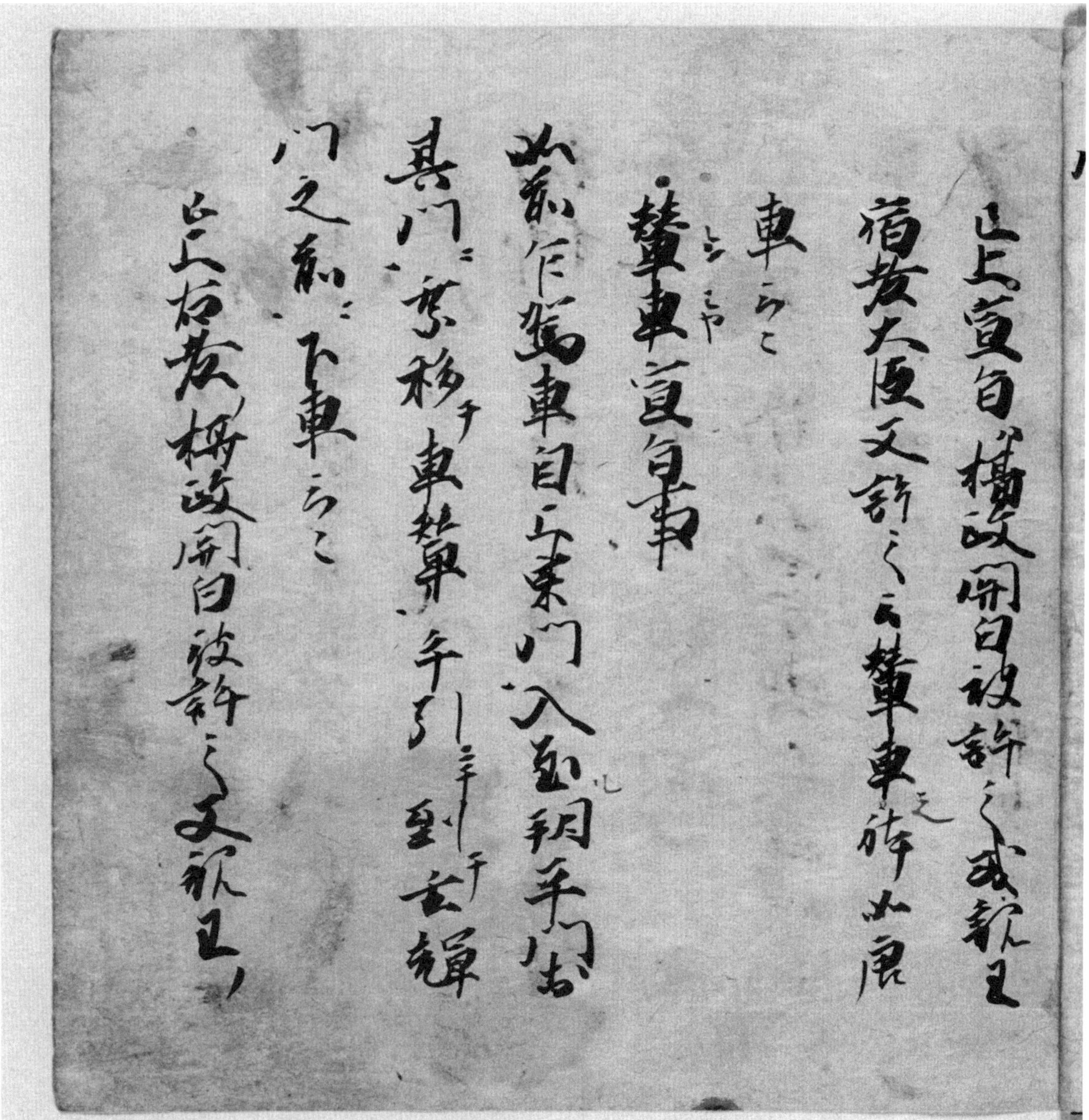
已上宣旨攝政関白被許〻或歟又
宿老大臣又許〻云輦車之旂如限
車云〻
輦車宣旨事
此儀ハ乍乗車自ニ宗門入至翔手門お
其門ニ乗移テ車輦手引テ到至輦
門之前ニ下車云〻
已上右大臣攝政関白被許〻又歟正ノ

（4オ）

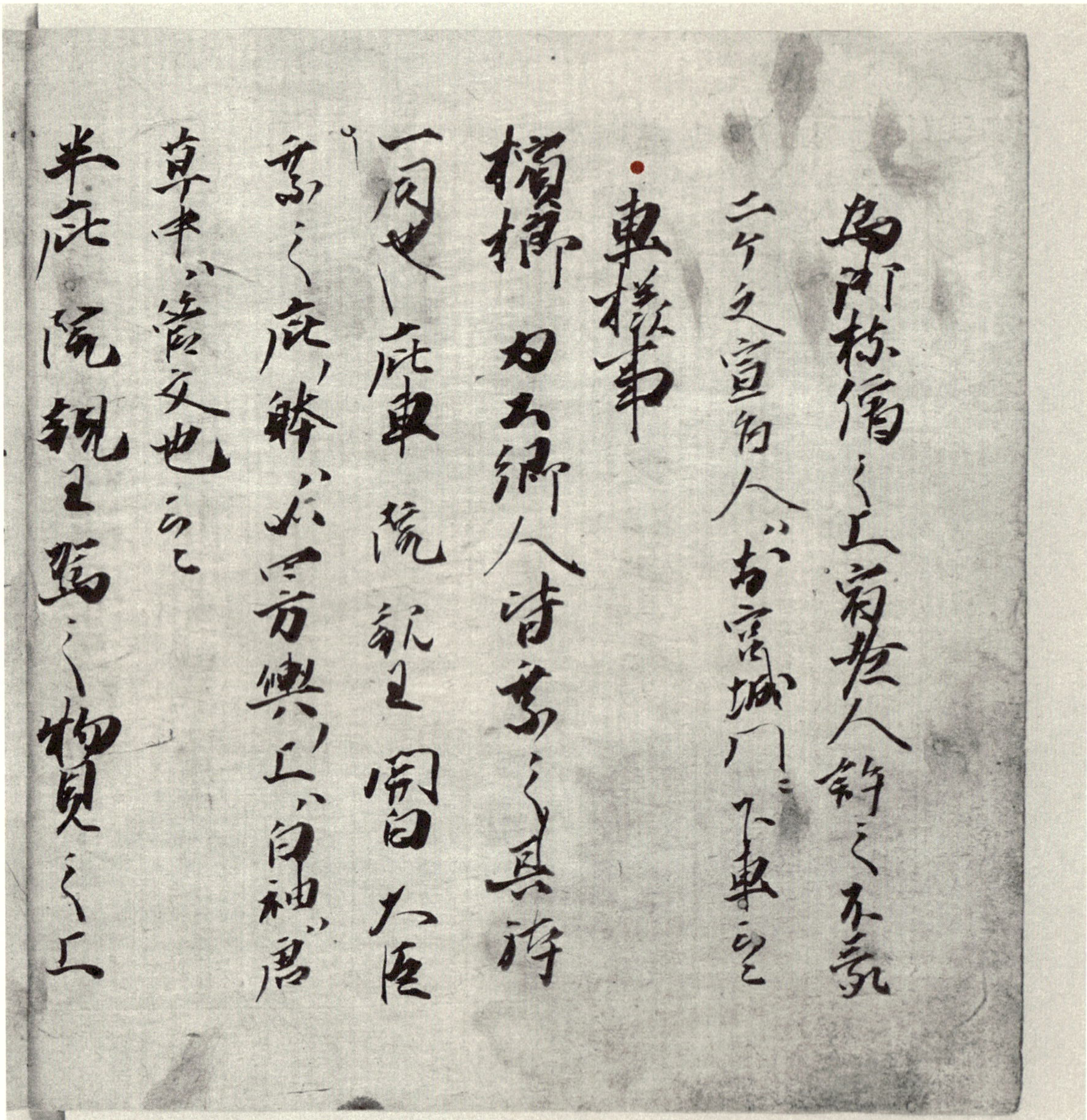

御所様備之上﨟於人許之不気
二ケ文宣旨人ハ於宮城門ニ下車云々

車様事

檳榔　如公卿人皆悉之具許
一同也　庇車　院　親王　関白　大臣
悉之庇ノ轄ハ於四方輿ノ上ハ白袖ハ唐
草車ハ管文也云々
半庇　院　親王　鷲之物見之上

（4ウ）

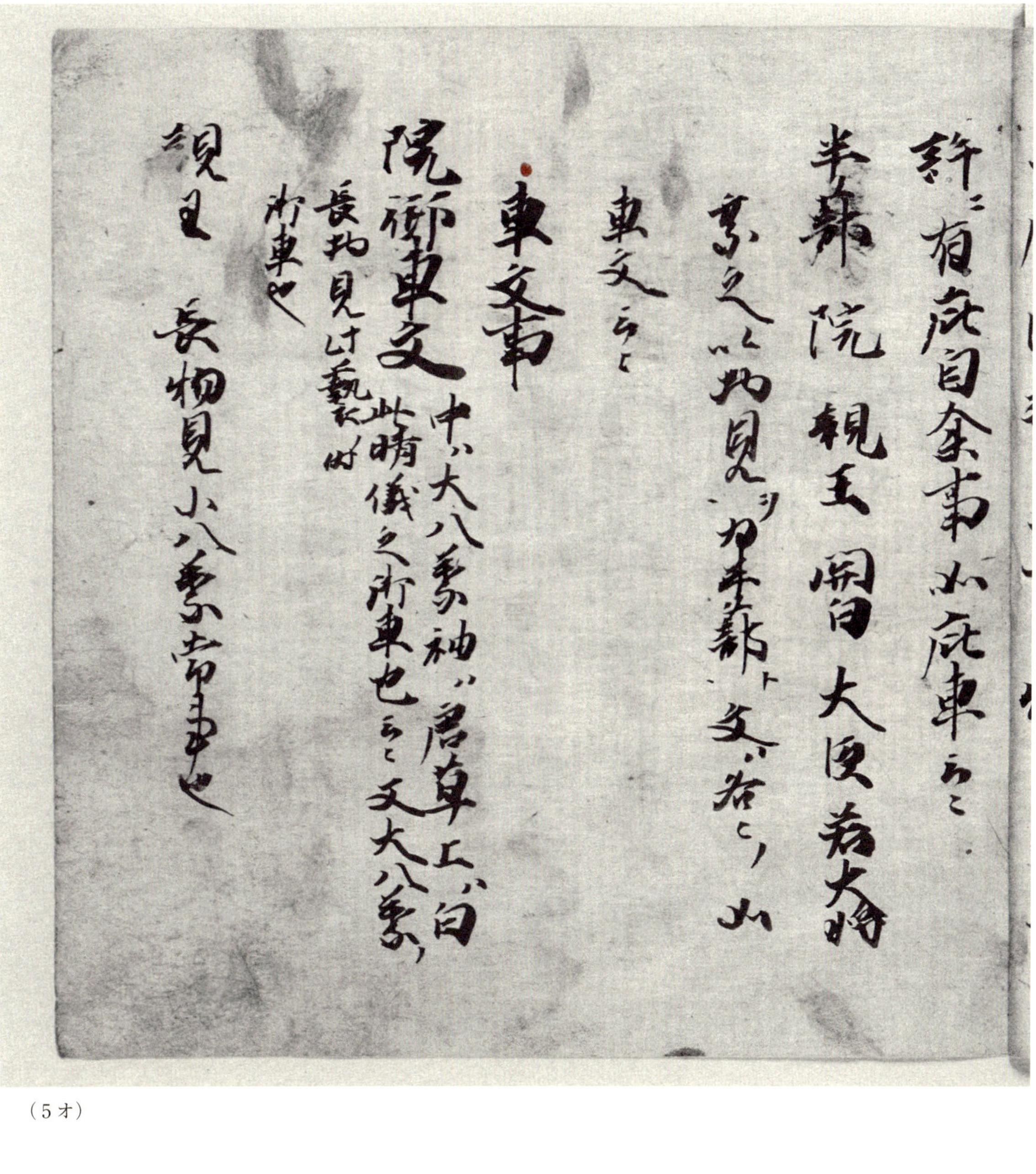

許ニ有底白余事也底車云々
半蔀　院　親王　関白　大臣　若大将
家々以此見ヲ知半蔀ト文ハ殆ニノ也
車文云々
車文事
院御車文　中ハ大八葉袖ハ唐草ヘハ白
此晴儀之御車也云々　又大八葉ハ
長物見付義ノ
御車也
親王　長物見　小八葉常車也

（5オ）

一人上ハ白ニテ袖ハ桂丹中ハ紫端子ハ大八
紫次ニハ小八葉也付晴儀也又大八葉ノ
切物見ニ付纛儀也云々
花山院并中御門右府桂若ヲ
中院源氏通親之寛也上ハ白甲中ハ大顔
袖ハ桂若ノ中ノ纐也
資家卿同院寛也物畫
慈通卿大臣将桂若トフミアセ

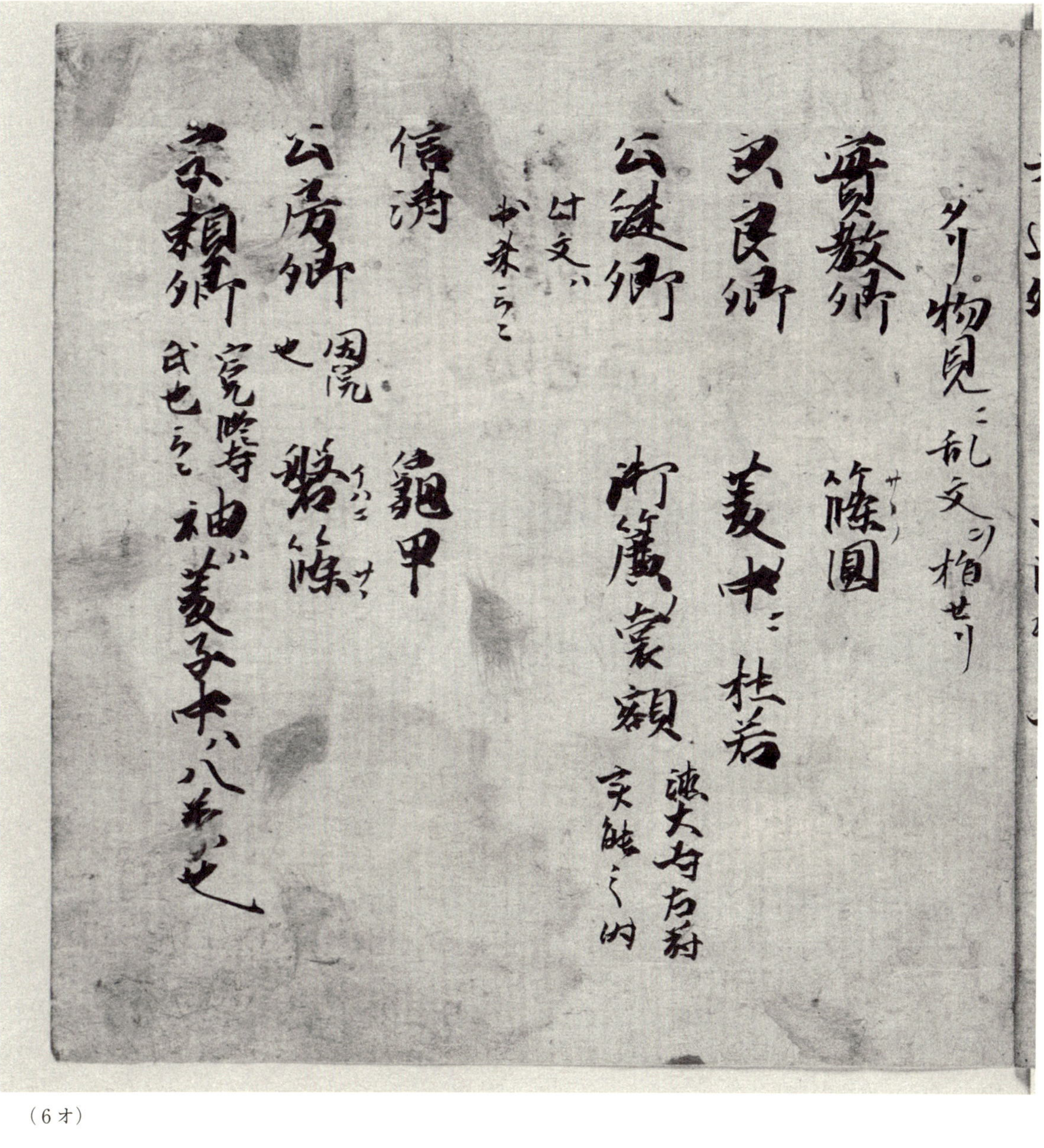

タリ物見ニ乱文ヲ指セリ
實教卿　篠圓
兼良卿　菱中ニ杜若
公継卿　竹簾裳額　徳大寺右府実能之内
付文ハ中森云々
信清　龜甲
公房卿　閑院也　轡篠
家嗣卿　宣陽寺氏也云々　袖ハ菱子中ハ八藤也

（6オ）

兼忠卿　中院也　大臣將家

通輔卿　龍膽リムダウ

親雅卿　花山院也　杏葉

公時卿　閑院也　鸞

實明卿　同　菊

經家卿　鍋大文　澤瀉

季經卿　同　文同

季能卿　同　文同

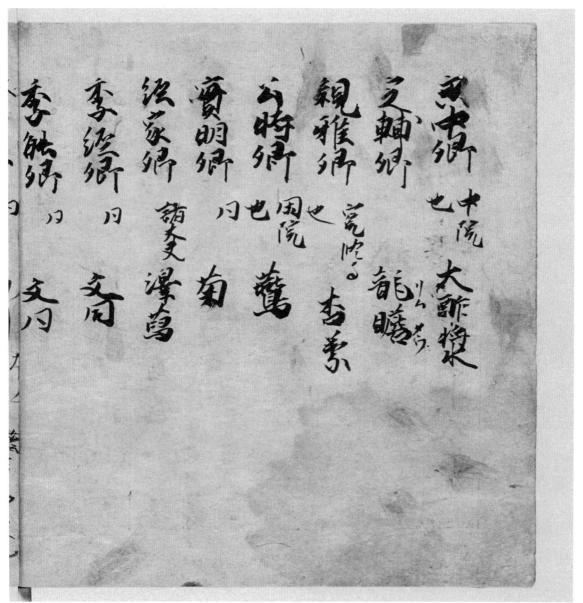

（6ウ）

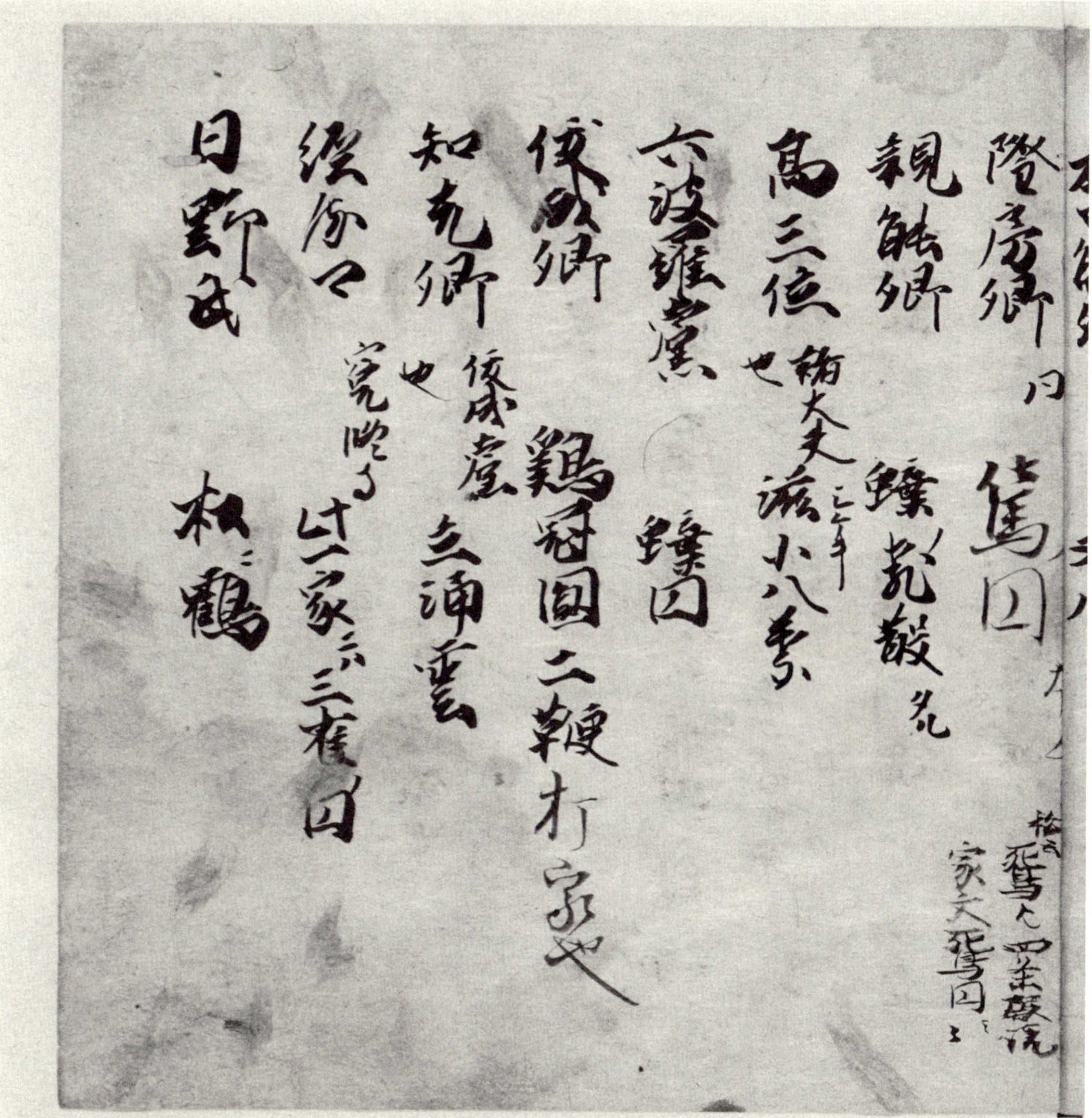

（7オ）

平ノ家　竹ニ権式ハ縠葉文、桼ニ

権カナリ

車ニ乗下事　通方私領佐也

凡車ニ乗ニハ男子ハ乗右ニ、女人ハ乗左ニ

乗時ハ車ノ簾人搴之ヲ、下時ハ自掲

之ヲ。自親以下ノ人ノ許ニ行テハ門ニ向テ下乗ル

自親以上ノ人ノ許ニ行テハ門傍ニ下乗テ

下時ハ足踏之外ハ、皆蹲テ前板ニ

（7ウ）

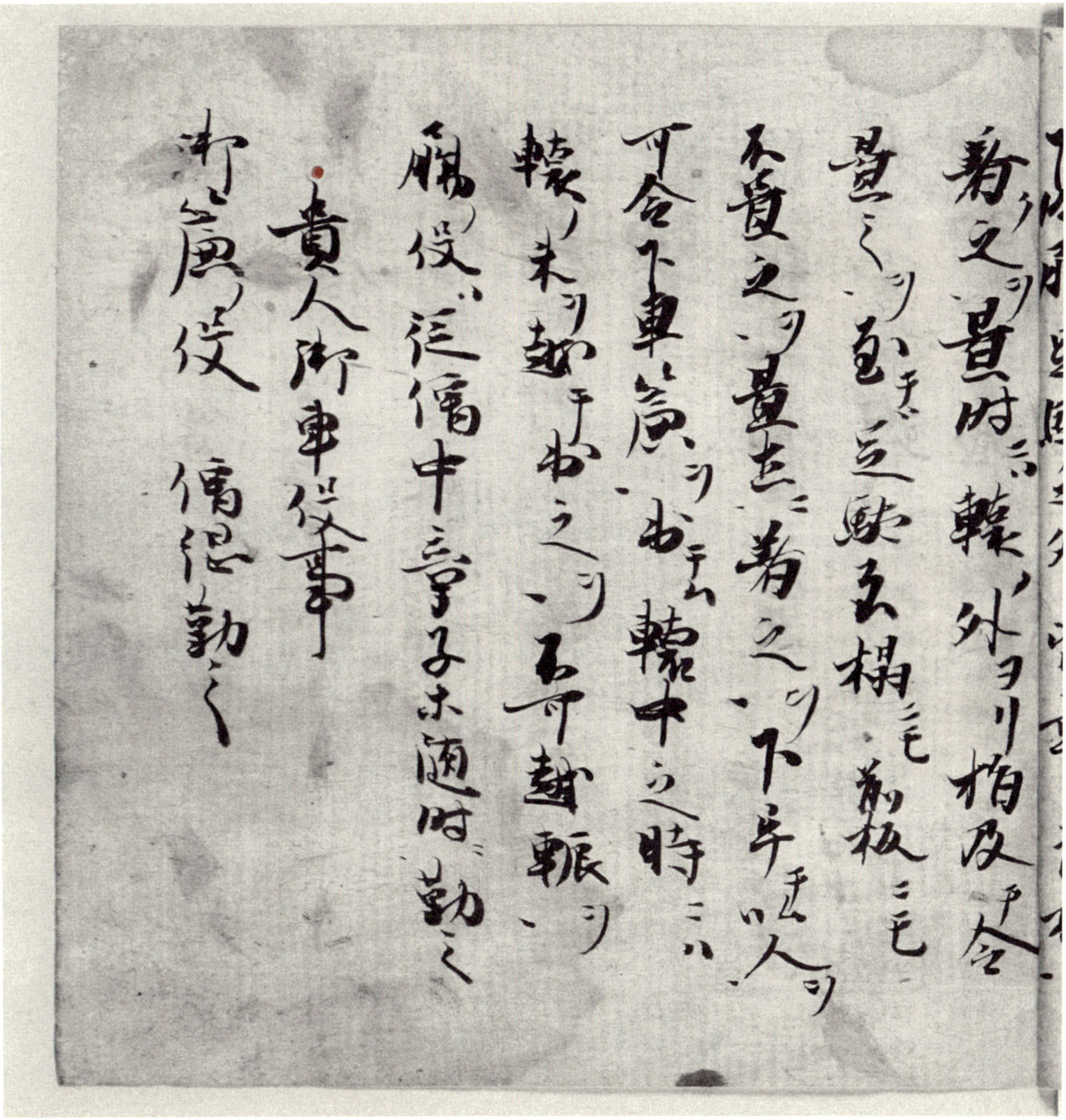
着クノ之ヲ、畳時ニハ轅ノ外ヨリ楯及ヲ令
畳之ヲ、包キテ豆駄榻ニモ、轅板ニモ
不畳之ヲ、畳者ニ着之ヲ、下手以人ヲ
可令下車簾ヲ、出テム轅中之時ニハ
轅ノ末ヲ越テ出之ヲ、不可越轅ヲ、
簾ノ役ハ従僧中童子等随時ニ勤之
貴人御車役事
御簾ノ役　僧綱勤之

（8オ）

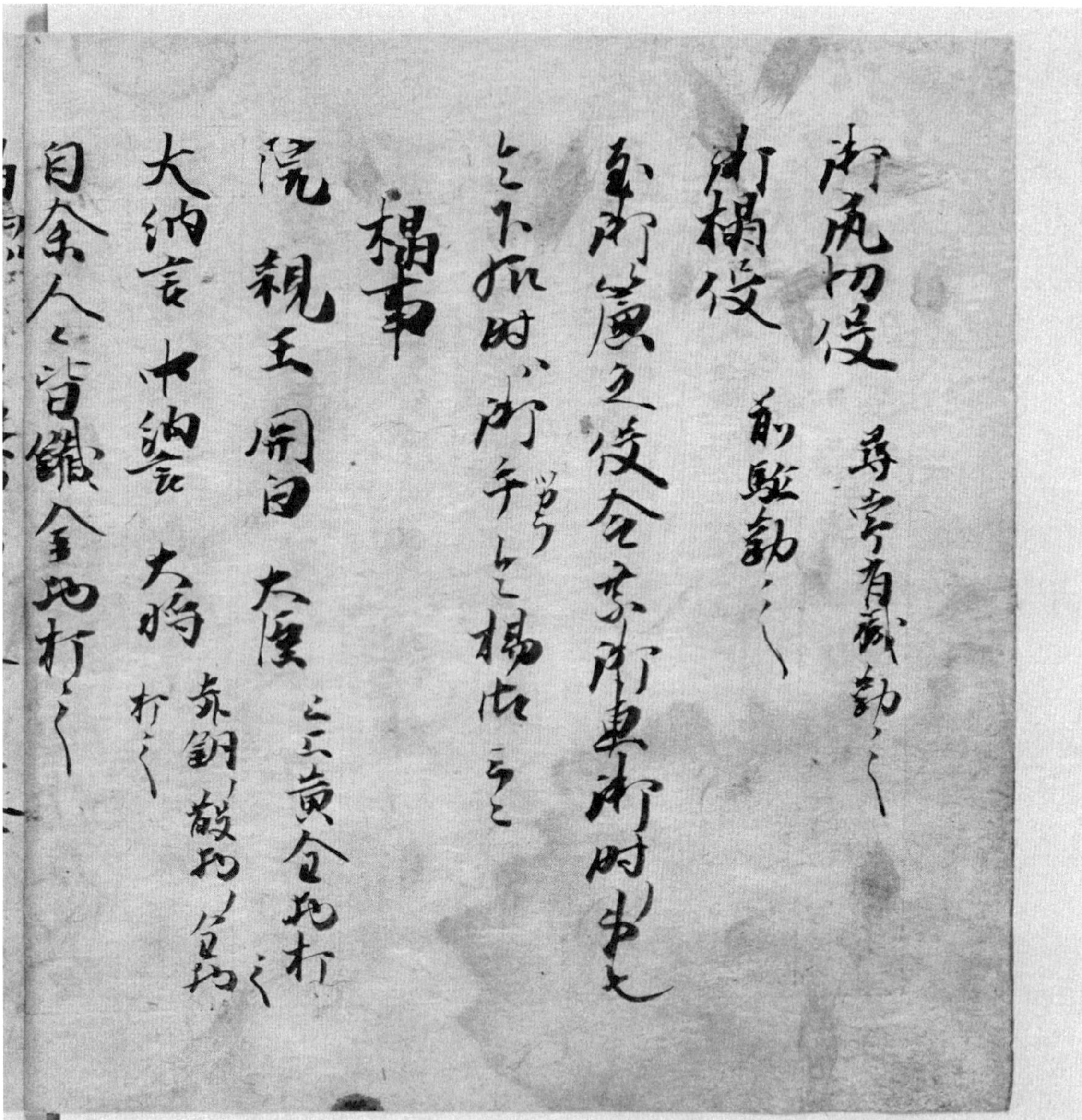

御車切役　尊者有職勤之
御榻役　前駈勤之
其御簾之役者、乗御車御時出之
之下給時ハ御手ヲヒク之榻置云々
榻事
院　親王　関白　大臣　已上黄金地打之
大納言　中納言　大将　打之
赤銅ノ散物ノ金物
自余人之皆鐵金地打之

（8ウ）

榻ハ左右ノ轅ノ下ニ随有便宜立之
貴人ハ前駈之役普通俗家ハ雑色
役僧中ハ大童子役也

・下簾事
大中納言懸之（法印）僧都准之二位宰相
三位不懸之法眼律師法橋准之

・角巻事
角巻ハ作絵之時ノ儀也仍宰相

（9オ）

三位巻之々、律師法橋准之々
大中納言車副有一人之々時ハ下臈ヲ
懸テ巻之々、ソ法印僧都又准之々、二位
猶以行縄之々テ有角巻之々、可准之々歟
角巻之々ニハ車副或牛童共ニ進之々々

追前事

大達不恨云官皆退　此中ヲサキヲサキトイフコトモ
不論又達　諸大夫皆退之々
公卿　卿中ハサキトイフコト　又四節ノサキシモシフトイフコト

（9ウ）

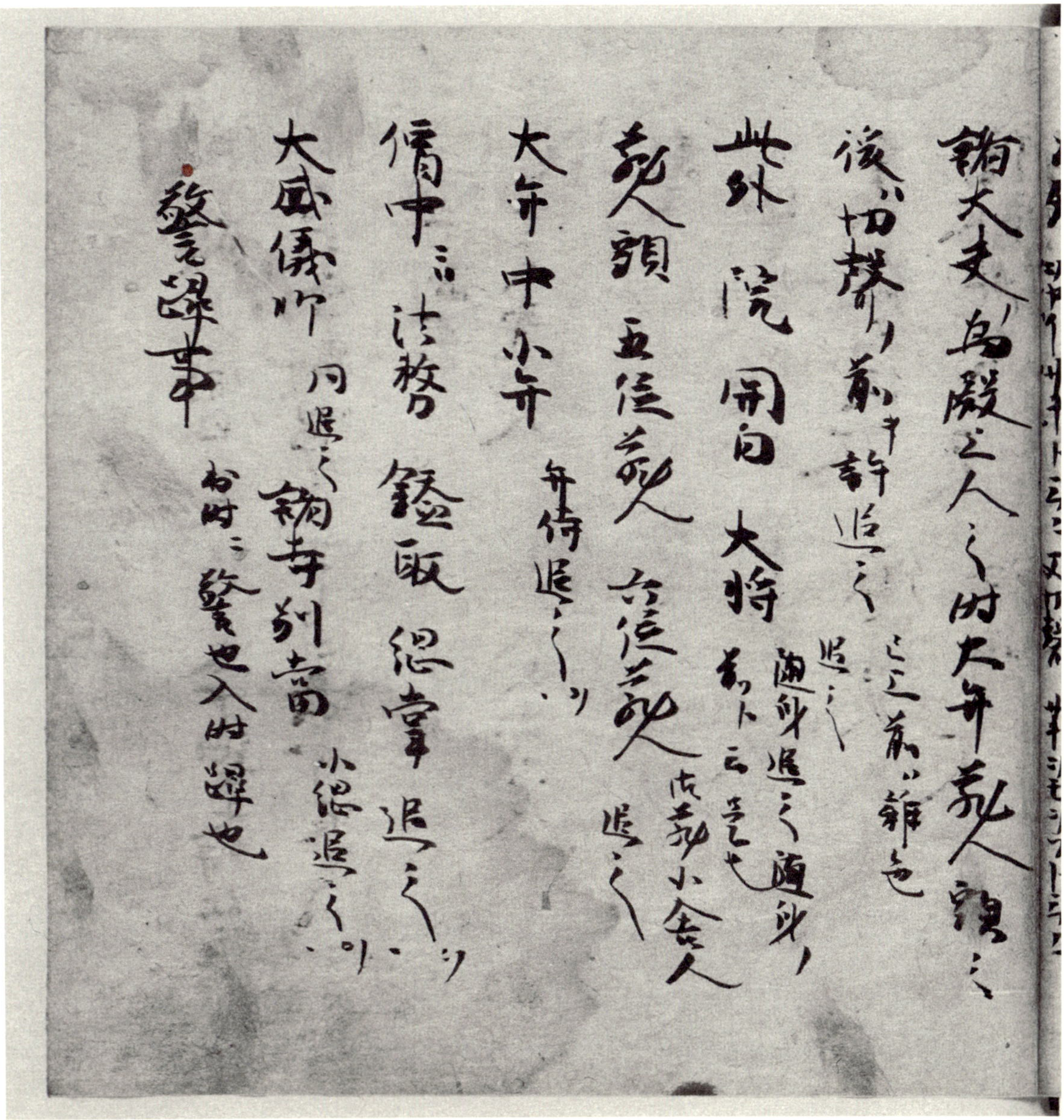
納大夫烏殿之人々附大弁参人頭々
後ハ切勝ノ前ヲ中許追々　々之前ハ節也
此外　院　関白　大将　追々　随身ノ追々随身ノ前ト云是也
参人頭　五位蔵人　六位蔵人　追々　次蔵小舎人
大弁　中　小弁　弁侍追々ツ
侍中ニ言　法務　鐙取　綱掌　追々ツ
大威儀師　同追々　綱寺別当　小綱追々ツ
警蹕事
御時ニ警也入御蹕也

（10オ）

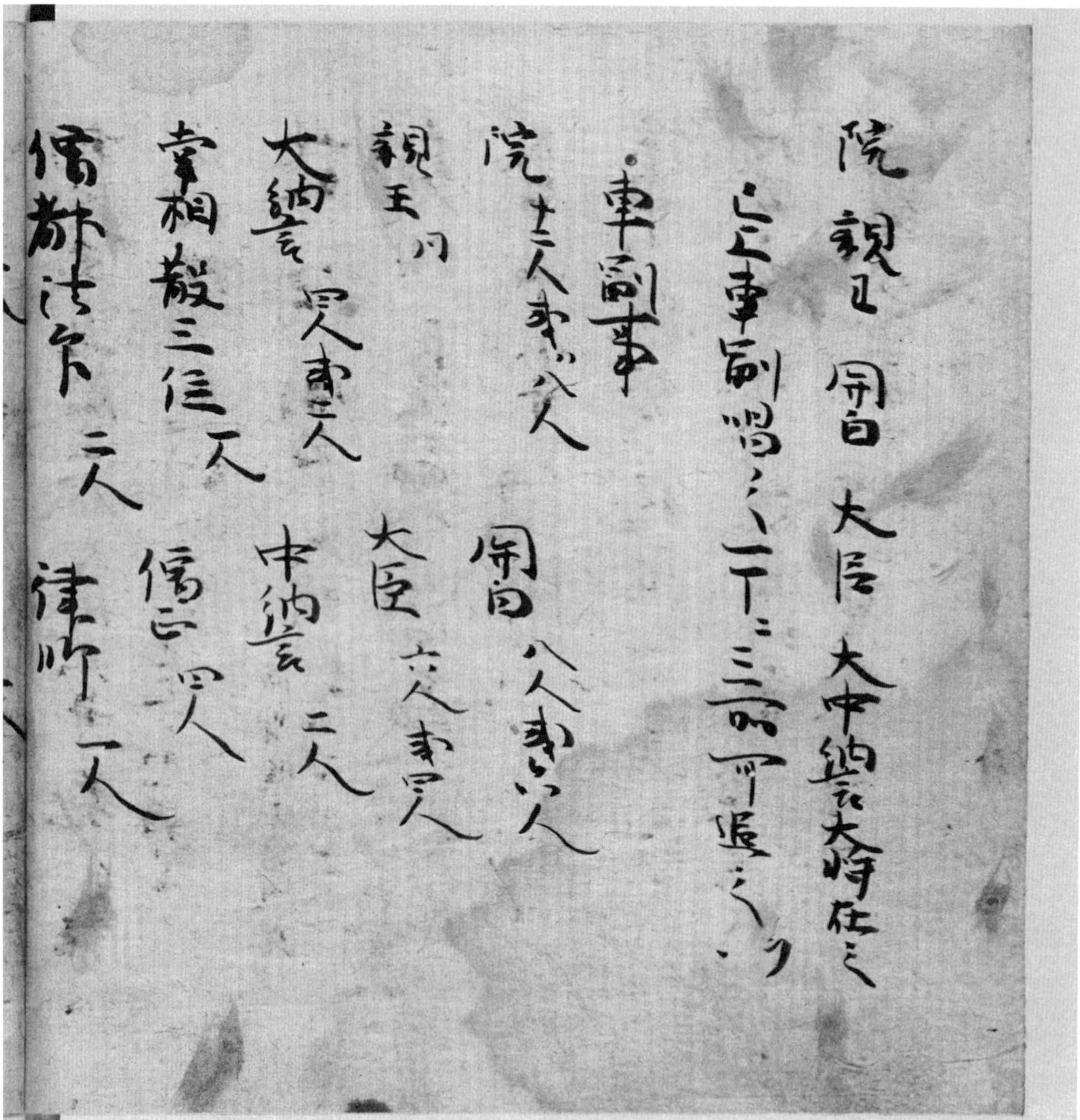

院　親王　関白　大臣　大中納言大将在之

已上車副略之、一丁二三四可返之

車副事

院　十二人或ハ八人

親王　同

大納言　四人或二人

宰相散三位　一人

僧都法印　二人

関白　八人或六人

大臣　六人或四人

中納言　二人

僧正　四人

律師　一人

（10ウ）

法眼 一人　法橋 一人

前駈事

僧俗共無定数、只以廿人為限、近代

法印已上具前駈、員数可随時々欤

僧正 十人 或廿人　法務 八人

法印大僧都 六人　法眼小僧都 四人

律師法橋 一人　大旨可有此数欤

輿乗下事

（11オ）

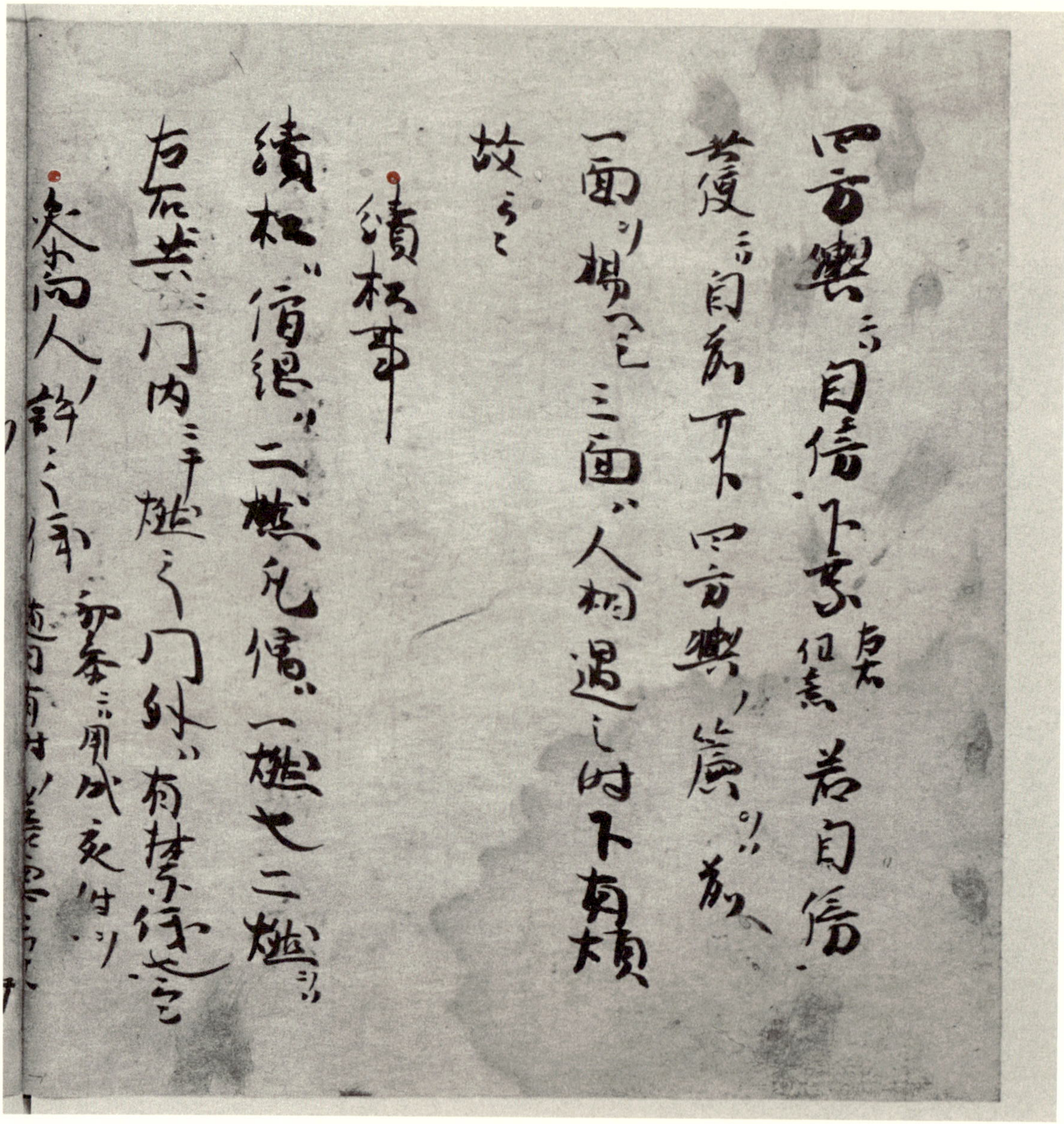

（11ウ）

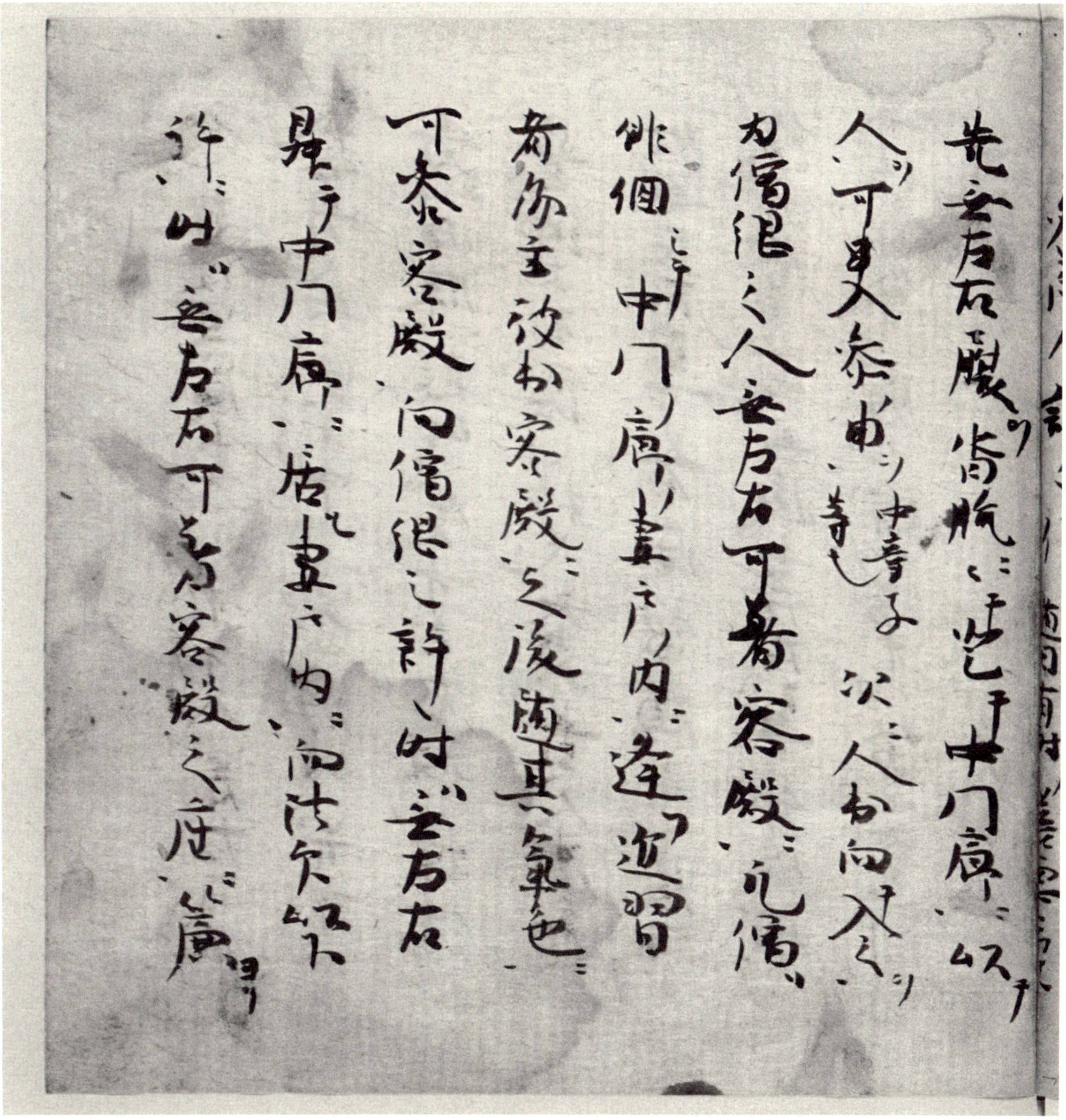

先左右殿ノ背後ニ進テ中門扉ニ以テ
人ヲ可申入参由ヲ中童子等ニ次ニ人ヲ向テ入テ
ヵ信仰之人左右可着客殿ニ乃備、
徘徊シテ中門ノ扉ノ妻戸ノ内ニ逢テ進習
者例主政ヲ客殿ニ之後随其気色ニ
可参客殿、向信仰之許ノ時ハ左右
日テ中門扉ニ、居テ妻戸ノ内ニ、向法欠略下
許ニ、時ハ左右可着客殿之庭ニ、廉ヨリ

（12オ）

入ハ有便宜ニ廣妻ヲハ開アケテ入、若左右肩ニテ
入モ身ニ時ハ塞セキテ中ヲ可入也、居時ニハ先可ニ
着ス左膝ヲ、起時ニハ先可立右膝ヲ、懐中ノ
疊紙ナトヲ不落ニ形也、参入貴人御前
時モ左右不可着ニ居、暫逗留之後待テ
作ヲ、可居直也、其後モ左右不可依ル同ク
可待貴命ヲ、扇ナトハ深ク懐中メ、努〻不可
出頭云〻

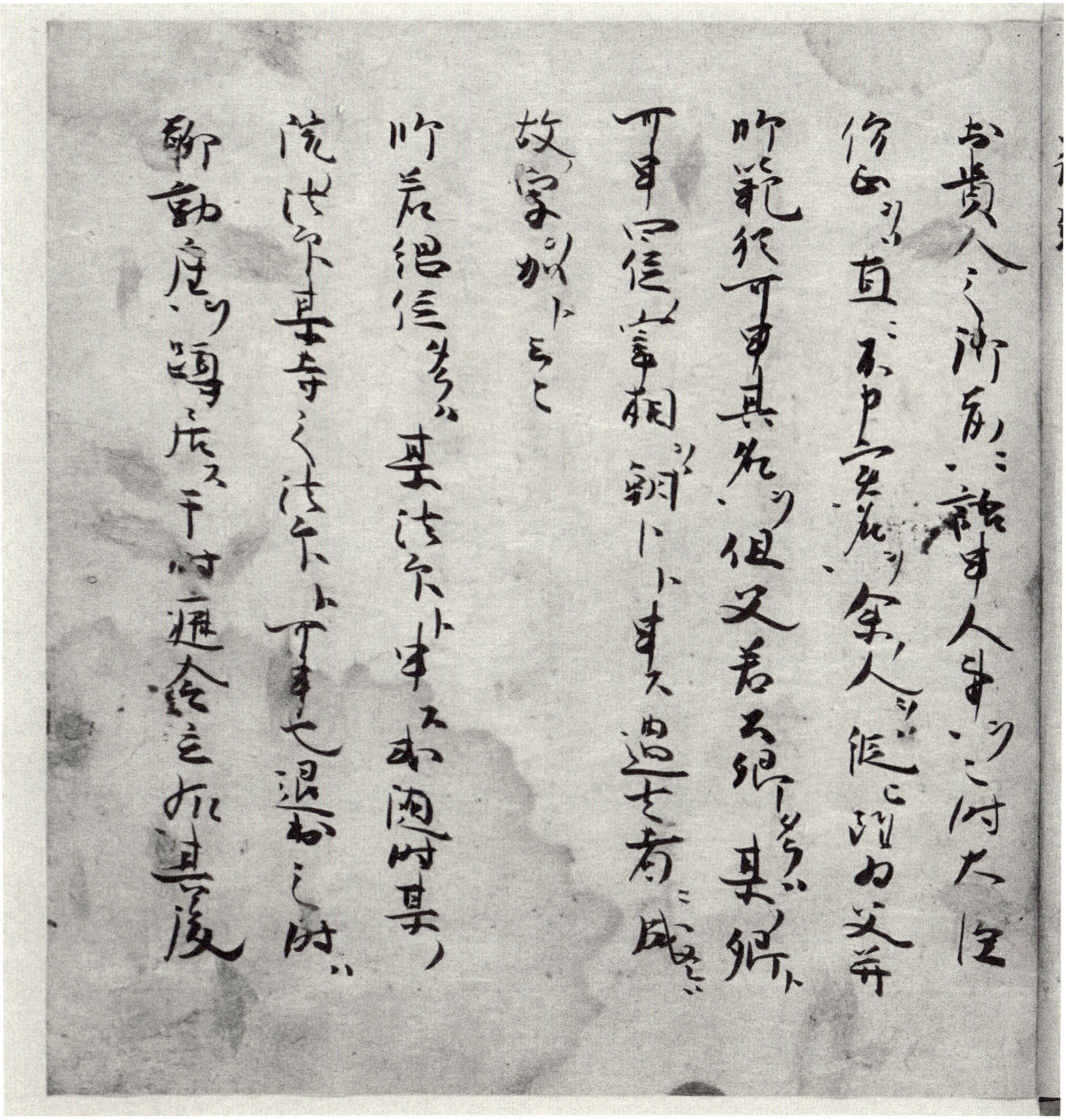

（13オ）

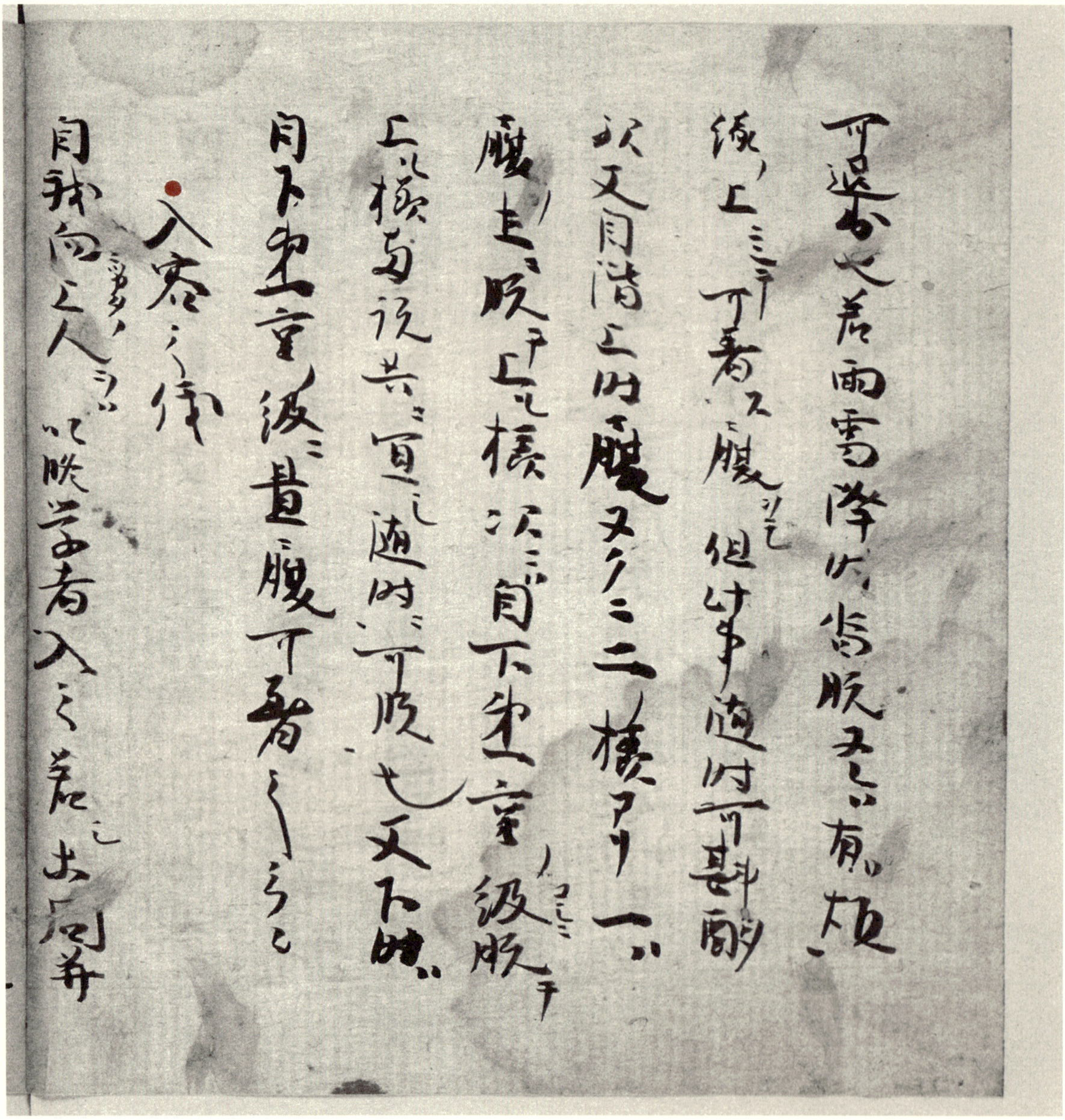

可遁之若雨雪降時皆脱テ有縁
縁ノ上ニテ可着ス履ヲモ但時ニ随テ可斟酌
又又自階ニ内履ヌクニ二様アリ一ハ
履上ニ脱テ上ル様二ニハ自下第二級ニ脱テ
上ル様両説共ニ宜シ随時ニ可脱也又下時ハ
自下第二級ニ昇テ履可着ト云々
●入客之儀
自我向之人ヨリハ以眺学者入之若之出同并

（13ウ）

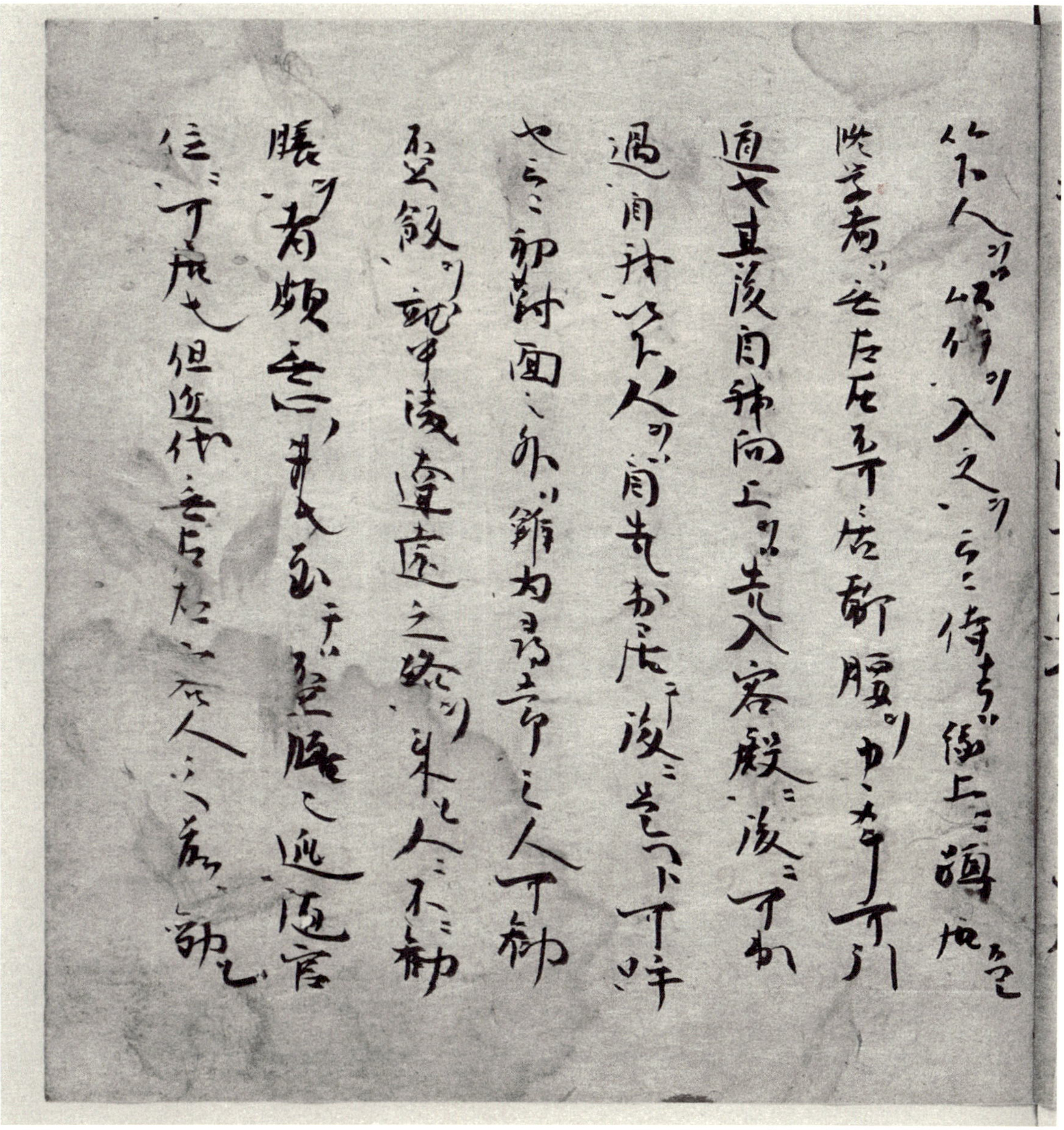

（14オ）

飲汁時頻ニ不可心ミニ
凡食事間未修家ニ頻以習身之備中ニ
在別儀ニ々其中ニ自飲左右アリ世ヲ又箸ヲ
食事不可有音又敬人ニ盛高坏ヲ可勧ム
侍者ニハ折敷高坏も敬人ニハ酒ヲ不可被之
若欲被之付箸ニ置サ居土器着ニ々く
不得退出時向上之人所返着敷之ハ
之矣し
椹居ヲ可然之ヲ良久ヲ後ニ立ル当所へ

簦ミノカサ可進、若降雨ノ時ハ可備笠云々
但至于及着服次又随便宜之、尤重之
上臈乃至宿老之人ヲハ至于中門之廊ニ送之ツ、
立向テ令見之時、可随入云々、等同人ニハ於門
前ニ可見之也云々

●人前所出硯儀

先硯ニハ蓋ヲ用之、筆二管、墨一挺
小刀添可入之、硯ニハ如瓶ニ立之、水ヲ入ニ

（15オ）

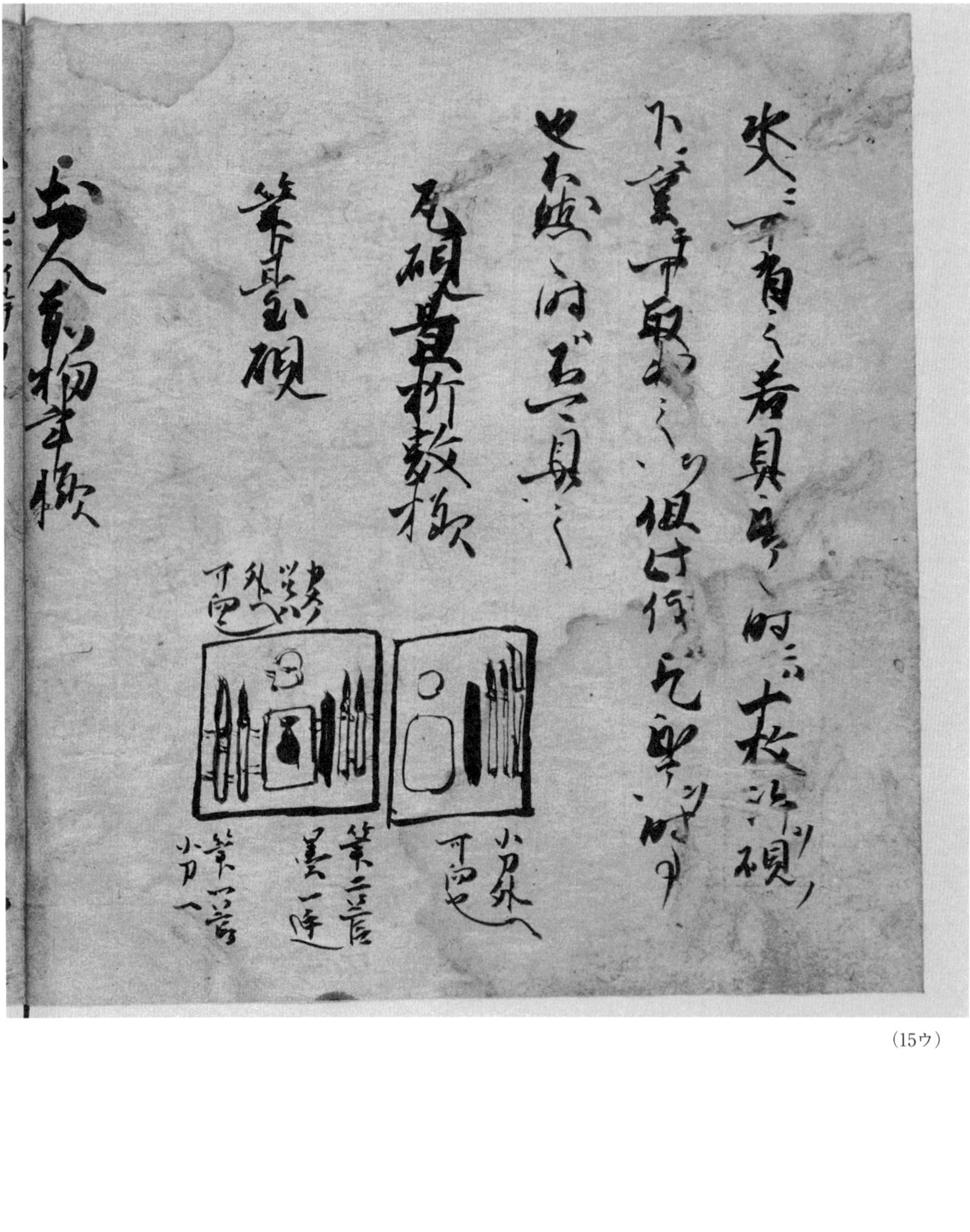
筆墨硯
於人前物書様

（15ウ）

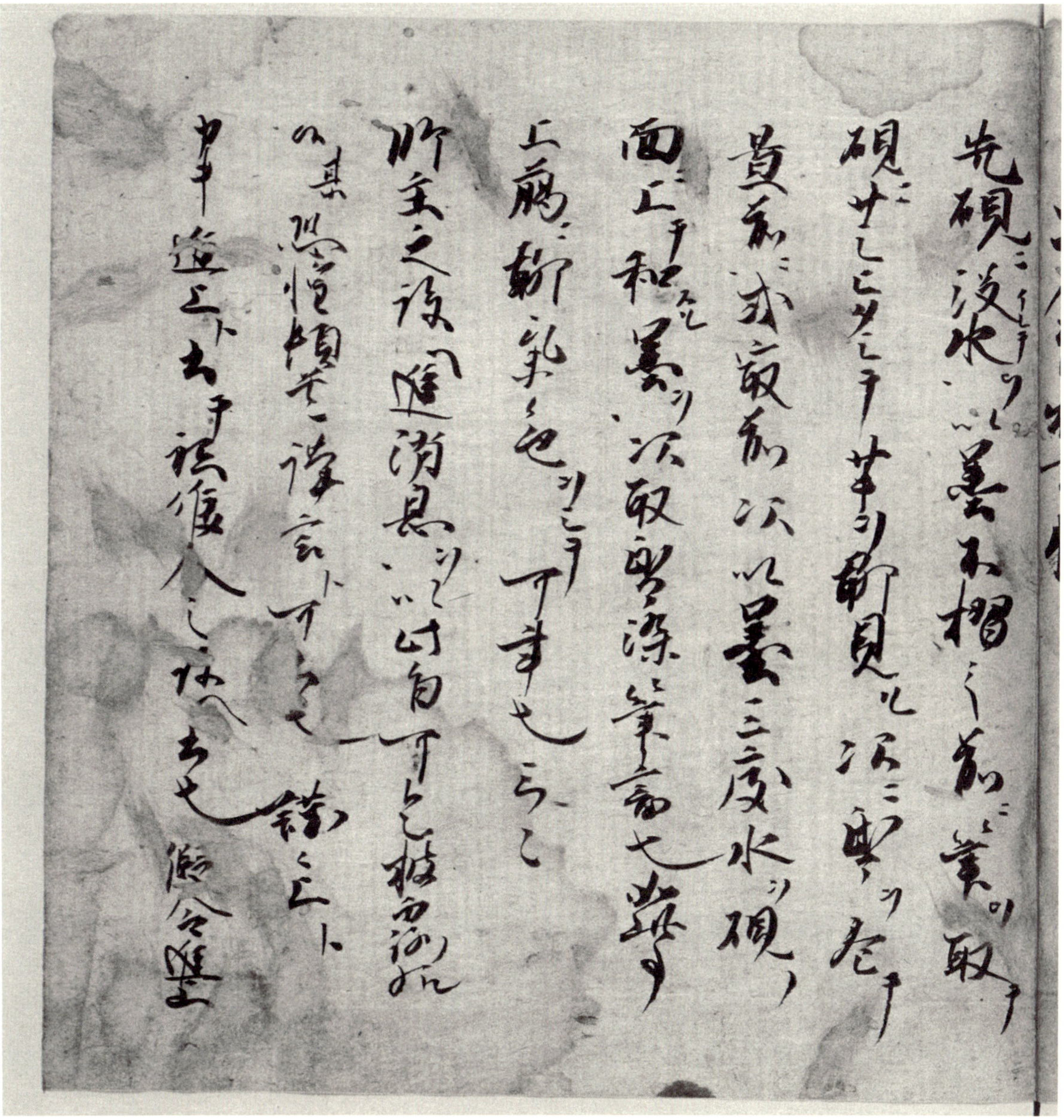

（16オ）

侍臣所縁候ナト事也所学人殊謹ト
書語ニ謹ニトモ也自然常ニサナノ人ノ
候ヘハ不存ニ候ツ、其趣仕ニ候ナト書其上
謹言サ書式、執達如件ナントサ也紙
此ハ奉時モ奉請文此等ノ字流レ下書也
返事モ書也消息ニシ封スルニ裏所ヘハ封書シ
切ヲ進ニ可封主君之御許ヘ進ニ封所ニ自ニ
賓名ヲシ予并サウ可書其後乳母ノ名ニシ

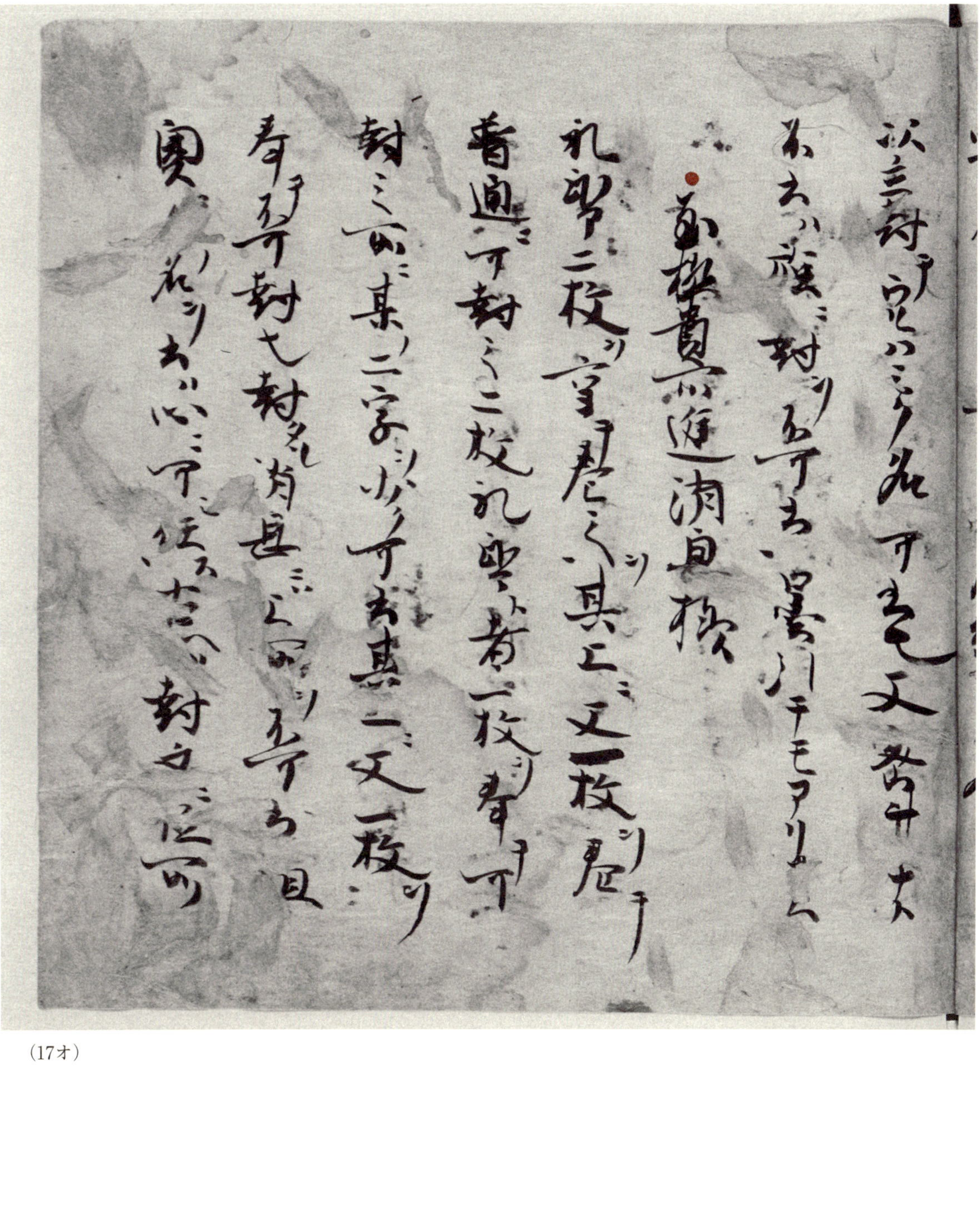

（17オ）

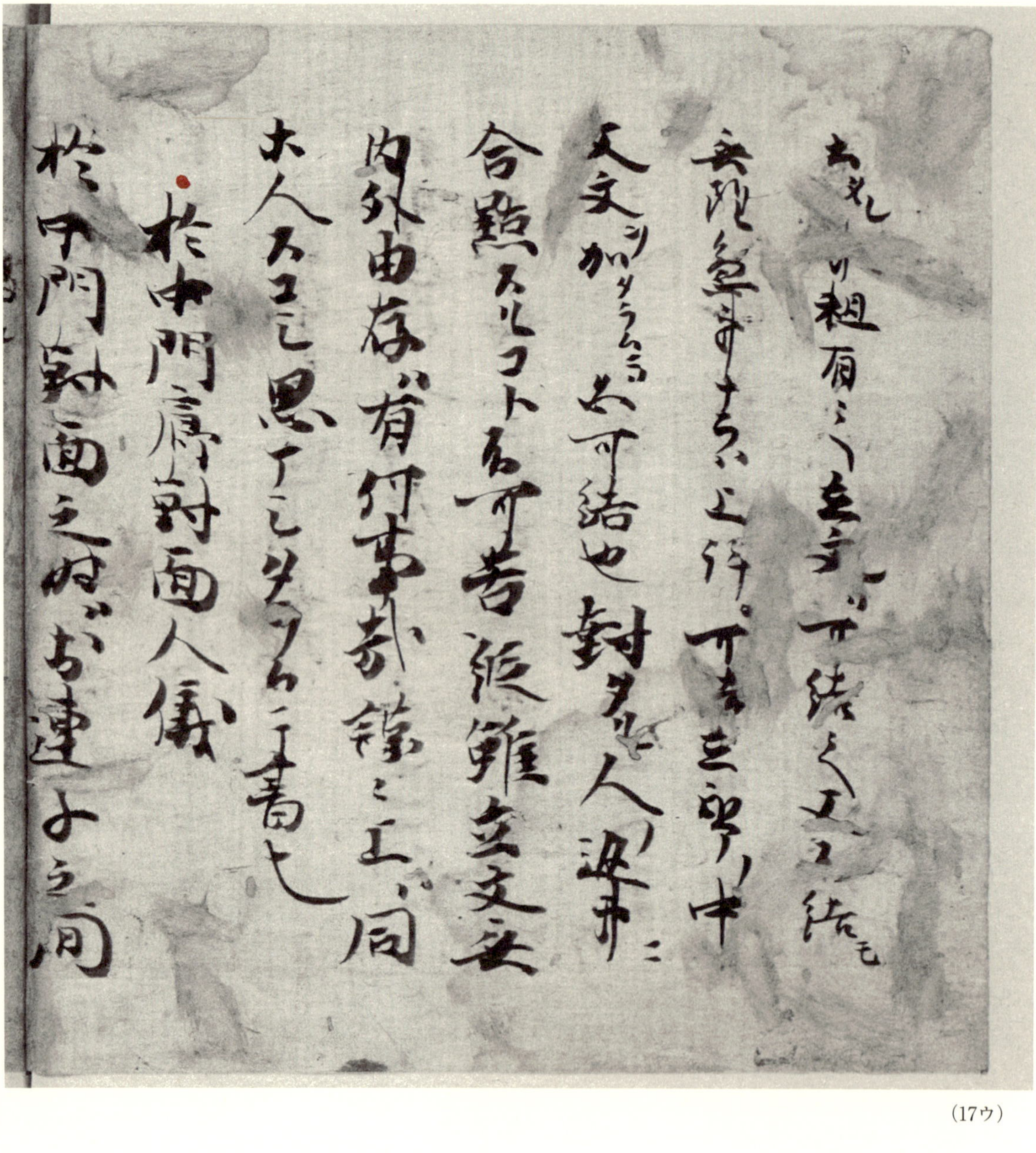
於中門廊對面人儀

（17ウ）

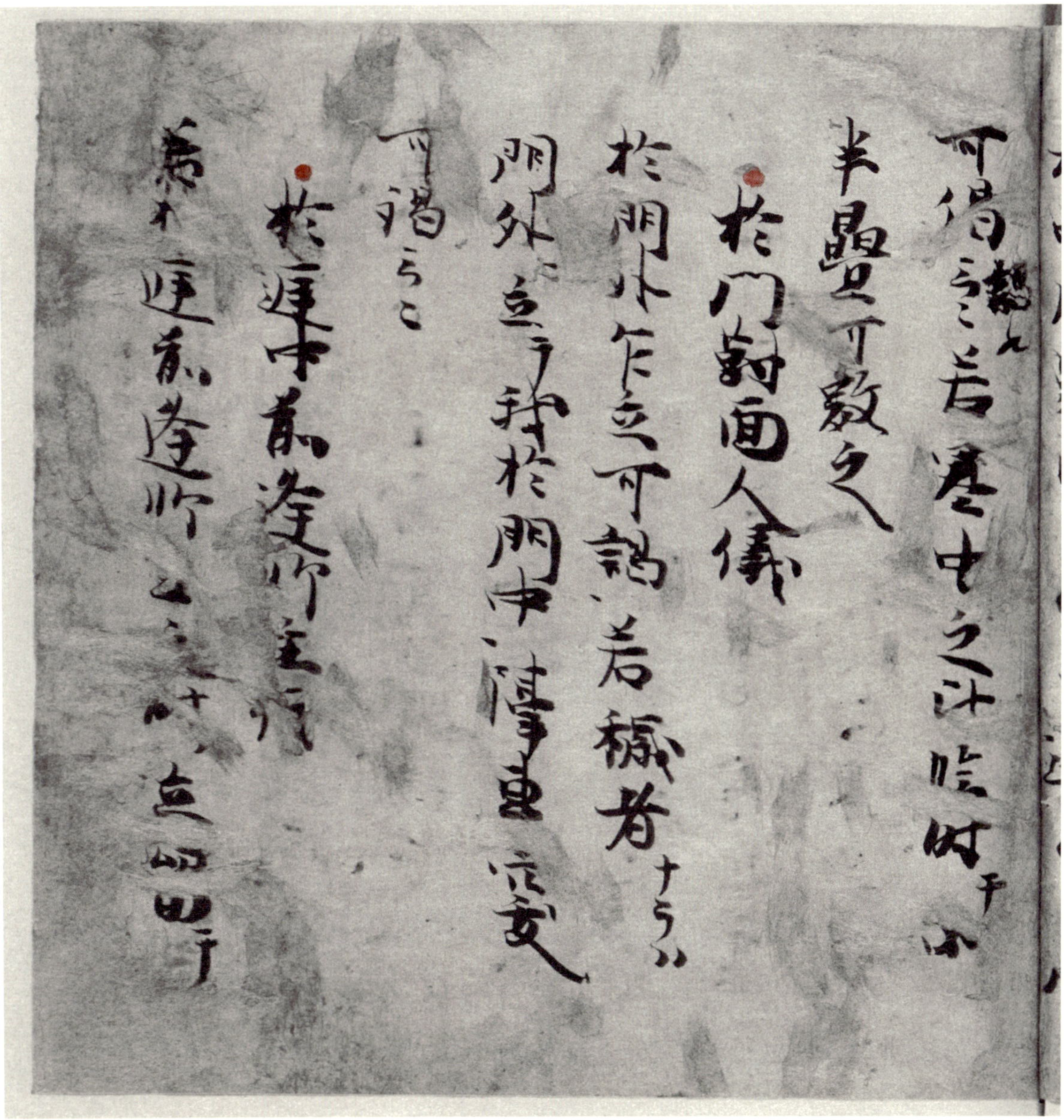
半畳可敷之
於門対面人儀
於門外下立可謁之若穢者ナラハ
可謁之々
於庭中前逢師主儀

（18オ）

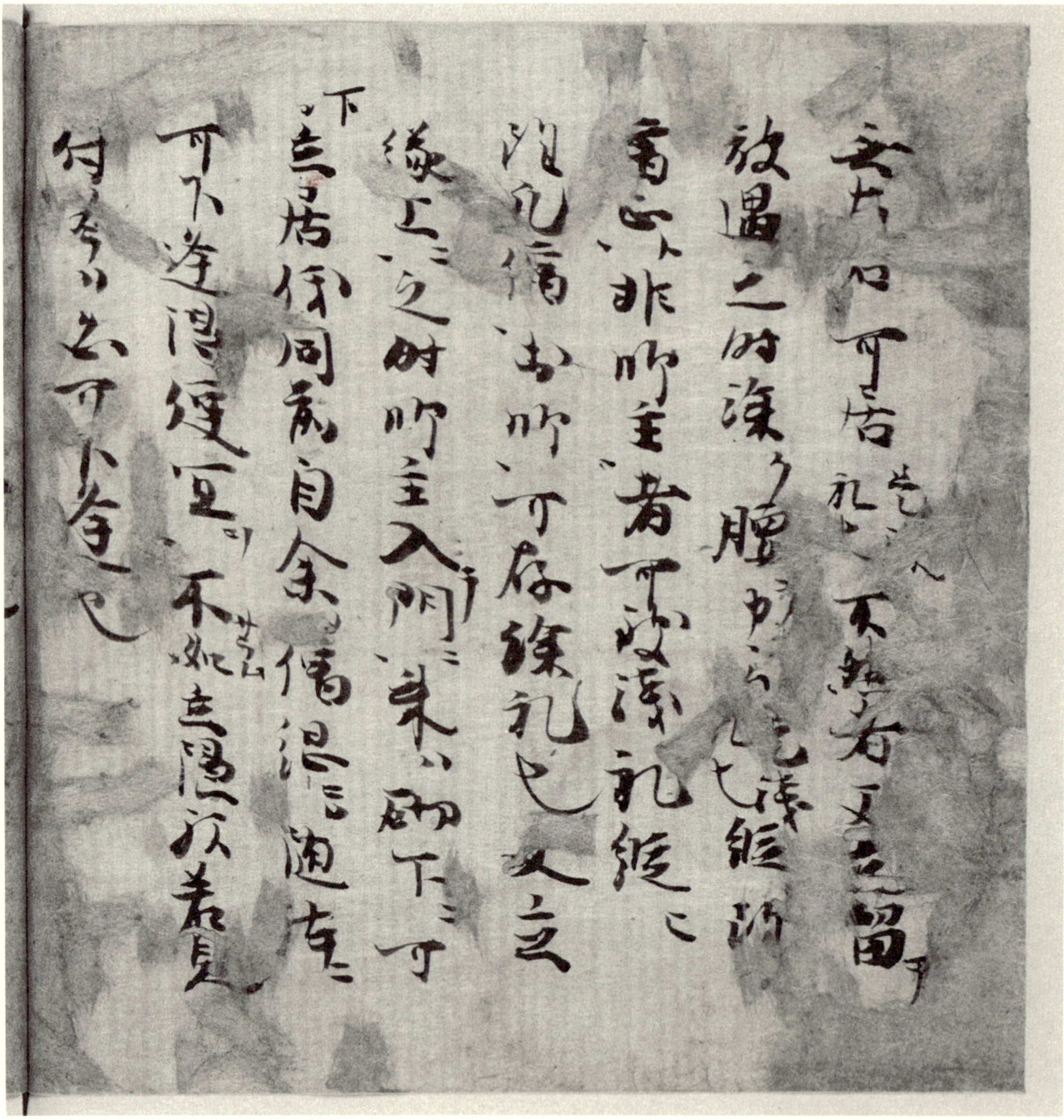

（18ウ）

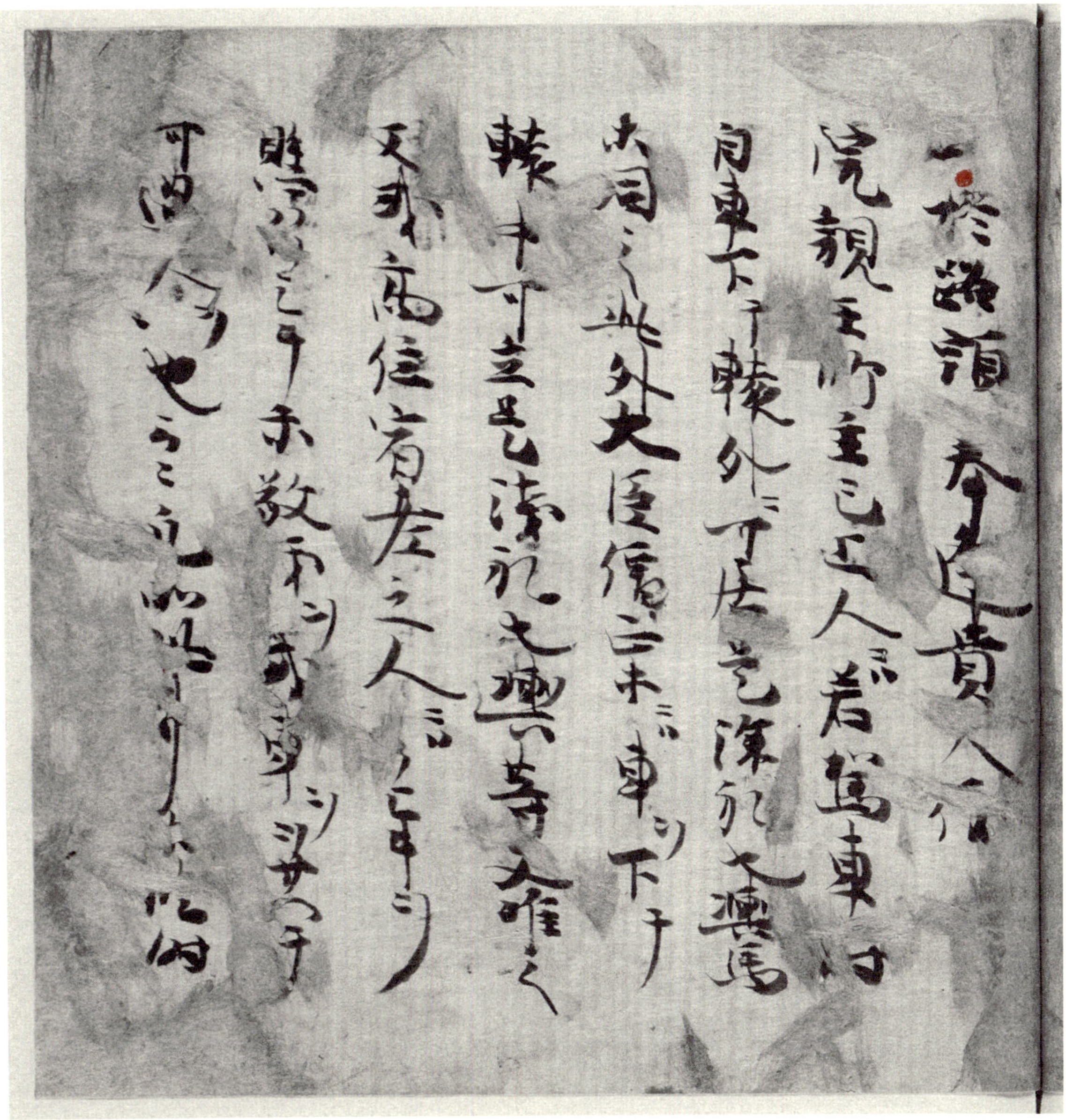
一於路頭奉逢貴人儀

（19オ）

可斟酌也

過霊寺社頭并貴人御所前ヲ行
霊験所并有名社頭ニ参事ニ
候ニ左右可及異儀之時、馬居テ
下座ヲ、法施ヲ可有之也、乗且随
又無左右可下ニ、一旦内裏ニ作ハ
面抄之者、無過條、院御所モ大略
如内裏ニ、親王関白ニ至マテ一

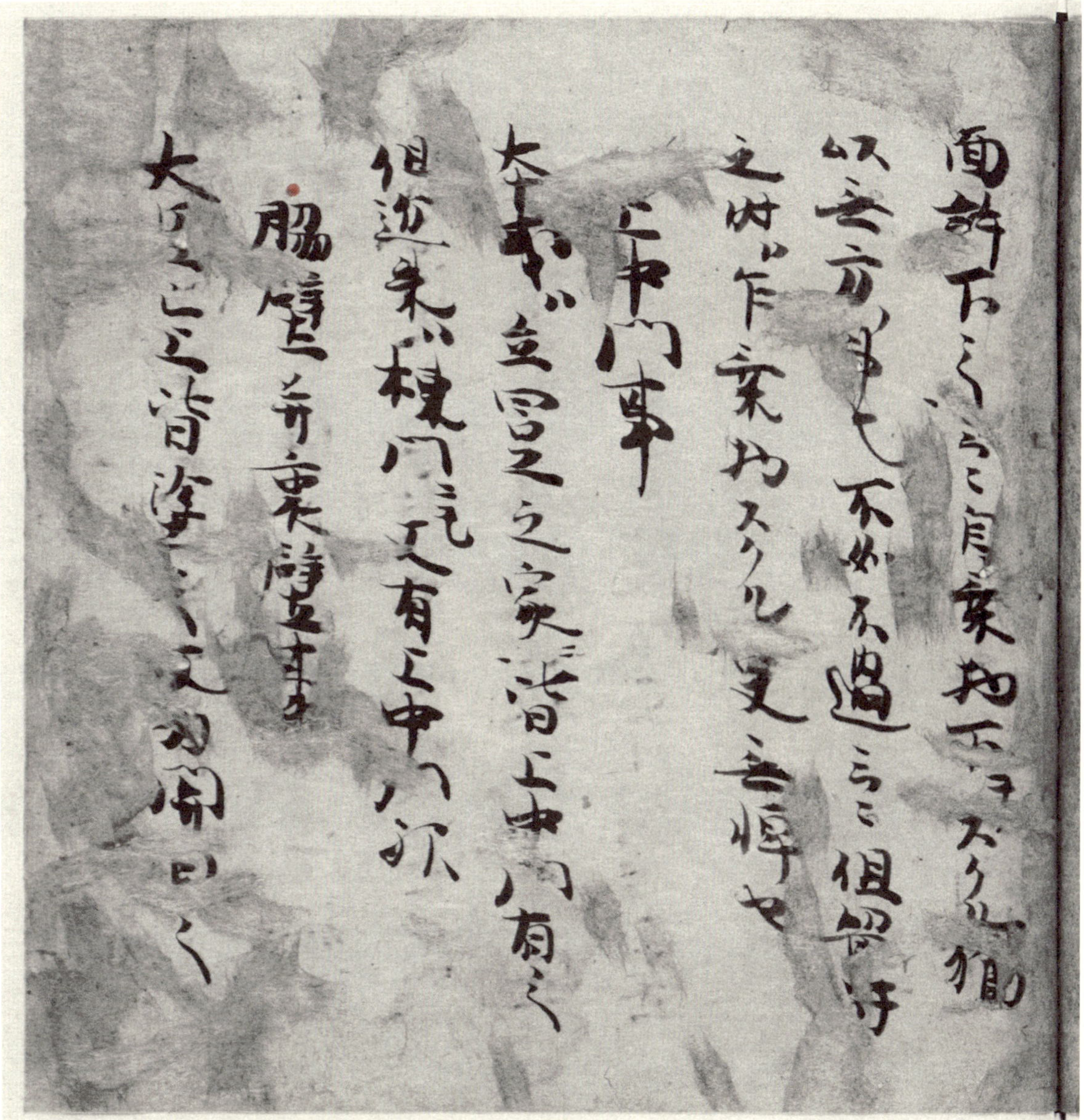

面許下乄ニ寄乗物ヲスクル猶
以左方ノ身セ不如不過ニ候間得
之時ハ下乗物スクル事無憚也
上中門事
大事ハ立置之家ニ皆上中門有之
但近来ハ棟門ニ又有上中ハ於
脇壁并裏壁事
大臣已上皆塗之又兩開ハ

（20オ）

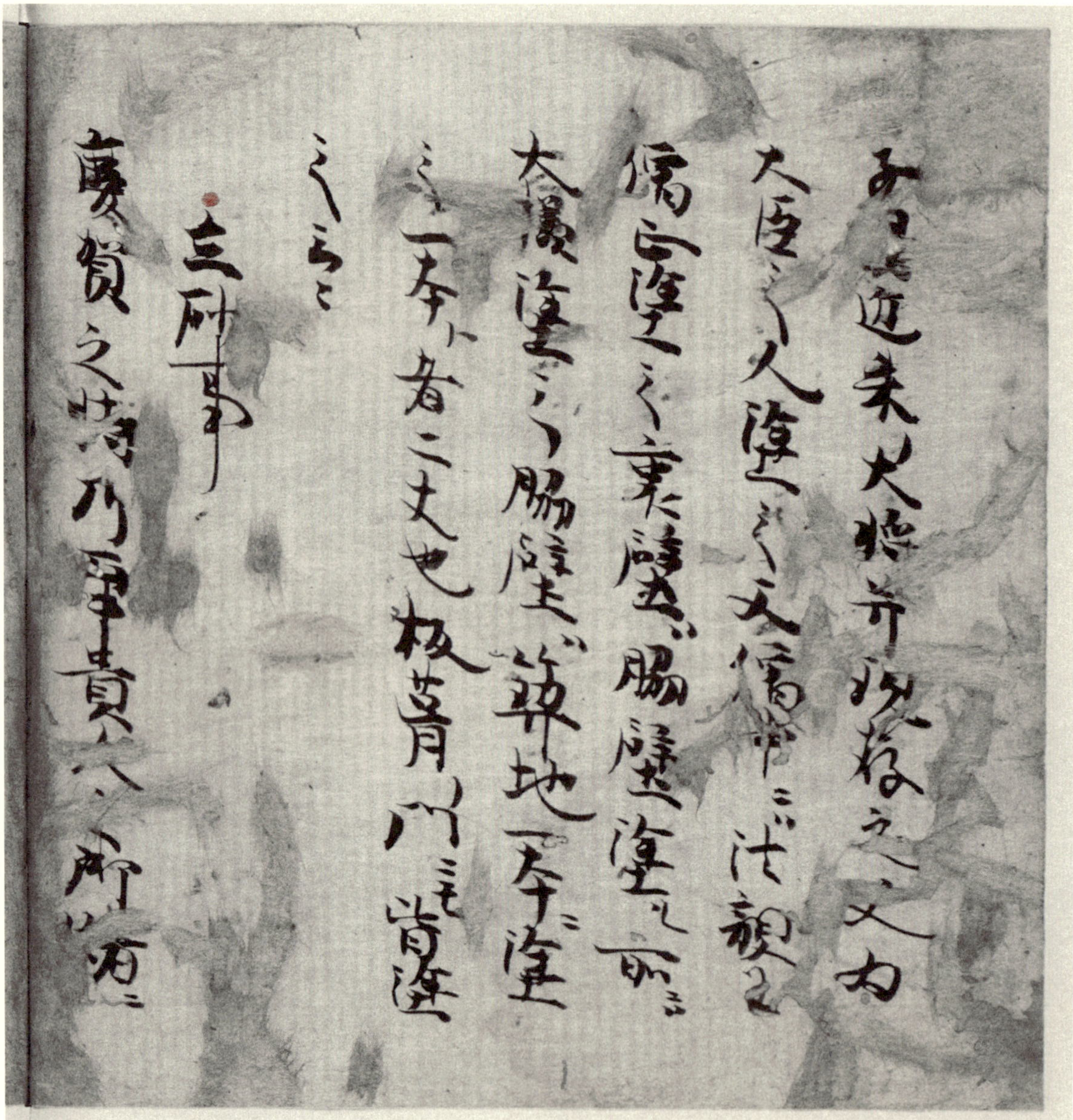

予曰、近来大将并初任之人、又内
大臣之人塗之、又儀中ニハ壮観之
備塗之、裏壁ハ脇壁塗ル前ニ
大饗塗之、脇壁ハ築地ニ一本塗
之、一本ト者二丈也、板葺門ニモ背塗
之云々
立砂事
大饗之時、乃至貴人ノ所ハ前ニ

（20ウ）

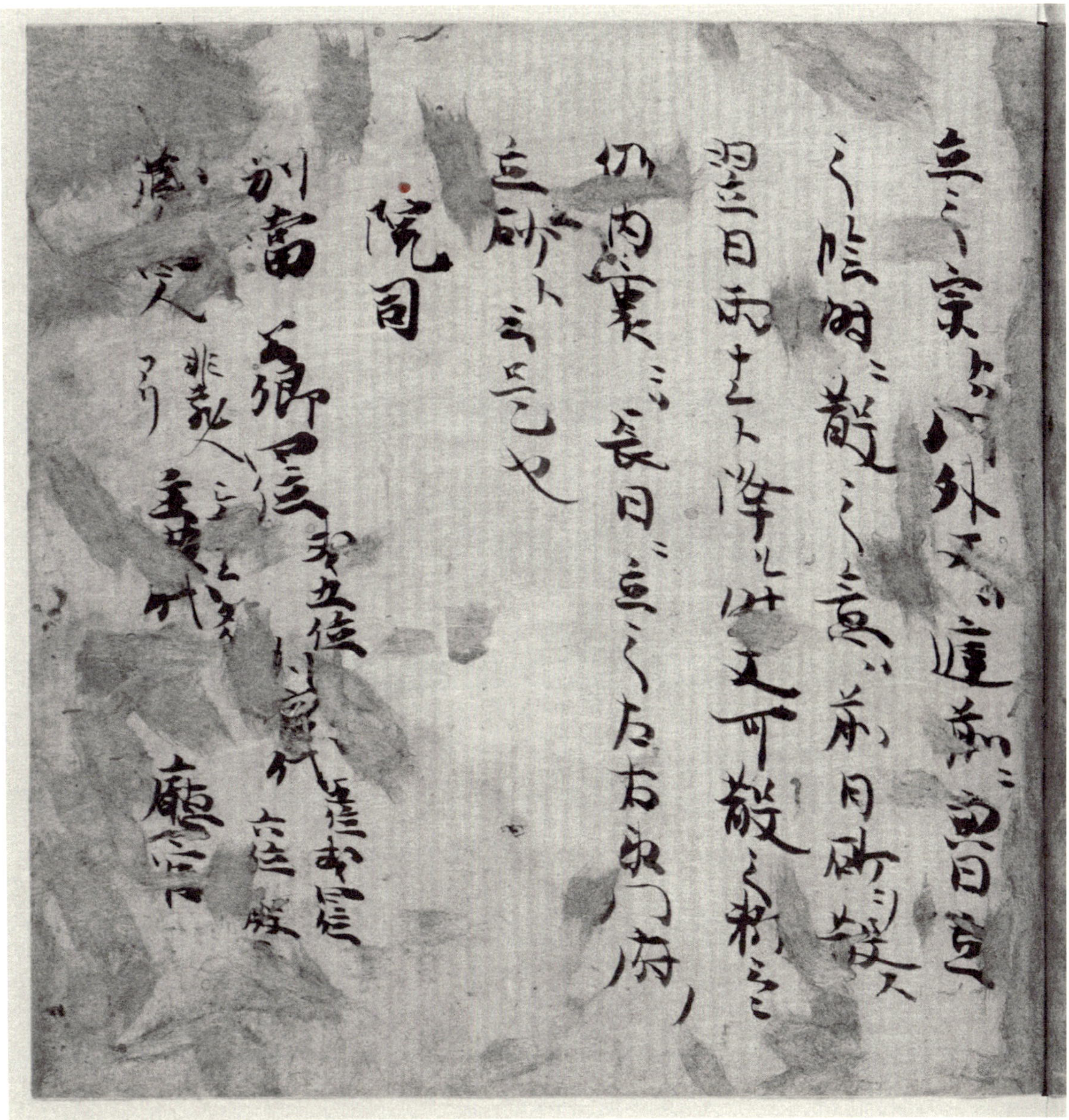
立之宗トノ外ハ違例ニ曽不立
之陰陽ニ撒之意ハ前日砂ヲ撒入
翌日雨ナト降ル時又可撒之料也
仍内裏ニハ長日ニ立之左右衛門府ノ
立砂ナトニ云是也
院司
別当　公卿四位五位
判官代　五位四位　六位殿
蔵人アリ　非蔵人ニ
主典代
庁官

(21オ)

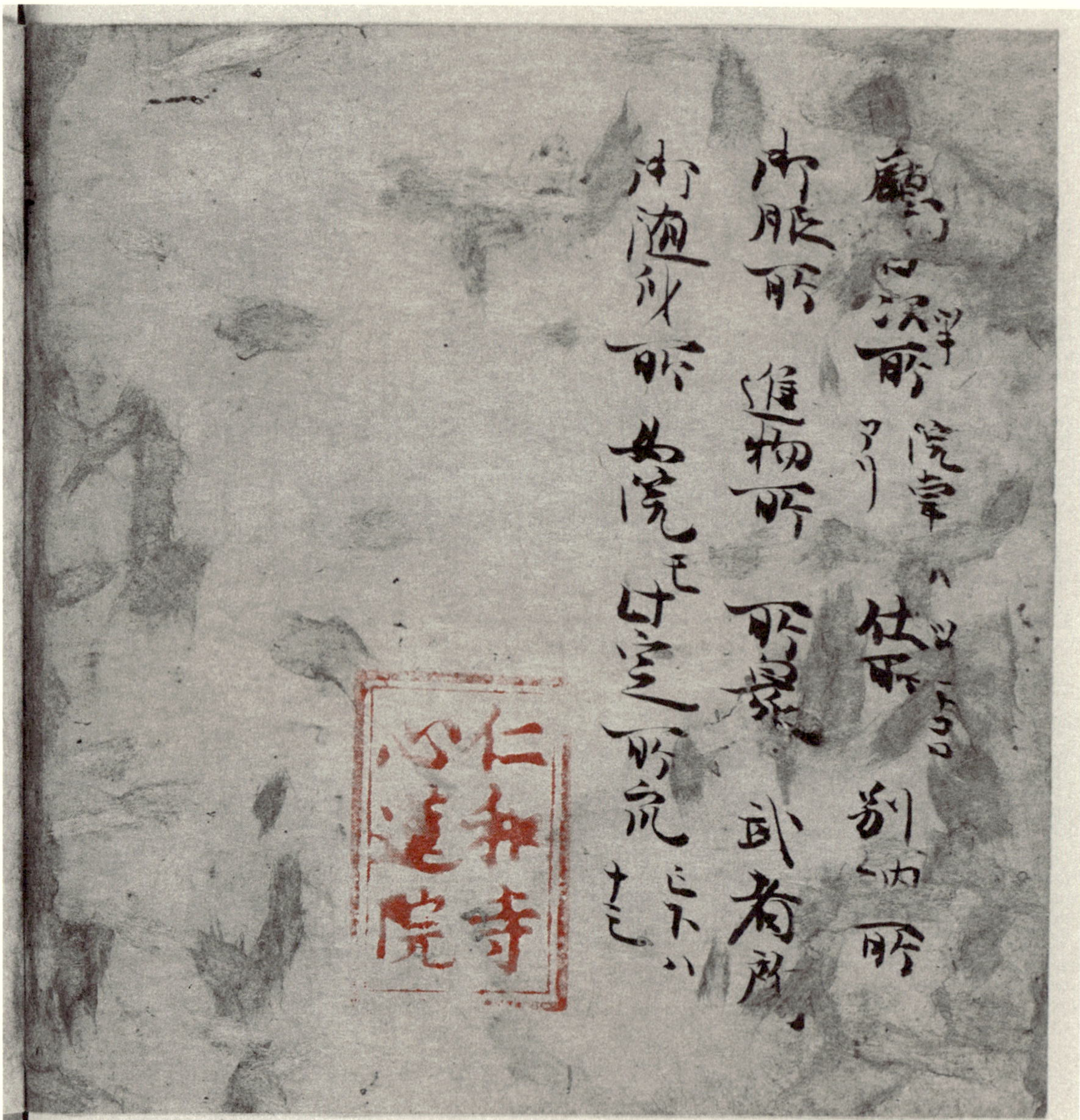
仁和寺
心蓮院

（21ウ）

大要抄　裏表紙

大内抄

大内抄

大内抄

一東京

一条 桃華坊　二条 銅駝街　三条 教業　四条 永昌坊

五条 豊風　六条 淳風坊　七条 安衆　八条 崇仁坊

九条 陶化　是左京

西京

三条 豊財　四条 永寧坊　五条 豊義　六条 光徳

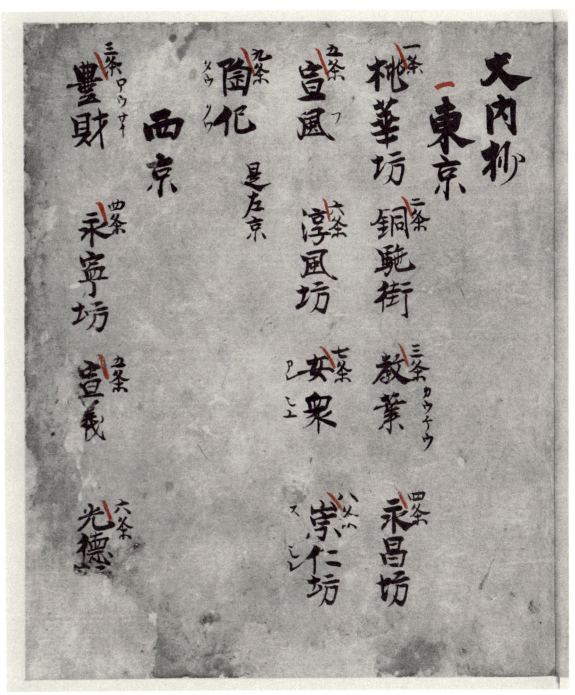

（１オ）

七条 敏財（ヒン）

八条 延嘉坊

九条 開建（カイ ケン） 是右京

二 大内裏

二〇殿 弘仁九年四月以殿門号題額

大極殿 朝堂院正殿名

武徳殿 馬場殿是也

豊楽院 朝堂院正殿 本名乾臨閣

紫宸（シム）殿 前之一謂南殿

（1ウ）

仁寿殿（ニンジウ） 在紫宸北

常寧殿（ジヤウネイ） 在承香北 后町是也

安福殿（アンフク） 西之一

清涼殿（セイリヤウ） 在校書殿北

母屋中一間立日記御厨子 東西行納二代御記

同間東副御簾立御屏風 畫西手繪以東為面

同第二間立置物御厨子 南北行 副西障子 安置様御物也 其上置御硯筥

同第三間立大（ダイ）床子 御脇足 厚円座 西方立御厨子 在東北

承香殿（シヨウキヤウ） 在仁寿北

貞観殿（チヤウクワン） 在常寧北 御匣（ミクシケ）殿トモ云

校書殿（キヤウシヨ） 在安福北

（2オ）

同弟四間立御帳　帳外艮角立三尺四尺几帳一基為令隠夜御殿戸也

廂南弟一二間石灰壇　有燈臺　上古供膳之時於此壇被召已丁之人之

同弟四間晝御座　御座二枚之上供御茵　当頭有御劔　束端置之　硯莒

夜御殿　母屋六七間

有御帳　四尺几帳御衣架等　神璽宝劔在此内　霞南向

四角懸燈楼　入夜有挑華燭　主上寝床共椿徳　池臥

二間　廂弟六七間

御念珠間也　安御仏等　昆明池障子　昆明池様　在孫廂弟七間北通

上御壷祢　在二間北　小松天皇御宇始被開　上御壷祢黒戸之

荒海障子　在孫廂弟八間通北　画足長手長之姿白

萩戸　在東向

（2ウ）

鬼間　西廂米申角二ケ間
南壁畫白澤王白、撤御厨子在西格子下
朝餉　西面廂　臺盤所北
御物ホ甚多　西面有釣鄣
殿上　在南庇四ケ間
御倚子　在上戸方　有寢　晝時不寢之　往古之渡物也頗有霊瑞之
小鄣　在上戸方
小壁　在下戸方
大盤三脚　大盤　親王以御料、　長二脚　侍臣料
簡　日記辰横傍
日記辰杖　在簡西
納殿ハ目次記等

（3オ）

圍碁彈碁ホ局　夏時有之　冬時火櫃二合居之　并横敷前
年中行事障子　在上戸外
雲幕　張南面
鈴綱　召人之料也
琴　在北長押上
小枚敷　在神仙門内
沓脱　在同門外
臺盤所　在朝餉南
簡　臺盤　置物厨子　尊子　火櫃　夜時无之
下侍　在神仙門南　西北両有妻戸
北面有蔀
時札　在下侍北方　奏時守之　入夜之時奏時刻其刻高聞之
或人云此札往古之霊物也

（3ウ）

御湯殿　在西北渡在

西渡在

折毬障子　立北方

東庭

炬火屋　相當額間

梅樹　在庭中

弘徽（コキ）殿　在清涼殿北

春興（シユンコウ）在　東之第一

綾綺（リヨウキ）在　在宣陽在北

要之駕障子　在下戸前

竹臺　河竹在東西砌下　呉竹在東北庭中

御川水　自亂口流也

登華（トウクワ）殿　在弘徽在北　本名登霞在

宣陽（センヤウ）殿　在春興在北

麗景（レイケイ）在　在綾綺在北

（４オ）

宣耀殿　在麗景殿

後涼殿　在清涼殿西

温明殿　在綾綺殿東　内侍所御坐す殿也

舎

飛香舎　在弘徽殿西　号藤壺

凝華舎　在飛香舎北　号梅壺

襲芳舎　在凝華北　号雷鳴壺

已上西邊起南各一字

昭陽舎　在温明殿北　号梨壺

淑景舎　在昭陽北　号桐壺

已上東邊起南各二字

○堂

昌福堂　在大極殿巽

義光堂　含章南

延休堂　大極殿坤

顕章堂　含嘉南　或禄

永寧堂　延禄東

暉章堂　脩式東

含章堂　在昌福南

明礼堂　義光南

含嘉堂　延休南

延禄堂　顕章南

脩式堂　永寧北

康楽堂　暉章南

已上十二堂會昌門内龍尾道前

（5オ）

朝集堂　會昌門外

以上八省

清暑堂　不老門

西華堂　西堂

觀德堂　顕陽南

明儀堂　永観西

以上豊樂院

東華堂　東堂

顕陽堂　殿前東北

永観堂　殿前西北

樓

栖鳳樓（サイホウ）　應天門東　外門東ー

白虎樓（ビヤクコ）　龍尾道西ー

已上八首

栖霞樓（セイカ）　東ー

已上豊樂

翔鸞樓（シヤウラン）　同西　外門西ー

蒼龍樓（シヤウリウ）　龍尾道東ー

霽景樓（セイケイ）　西

（6オ）

門　弘仁九戊戌諸門懸額

陽明門（ヤウメイ）　山氏造之

待賢門（タイケン）　建部氏造之

郁芳門（イウハウ）　的氏造之

東面北起額嵯峨皇帝書給之

美福門（ヒフク）　壬生氏造之

朱雀門（シユシヤク）　伴氏造之

皇嘉門（クワウカ）　若犬養氏造之

南面東起額弘法大師書之

談天門（タムテン）　玉手氏造之

藻壁門（サウヘキ）　佐伯氏造之

殷富門（イムフク）　伊福部氏造之

西面南起額大内記小野美材書之

安嘉門　造興司

偉鑒門　猪養氏造之
世俗号之不開門〻
或人云花山院自此門
出給之後不開歟

達智門　丹治氏造之

北面西起額橘逸勢書之

十二門外有上東上西等門具之

建礼門　宮南面僻伏
中門名

春華門　左廂僻伏〻　達礼門東
号枇杷門　依有枇杷木歟

修明門　右廂僻伏〻
達礼西

朔平門　宮北面僻伏中〻号
之縫殿陣　依向縫殿寮歟

式乾門　西廂僻伏〻
在朔平門西

建春門　宮東面僻伏中〻
左衛門陣

（7オ）

宜秋門　西面中門　右衛門陣

長楽門　左廂、在承明門東

玄輝門　宮北面、朔平内

徽安門　西廂　至玄輝西

嘉陽門　左廂　在宣陽北

陰明門　宮西面内、右兵衛陣

承明門　南面内、建礼内　五間

永安門　右廂、至承明西

安喜門　東廂　至玄輝門東

宣陽門　宮東面内　左兵衛陣

延政門　右廂　在宣陽南

武徳門　左廂　在陰明南

遊義門（ユウキ）　右扇　在陰明北

月華門（クエツクワ）　宮前西面内一

右掖門（イウエキ）　月花門以南

左青璅門（セイサ）　在綾綺殿西南

宣仁門　在左青璅門南

恭礼門　在宣耀殿東北

日華門（ニツクワ）　宮前東面内一

左掖門（サエキ）　日華門以南

敷政門（フセイ）　在宜陽殿北

右青璅門　在清涼殿東南

崇明門　在左近陣北

内衛門（タイヱカ）　在恭礼門南

（8オ）

神仙門　清涼殿

仙華門　在紫宸殿西北

以上中重門　大垣内云中重

應天門　八省朝堂院入

嘉喜門（カキ）　在廂外ヽ

永嘉門（エイカ）　右廂外ヽ

無名門　在右青瑣門南

明義門　在仙華門南

長楽門　左廂外門

昭慶門（セウケイ）　北面外門

永福門（エイフク）　西廂外ヽ

宣政門（セム セイ）　東面外ー

盛化門（セイ クワ）　東面外ー　在宣政南

敬法門［盛イ 敬］　西面外ー　在章善南

會昌門（クワイ シヤウ）　南面内ー

（ショウ メイ）門　右廂　在會昌南

興礼門西

通陽門（トウ ヤウ）　東面外ー　在宣政北

章善門（シヤウ セン）　西面外ー

顕親門（ケム シム）　西面外ー　在章善北

章徳門（シヤウ トク）　左廂　在會昌東

含耀門（カム ヨウ）　章徳門外東

東福門（トウ フク）　殿東

（9オ）

敷西

壽成門　西華外西

光範門　壽成南

永陽門　昭訓之南北通ー　在蒼龍楼東

已上八首

豐樂門　豐樂院南西　ー卯ー

宣光門　東福外東　軒廊

昭訓門　宣光門南　龍尾道東道北門

廣義門　光範門南北通ー　在白虎楼西

礼成門　左廂

崇賢門 右扇
延明門 東面中、
會利門 南扇
吉徳門 左扇
門 南面内ー
右扇

不老門 北面大門
陽禄門 北扇
萬秋門 南扇
福来門 右扇
高陽門 左扇
開明門 高陽南 東庭ー

（10オ）

青綺門 セイキ

殿以東北通ー

門西所

殿以東西北通ー

以上豊楽院

宮城 延暦十三年十月廿一日東駕 遷于新京平安京也

八省院 天皇脩時即位諸司告朔所

豊楽院 天子宴会所 在八省西

中和院　天子祭社稷神所

真言院　在八省北　宗僧綱一人勤仕御修法念誦等

内舎人所　在中務省北門東腋

進物所　在月華門外南腋
請内膳所渡之御菜供朝夕御膳

御厨子所　在後涼殿西廂以内膳内蔵造酒大膳及諸御厨
儲御贄供朝干飯及朝夕御膳

御書所　在式乾門東腋
公卿別當

所　在義書舎東竹廂
也　善指南別當衆等

（11オ）

進物所西

所

在桂芳坊

侍所　在温明左

蔵人所　在校書殿

贄殿　在内膳中　納大宰及諸国所進
御贄　備供御膳

可在御書所次
一本御書所　在侍従所南

梧

(12オ)

（12ウ）

暇服事

暇服事

暇服事　表紙

暇服事

（1オ）

（1ウ）

服

父母夫 一等 一年 私君 一年 有官位者心喪

受業師 祖父母 養父母 五月

外祖父母 姑兄弟 姉妹 伯父叔父 嫡子 出家准諸子是

法家所判也依父之愛浅深也 夫之父母 三月 夫父母心喪一年

高祖父母 嫡母 継母 舅 姨

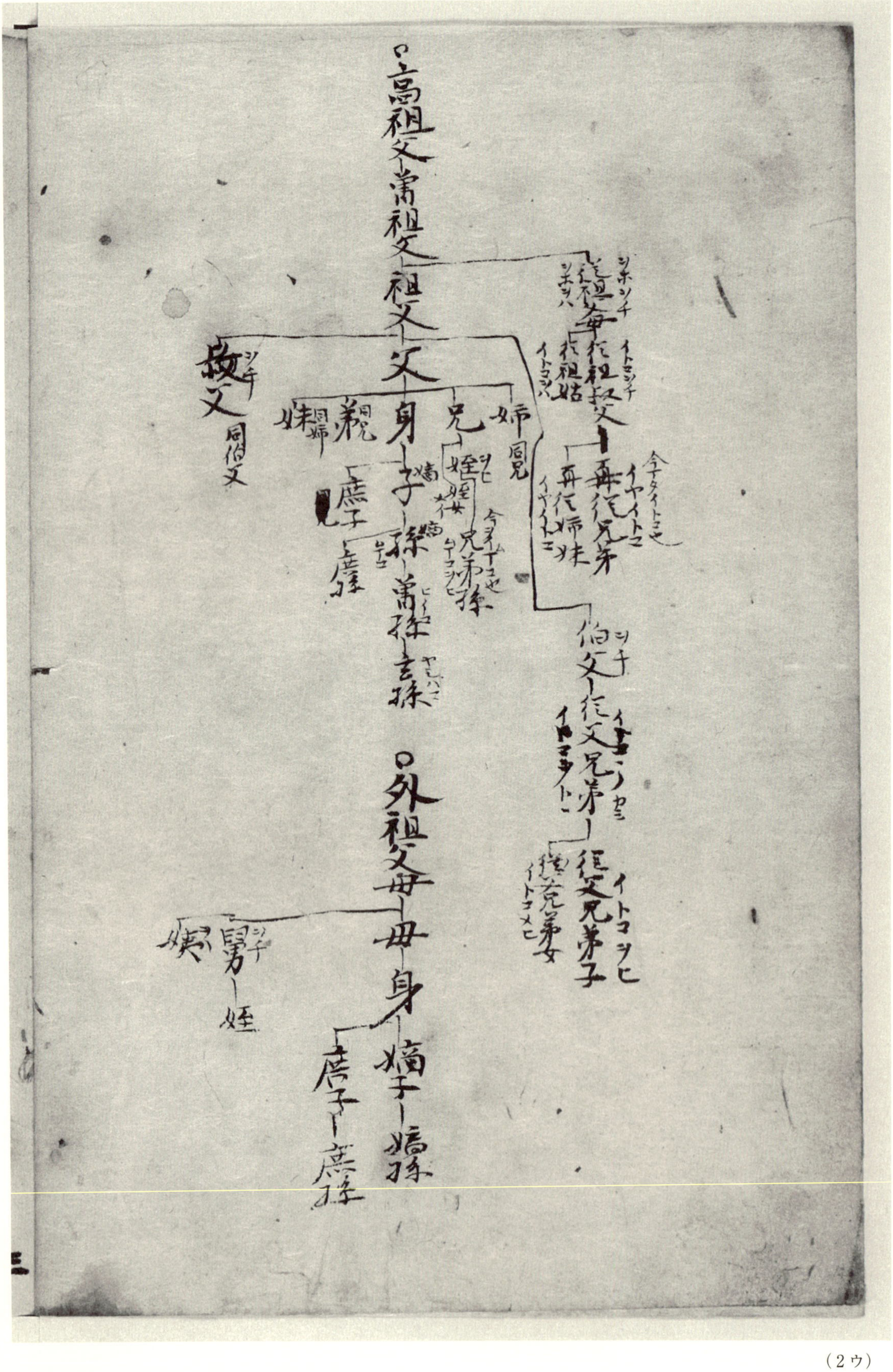
高祖父
曽祖父
祖父
父
身
子
孫
曽孫
玄孫
叔父
伯父
兄
姉
妹
外祖父母
母
身
舅
姪
嫡子
嫡孫
庶子
庶孫

（2ウ）

服

父母 夫一等一年 私君一年心喪 有曾任者

受業師 祖父母 養父母 五月

外祖父母 姑 兄弟 姉妹 伯父叔父 嫡子出家

准諸子是江家所判也 依父之憂浅深也 夫之父母 三月 夫之父母心喪一年

高祖父母 嫡母 継母 舅 姨 諸子 嫡孫

曾父兄弟 継父同居 一月

従父兄弟 従父姉妹 姪父方女上 諸孫 七日

三

假

三月服（五月服 假廿日） 假廿日 一月服 假十日 七日服 假三日

改葬假

一年服 假廿日 父母改葬 子必織 五月服 假十日 三月服 假七日

一月服 假三日 七日服 假一日

無服殤 生三月 至七歳 大服三月 假三日 一月 二日 七日 一日

近代随気色也不出其日不可従神事

晨昏

元定省依避寛平天皇諱避之改為晨昏

文武官人父母在畿外三年一給假云

軽服人節會時従吉服袒文類不可着

喪葬令云、

凡天皇為本服二等以上親喪服錫紵 謂凡人君即位服絶傍朞唯有心喪故云本服其三后及皇太子不得絶傍朞故律除本服字也依儀制令子為一等故称二等以上即外祖父母同依同令皇帝不覲事与二等親同故甚天皇為考妣令條無文依同式廃務也錫紵者細布即用淺黒染也 為三等以下 謂四等以下即五等之内無服親故也儀制令三等親喪皇帝不覲事一日即四等親喪雖得視（覲之）事而除帛之制々一日為限也 及諸臣之喪除帛衣外通用雜色 謂儀制令皇帝不視事是也帛衣謂白練衣

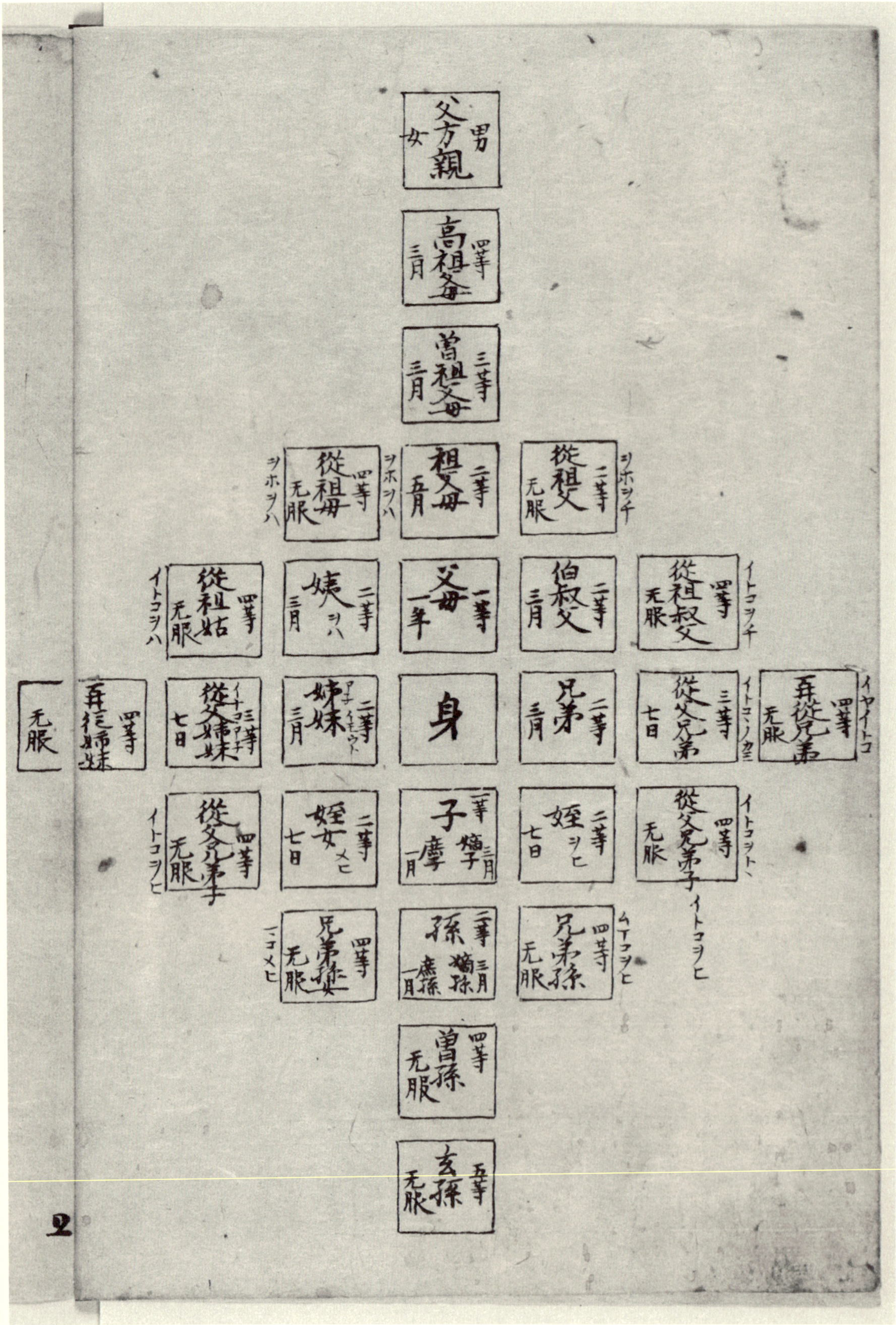
父方親 男 女
高祖父母 四等 三月
曽祖父母 三等 三月
従祖父 二等 无服 ヲホヲヂ
祖父母 二等 五月 ヲホヲハ
従祖母 四等 无服 ヲホヲハ
従祖叔父 四等 无服 イトコヲヂ
伯叔父 二等 三月
父母 一等 一年
姨 二等 三月 ヲハ
従祖姑 四等 无服 イトコヲハ
再従兄弟 四等 无服 イヤイトコ
従父兄弟 三等 七日 イトコノカミ
兄弟 二等 三月
身
姉妹 二等 三月 アネイモウト
従父姉妹 三等 七日 イトコアネイモウト
再従姉妹 四等
无服
従父兄弟子 四等 无服 イトコヲヒ
姪 二等 七日 ヲヒ
子 一等 嫡 三月 孽 一月
姪女 二等 七日 メヒ
従父兄弟子 四等 无服 イトコヲヒ
兄弟孫 四等 无服 ムマコヲヒ
孫 二等 嫡孫 三月 庶孫 一月
兄弟孫女 四等 无服 ムマコメヒ
曽孫 四等 无服
玄孫 五等 无服

（4ウ）

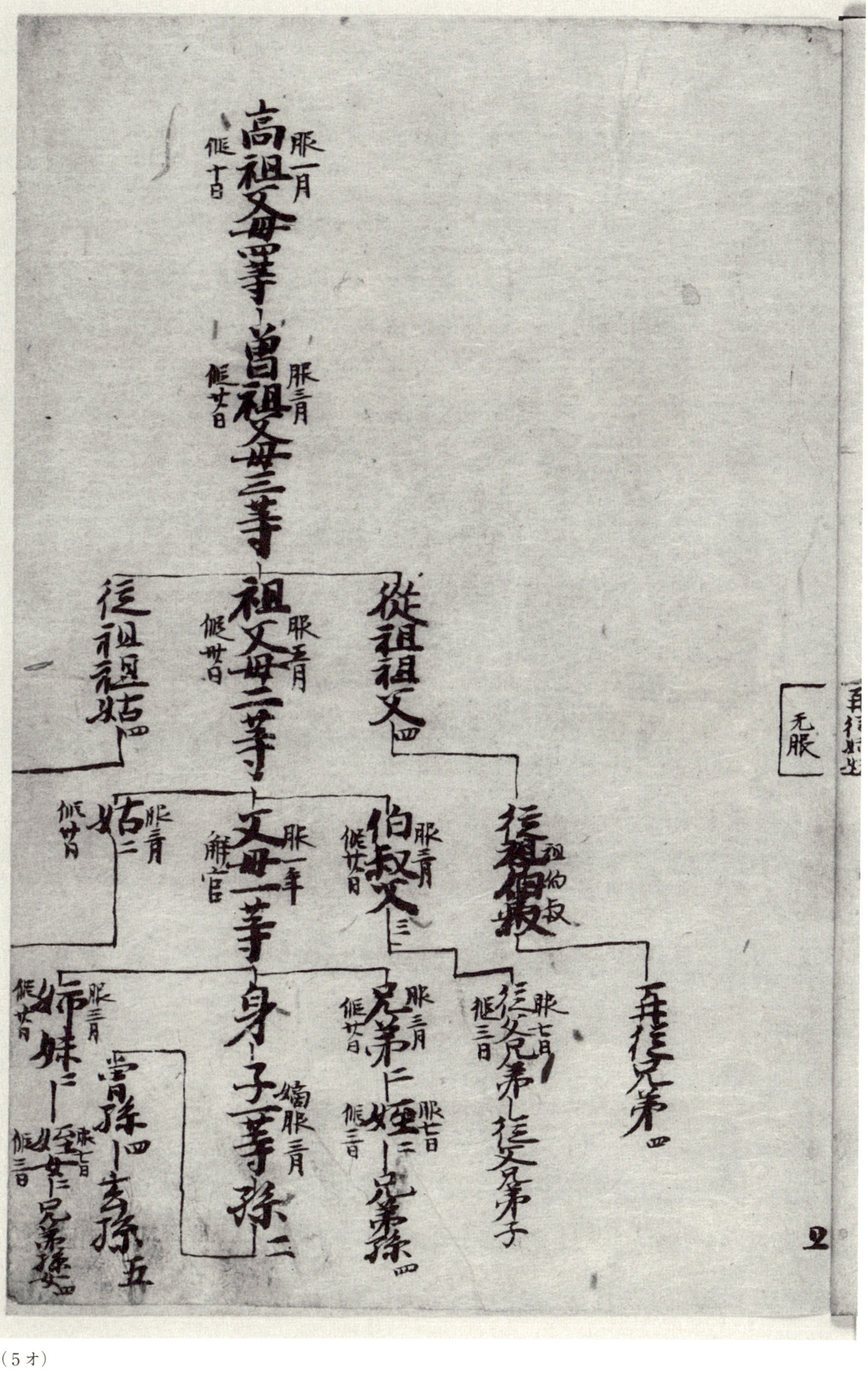
高祖父母四等
服一月
假十日
曾祖父母三等
服三月
假廿日
從祖祖姑四
祖父母二等
服五月
假卅日
從祖祖父四
无服
姑二
服三月
假廿日
父母一等
服一年
解官
伯叔父三
服三月
假廿日
從祖伯叔
再從兄弟四
姉妹二
服三月
假廿日
身
兄弟二
服三月
假廿日
從父兄弟
服七日
假三日
從父兄弟子
曾孫四
玄孫五
子一等
嫡服三月
孫二
姪三
服七日
假三日
兄弟孫四
姪女三
服七日
假三日
兄弟孫女四

（5オ）

従祖姑四
従父姉妹三　服吉　服三月
従兄弟子四
再従姉妹四

祖父之兄弟姉妹曰従祖父姑父之従父兄弟姉妹曰従祖伯
叔父姑従伯叔之子曰再従兄弟
伯叔婦　姑舅姨子
舅　異父兄弟　姪婦
継父同居妻　外甥
外祖父母　養父母　身　養子　外孫　子婦　孫婦

六

嫡母継母　妾　妻妾前夫子
姨　異父姉妹　女聟
妻妾父母　兄弟姉
母之兄弟曰舅母之姉妹曰姨又夫夫之父母曰舅姑一字両訓随事用之
夫兄弟　夫姪
夫祖父母　夫之父母　夫　女身　夫前妻妾子
夫之姑　未〔夫之〕姉妹　夫姪女

六

（6ウ）

（7オ）

（7ウ）

（8オ）

応保二年三月十二日八幡行幸　衛門労蔵人敦綱傳之出納伊政持假之仲出納経服日数内之条
他出納不候加之基経衛門尉蔵人之時賀茂行幸従服日数内勤仕禊役供况於出納何事有哉

仁平元年九月廿三日　今日左府依祖母服義葬被申十二日服也
応保二年二月七日蔵人宮内権少輔重方之御所奉書謹所持稿覚長也而服
卿事出来之間有服宗之中大殿之事等又入信縁可被召接而五為例於禊宗
之禊之事勤了由同使仰云々

口服暇事 同 幷妻事

仁平三年八月四日 左府被脱祖母帯事云々 今出河原有此事云々

保元〻二年十二月廿五(六)日 今夜於門外除服 去比播磨入道女子逝去也

重服 保元二年十月七日 母堂入滅給 予相扶而勿参向 御同服之後 被参来

十月廿八日 今日始出仕 申刻 着素服事 素服事 先参殿下 次参向

金吾御許 花山院 是奉相具(伴)可参内之故也 然早以令参内給云々 同道

参仁和寺五宮殿 令着素服給 有申文事 令着殿上給。

卅日 着衣冠 束帯衣服許 参内

十二月十三日 申刻着衣冠 参小侍従御許 次参内 日来依雑事不参内

保元三年五月十一日 於仁和寺被行重儒御読経 仁王経可勤之由仰之

同日参人 依来参之 是為自思異御願 重服之者 尤可有憚忌乎

（9オ）

今夜後日申時出之處同申時趣自新所也
十三日　少舎人種路花蔵人令尊皇主清之間不可參内之由
示之、服者依有憚也

重服復服
八月十五日　戊時出三条河原除服、予着鈍色狩衣奴袴、不依心喪
也、今來月可如此也　事具重衰部
九月十三日　河波當司頼佐来談云、大將母堂逝去云々、月十二日也、仍
不能脱服左府之服前也、仍不改重服、此事希有事歟、至于保衍者
不然、件卿降同服之後着白狩衣淺黄奴袴云々
保元四年閏五月七日　今夜於門外解除　外祖父去月廿六日死去　保衍卿服也　來十三日下
出仕也、納言殿自十五日令出仕給云々、是依別仰歟、被勅定云々、服暇
内不出仕之趣也、予今氣在也

六月大日……保寂朝臣死去云々、予外祖父也

不知其由、此日参院、又佛経調進、為御息災御祈、太不敵事也、隆
季卿同参入、件人同心云々、秋比出家云々、不可說(傳聞)也、件人故入道宰相家保
五男也、今夜中宮可有行啓高松殿 院御所、云々、予隆可進半物
車、依此事不参之由也、此由觸侍所司了、然依宰吏令使来之兆
雑事料可出之處、老僕因可有憚之由、参申了、此事尤行之、納言
依此憚不参、只立車給之、此方物忌云々、

廿九日 今日院被始行五十日御逆修於高松殿、有此事、予依
假服不参、

十二日 隆服之後今日始出仕、中日不用吉事、然而雖為此程事、何事之
有哉、未刻着布衣参院、今日御逆修也、事了、予退出、参内、

六月十二日 蓮華王院御佛供養 太政大臣清盛 権方 姉喪 新宰相俊憲喪 舎弟隆服
之後始出仕、四五日已前事也、

（10オ）

十五日　院御逢服　右中将為定、、頭為雅服、後始出仕の事等

永暦元年十一月十六日　未剋参内、右中弁朝方朝臣、此日初出仕者也

月隆重服暑者服也

応保元年十二月十一日　今日出門外除服　外祖父内侍服也

廿一日　自外記以使部送除服宣旨　外祖父内侍服也

書様

左大臣宣、藤原定隆朝臣

右近衛権中将藤原実親朝臣

右兵衛権佐藤原朝頼賓

右衛門佐藤原朝臣賓清

正三位行権中納言右衛門督朝臣実長宣奉

勅、件人等除服令従事者

勅使人服暇令行事者
永暦二年十月十三日　外記清原定雄奏
一見了返給了　以弁　宣下云々
廿四日（于時蔵人）　未刻参南殿中書　依服暇令籠居　令推出仕何所罪也
廿八日　春日行幸也　予不供奉　其故外記文内供奉去月入職件服暇
及令須供奉路人許々　以事申合大納言々々令下田於社頭不従候遥
可並便乃路辞　供奉可着用云々
應保二年四月廿四日　未刻参内奏事　晩頭退出了　或人云　所司刑部
卿家長朝臣逝去云々　相尋之處　昨日出家　夜半許逝去云々　不知案内
令出仕　不可憚也　朝臣予外叔父也　但年来疎遠之處也　令直納
之礼賜令参使職未禄云々
廿五日　南府官人来催騎射事　依服暇不出仕之由答了
廿八日　今日新行直一哉之度仁王会云々　予依有服暇事不参

（11オ）

五月二日　今夜出門外解除　去月廿三日刑部卿家長朝臣死去之故也
四日　除服之後今日始出仕　申刻参御所殿御書沙汰参内奏聞
七月十二日　今日被発遣祈年穀奉幣　右兵衛督家通朝臣作御鎰
今日右兵衛督家通朝臣除重服之後始出仕　欲供膳亭子不向殿務同出仕了
憚欲参内以書状其以否而不参也　仍可着後宇終職事朝臣侍了
廿三日　縫殿陰陽寮所書遣之　大外記師元使直講師尚和送回状
服暇不可出仕可存其旨
十月十七日　午刻参内付蔵人家業資奏事　一　昭大夫祖蔵朝臣母
病危急仍雖中院附参使事　仰沙弥不可相催者　次人能参事叙
蔵朝臣也伴人又称依以蔵人弁其旨申之　祖蔵朝臣母忘継母也
又死去之後着無服假　必可通相尋一中右着　一

執奏重通猶子、仍入道大納言成通薨之時、除服之、為三ヶ月中儀、有
憚之故也、此事如何、養父又有服哉否、不可然事歟、但及除服歟
于今無先可進止哉、本自不可有此服事歟

此記不見人返可勘
長寛二年十二月三日

長寛三年十二月十二日　下有行幸于円勝寺、仍欲参院之間、或者告送
因前和義乃守保成朝臣逝去者、仍不参、是予外叔父也、去廿七日夜云々
而于今不聞及、仍又去八日参、八箇日可服事也、依服雖御斎会加
供不進

十二日　去之使觸假服之由白召事、尤可参之由有仰事
尤之敬也

仁安二年四月廿五日　頭弁〈信範〉曰、禊祭事、去今両年同奉行、而去年無
故殿御服中間有障、抑一有其憚之由、自本院令申給之間、蔵人右

（12オ）

此門指依一事定待書云々

治承元年三月晦（安元歟）

七月十日 主殿左衛門督時忠 向河原被除服、建春門院御服云々、去年中

陰了 服被下除服宣旨、参内之時著除闕業黒

業實著不被除服也、去夏時宰蔵左右時實相具（?）

如上之人同一年著此服

十二日 今日左衛門督時忠 被参院、著長絹狩衣無文浅黄糸縁云々、昨

日被除服院御服、其後不被著心喪、其業口只被著無文其業被参

院之時、密々参内之時不能著、直文云々

治承二年七月十二日 々々相服、並著為宰蔵 宣與書 中宮亮時忠大

[illegible]

依同御事院依有催請例不可然歟云々

假内行仏事例

仁和四年十月廿九日左大臣源融薨、同廿五日式部卿親王〈本康 左大臣弟〉以下
諸衛五位以上依件喪請假者、可停奉幣八日大嘗會御禊之由
被下　宣旨

長徳元年六月十二日月次神今食也、權中納言藤原公季卿依
宣旨雖服假内行仏事

永久三年十二月五日還宣後政始也、參議左大弁長忠朝臣雖服假
内〈并入道 其長〉依院宣參入

保元二年十月八日自高松皇居還幸新内裏、右大史小槻宿禰永
業雖兄師經服假内可扈從之由、被　宣下

治承四年五月二日　弁光有謂小野宮大夫入道者入滅之由安原守之

長禄秋陽明之告遣非人也、予自下爲下有、便服、仍寄花山院中納
言無雅、前中大宰令旨稽核云々、後予十月晦日於山[illegible]急別所
遂之云々
十七日 新除大宰今中納言稽核云々、奥御、将服仍寅密也其之
十二日 今夜除服、是小野宮大納言入道服也、廿日侍従宰事後去云々
門外給除 稽[illegible]刻[illegible]聖手軌廿任稜
廿日 寅刻参内 女房廻、卒事後参殿上方 了、着陣 新義人
廻又下去云 将服後召新参仕也 仍昔言之 参新院
十一月二日 故高松中納言實衡 後家尼上入滅云々 予外戚姨母也
十日 送五郎[illegible]雅業来於三所 諸人許 左大将實定 送答侍
修寺雑荒宅 作平十二日将服事[illegible]仍解[illegible]由大将返答白
[illegible]

號花山院被申云、新拜請乎、若然者随又於縫被稱西作、有其命何候

甚自於使者不須号代人直遣之条尤有恐、然者随事所令紙

不自由

寿永元年四月廿日、主殿頭家門院御堂廟御所、旦来上臈所

参入也、前和泉守重長朝臣出来申云、参入之由、雖未府参之、於風病

重義相逢不見、是於傳之所謁、被着重服廿ヶ年、主殿頭令子 深練単袍同女恒

去月廿七日有改元之改、養和二年為寿永元年也、去廿五日蔵人

左少弁兼長奉院宣而遣、同改元日必可着陣、着東隆服者早

除服可出仕之、去月有姉妹服也、中奇参陣事、但改元者書事廿永業

度詔書覆奏同於軽服人起座、況定日出行吉事也、其忌諱

相異一旦、解細於左少弁参之、此條者堂御成敗、但中古将服

人懸甚色矣、代々不遂旗不可及沙汰候之

壽永二年四月十五日、今日被行放生會、上卿皇后宮大夫實房卿
奉之、而去十一日依將服外祖母也、被辭申、仍大宮中納言實宗卿勤之、
今日於陣被改直具廬、議定之中即位聞事之人々依觸穢也、皇后宮大夫
實房　將服日數内、左兵衛督家通　將服日數内
參議參會者事
左兵衛督家通、兼陣、藏人下吉書、蓋令合將服之後、今日着陣、
有吉書歟、參可無之由、或云、日一日藏人下吏衣宣旨續所之、然
時兼陣之前、於陣座亭下下宣旨、式部行事、不審也、又可有
其疑、此法可之不審也
十月廿八日、今日任大藏卿泰經、奉院宣、今日參入、先日
地奉大藏卿[illegible]前以藏人[illegible]御事此由[illegible]人不觸之由有
[illegible]

入左　入大

元暦元年十月九日、摂政被賜内舎人随身一所、頭左大弁奉院宣、
下奉行、而両々退出来到、欲参内、同頭弁遣雑色云、殿下已今参内給、
早可令参給者、相次又召使同来告云、軽服之後、今日初可参陣、
可被下吉書者、即参内、直着端座、令蔵人弁下吉書、
文治元年十二月七日、向東殿（松殿御住東山 蓮花院辺）、前右大将室（朝臣東関白女子）
細此路所々、依皇太后宮御軽服給之、御軽主花山院
入道太相国御妹子也、至于有其服親之由、此女今皇太后宮女房之
母来日入道殿（松殿）被仰曰、可有服之由、有所見、出行事不申左右、
宜被尋申、花山院不分明之由申、給但源中納言通親宣家
准服之云々、然者儀不被一決、会此路所御准服云々、此條可尋

（15オ）

勘〻文或抄曰

四等

甥　謂姉妹之男子無服

五等

姑子　謂父之姉妹之子也　無服

又曰

姉妹子不可有服事

外甥也四等親也不可有服之由見本條也

或記曰

保安元年九月院御熊野精進之間敦兼朝臣女子妻成通[illegible]臣

家保朝臣[illegible]朝臣為臣者外甥舅無節共以此依觀

之故也
如右者外舅已無服、其子何不解除哉、於此不審、相尋明法博
章貞之處、申云、姉妹之子又之姉妹之子無其服者
十五日　今夜子刻法印某（花山院入道大相国子／前中納言兼雅同胞）入滅、翌日聞此事
参花山院、存不知見参、而于時前駿河守奉房同門外、後来也密
又尋法家使、可依房弁々子息、未服七日、服三日也、但五歳無養子七歳
也、可有服哉之由、相尋明法博士章貞之處、申云、可無服之由、又副之勘
文、仍不可解除也
假寧令云、無服之殤、生三月至七歳、本服
三月（謂其於五月以上服親、無服之殤、故准云本服三月、不帯官人遭此喪者、雖假日數、心喪居百日、又殤云元服故不可着服也）
如今者、無服之殤、遭逝夭之時、傍親不可着服、是謂状七歳以前

人於傍親不可着服之由所見未詳、但無服之殤不可着服之由
考事之定事作紙令注申 以章貞被申侍事之

十二月十三日　明法博士中原章貞

七歳以前人雖閑服親喪依為無服殤可行神事
勘申來意閑合姨喪後來成人可有御服以之不假令無
御服者例神事不停止否事
右蒙上宣偁上件事於時有疑宜勘申者
喪葬令云姨服一月　假寧令云職事遭一月喪給假
十日又条云　無服之殤一月服給假二日者　令案件文七
歳以下服親死日給假　七歳以下可着親服令之条　無文者
川律云　七歳以下雖有死罪不加刑　又職事律可着服

人ゝ喪送不舉哀者甚乖徒罪以下也由是準之死
罪之重不可加刑何況徒罪以下者更論既無罪者不可
祈賑又神祇令云散齋之内不得弔喪問病者擬検此文弔
喪問病爲穢然則既無祈賑諸神事有何妨哉仍勘申
延喜七年十二月廿八日　大判事兼明法博士惟宗朝臣善経
主計頭兼明法博士惟宗朝臣直本

十一日　今日擬改元上卿参入随身所請表下下本被奏聞又下奉行
勘文事其後下宣旨肥後勝事而去夜忠実朝臣入滅依
服不参其替右兵衛督忠雅卿上卿又申殿了
自今日被始行法勝寺大乗会上卿皇后宮権大夫実房依重服母
左衛門督実家訪申行云々

廿三日　七夕除喪法師服

同四年三月三日　摂政使定信言亮有院被示之旨内大臣事漏

聴涙無事不覚也必以付申子細恥思給畢山事有遠例者後

人謂由事未出来仍不可申合也者

可着服之由可存知也　明白云々　大将通房卿服事給殿喪服給後

有此事例摂政者皆関白時也云々而摂政者代天子執政之者

慎之由有申請也而帝王皆喪服給後以日易月喪服者

同事也　随摂政何慎哉觸穢之条同没有姻弟之人被服者

殿大略給有着之事　今之觸穢給ハ觸穢之喪服之着行

予申云　今之喪服給何事之有哉

喪服者可用鼠色甚只或者墨許染之或用墨二

入穆花云々

予申云、入花事不知給

女房同可着之重服之時ハ着一重、如此之時ハ只随季

節練生単衣着之云々如行

予申云、単衣歟

文治五年十二月廿八日、入道左大臣薨逝、左大将喪左房左大臣二女夫、可為遠喪之由

被申院、随有勅許、摂政不可然之由被申下、仍不着服云々

三月廿五日、女房為叔親亜相隆房仏事、今夕着服、同又具母女子 去月十七日平大納言時忠於配所薨云々、三月十日所聞也

同宿侍人母去年九月逝去、同是高有此事、仍相尋主税助

安倍晴光道志行広朝臣

（18オ）

服本服着新服之人 假令長母遠父之喪又長二等三等遠父母之喪亦也 不行解除只着
之也新服日數満了之時一度ニ皆除之當道如此所習
傳也委細可被問明法作狀謹之

三月廿八日　晴之

於遠所聞喪之人 二親之外至于傍親者假者自
聞始之日半減於服者自死日可計之於然者于大
納言殿（去）去月十七日令薨給之奉為外孫者達也外祖父
母四等親 服三月 假廿日 自聞食始之日御假十日可作至于御
服者自去月十七日従九十日御除服可作狀但自八歳之
時可為服親之故於七歳之人者不可有御服并御假作

亜父平大納言殿他腹姫御前去年九月奉為母御前遺
喪未過一周以前奉為彼大納言殿桐重可令着御服着
重喪指合之時忌前(等)喪初着後喪之服経十三月先例
世態者平大納言殿御事周闋之日迄于明年周闋之
日可着喪服給(ホ)仍経泰罷之儀也

三月十三日　左衛門大志三善経泰

勘申重服重畳例事

右件事去長元九年中宮之一宮着先皇之御服不経
幾程同年九月比令着中宮御服間被問先例之刻大
外記頼隆依礼文脱先皇御服新(可)令着此御服給之由

雖勤申明法博士今宗道成脱舊着新之文依不
見本朝之法只不別出後之御服至明年九月十々讓服
給之由依勤申即就道成之勘状被行了仍大概勤申
文治五年三月廿三日隠岐守兼右衛門大志三善行春

長元九年四月十七日後一條院崩
同年九月六日皇后威子崩
長元九年九月十九日経頼日
宮々御服事
撰先例所行申云 明法博士頼隆申云 明年四月出之今
脱故院御服之後次今着宮御服及九月丁今脱給也者明

法博士道成申云、更重不可令服給、及明年九月可
令服給也者
或寺世俗例、故右兵衛督忠信卿子息等前為先遭
父喪之後、又遭母喪之日、重服云々、右兵衛、朝任卿
子息等所為也、法家云々、仰、依此家説可被行歟
保元二年九月徳大寺左府薨、同三年七月宰相家又薨、大政
御門右府不除本服云々、就此先例、件女子不改服可及明
年二月也
廿日 法重服人河内穢、亡婦云々、而女房臨同穢之例
同四月八日 有山陵同 権大納言藤原隆忠 去年十月祖母三品薨逝間

幼年養育着服之間也但従事之日吉服

治承元年十月廿五日 東対参宮 向今夜権大僧都雅寛醍醐 以不着之類

素清件人軽服間殺内也外祖父已灌頂覚叡息叡俊忠之 去比入滅不被憚

之如此計清不憚云々

建久五年四月一日 大春日益雅 依重長不出仕

安元二年十一月廿一日 花山院中納言益雅 去九月十二日宗家逝去重服満

九十日今日始出仕着直衣云々

裕

仁治三年五月十五日　依吉日除軽服、是去四月十三日比勅勘也

法印〻〻 故殿弟也 死去之服也

六月三日　蔵人基遠御書〻〻〻　可渡御三位殿方

為猶々子参去〻〻〻〻　被召人食以前参内雖叶〻由〻〻

四日　三位殿入内当日第二夜儀也、出帝老君前役之、将服之間

憚不参内

十日　着入御三位殿方云〻　号露顕日　被召人食并同将服憚

難参去

十一日　被召人食侍職遠別

十二日　日来被召人食御神事〻〻宮不参今日着直衣参内

十三日　殿御書会　先着射信馬長装束〻〻〻　中将服中

云〻、信憲為我始将服幣、仍憚之、後日加筆ね将服之憚 但不定同考家記所見始
事也云〻、
将服人令騎之、職因御霊會馬長事、不見、、不詳也 是則外
記不奉行、為蔵人方沙汰之故歟、将服人、着緇當社頭、若憚
非、然而不遂哉、且又彼御霊會騎馬之事、由見應
徳四年、師、、、、云憚、仍非沙汰歟、此事尚可尋
議、仍又猶可尋之、
五月十三日　大外記中原師胤　奉
十八日　吉田大納言経房薨、基輔之子息令服仮、其日時是之儀式 朱廿二日云〻
日記門文、自今日葬中父御服事文、可尋之、
廿五日　六月穢也、将服人同不言、於当家被仰之、老云、降服之後之将

〻〻四ヶ度之了　重服不勝之例、仍注同不勝之

蔵人頭
寛元々年四月十七日　依聞故入道中納言家經卿息女昨日夜死
去之〻　三等親假三日服七日也　爲寺主防奉行雖期日這申奉行
一日可參諸社奉幣仁王御讀并五壇法被出用途已下事奉行
有憚仍馳〻參内申事由勅定之畢　除服可申沙汰御祈當日出服
日數參日内之間申沙汰不可有憚之由則令頼清奏聞
於門有着除服事
廿日　主殿除服事早速可申事不向時雖爲御神事間着
直衣詣也上入夜參内付勾當内侍於此對事向車寄戸縁
西嶋　予依着裝當時直廊於縁
廿二日　已終刻參開白中入　同廿七日　依服出來拉奉寮御神事之

同不参入昨日ヽ殺過了今日所参也治部参内申条ヽ
着日 参内参云ヽ
一 殿上所苑事奉行事可仰頭弁被将服行 勅定之趣御事将服
何事ニ有哉云ヽ 則書此由返書了
寛元二年八月九日 入道相国薨逝 同日弁左大臣不軽服人済ヽ
於開白無明日可除服之由可被宣下云ヽ
十月廿三日 於家斎右大臣実氏 大宮大納言実雄卿 未復 仍 重服之
後朝参内云ヽ
文應元年九月十三日 右大将参 時左府不参入 被申曰自一昨日
有軽服事 仍被行除服下一為行被拍 お長元一例 候之雖為
将服之日殺中有議勤之天仁建久有議揮之今度可為被拍

武上皇御云々、先例已無據也、被尋人々、可注申所存云々、成陵
左府亭
弘長二年二月廿三日　今朝一院奉相伴新院・大宮院御幸〈御養育也〉石清
水宮
廿六日　午刻参御所、安院先御宮廻、次安院御宮廻
予外戚祖服事、雖未了而有其聞、当宮楼門以外不憚之、而自今
日可為賀茂御幸供奉御神事、仍相触奉行人、出京、事々終、後還宅
廿九日　今日除服、可出仕之由、以左中弁為経朝臣、遣御書
文永三年七月廿五日　伝聞、去夜入道中納言家経息女禅尼〈為叔服御〉
〈愛物生勘、御乳母禅尼〉死去云々、今朝出仕、以前粗尋之、須不出仕、然為聞東使来

（23オ）

下向之間、如不知案内、昨延引之期付、於以書状申除服出仕事
（傍書）七月三日数年懸之
伊勢祭主吉日也、奉行之条、若候宜明日可令書下之哉
礼事
廿六日　午刻許頭中将基氏朝臣奉書到来、可令除服出仕之由
所了由了　入夜召陰陽師、於堀河面北門前除服　先之着麻帯、次解除
凡着除服事、本儀出河原可除穢、略儀於門前除穢之事也、祖父
左大臣殿御生五条堀河之時、於堀河面准河原被除穢之所
閑院也、予蓬屋　大炊御門北　堀河東　西大路為堀河者、於大炊御門面晴門也
除服穢今日召陰陽師、於堀川面除之、衛者例也
廿八日　午後参内所
文永四年十二月廿五日　酉刻　於信忠宿所　坊三位中将基頼息　坊殿御猶子　自十二月之

此肩有腫物入滅之由傳聞之間以兵部少輔通清為使帝遣遍照寺
三位僧都之許今日於同房為聞其之告同居之朝夜刻許死去
冬之白拍子絶舞之間今日御修法之間念之事
弟子法性寺中也三ヶ年除服此付親類除服事也
然年之法関白之同除服仍兼陰陽師於門前家除三位中將
同除服了七ヶ日也

廿二日　早旦權右中弁經任朝臣遣状云三ヶ月暇服未来五日
来月事之所作之事也
参之所作仍直奏参向重遣状云今日事所作朝臣
新之事之事也
文應元年十月十二日　權大納言具卿以書状問答如此
暇服人之出仕日數之例不可之事

一 隨作便也新郎記青貝及ゝ官事ゝ臨延ゝ

延喜三
御灌頂日將服人下向之事甚例也不可然但於
白河院御灌頂日式部卿親王依太皇太后宮[illegible]着喪服
参入花山院御灌頂日按察大納言雖重服之間依為實
夫有召参入云々上古例難然近來[illegible]事
不可依時宜之条

廿六日
宣
文永八年五月廿八日 依刑大外記良季持來并除服出仕宣旨并生
寝殿西面廣庇[illegible]良季捕[illegible]入室持來[illegible]
旨
中弁[illegible]良季[illegible]

内大臣
正三位行権中納言藤原朝臣
家長宣奉　勅件人宜令除
服暇事者
文永八年五月廿八日　大外記清原真人良季奉
去廿日過忌中信明空入道信為院別当中納言教家卿廿五日
奉納之還幸廿二日東宮御幸例　以可着之哉服暇日位有之七
將軍入其由不奈以三ヶ日被宣下之　良季三夜京宣旨可弁高
加儀日々分相撲不待奈女之文也　其儀服暇日数了　庶子服　十日服一月
一ヶ日宣下被服事宣旨有嫡子為孔文細之了後年寄
之々上卿月上旬此事之中　宣下之後其服暇日数中十六日宣下

（25オ）

七月十七日　今日宮中祈年穀奉幣使事也、有着陣事、去五月着息小信死去、後着陣、暇服之後着陣、服日数訖若三ヶ日遁事也、定給左府陳服也、仕宣下日即着陣、大臨毎度事也、公年人々所為不異拠而予今遁之、去比右頭為斎者朝臣入来、奉幣可奉行之由仰之、宣旨新下、有便宜、且故左大臣殿建久六年七月廿日入道右府陳服之次被奉行祈年穀奉幣、宣旨明相存之故也、一所之前可如相觸官外記、以消息相觸奉行了　事具着陣部

文永十年二月三日　花山院前右府今晩被参籠春日、抑吾息所逝去入滅之後、右府可為七ケ日服、而被知此事、有奉幣、殊不便事也、後日猶之儀無告人、不知之、無為奉幣了

四日丁巳　上卿被仰吾息所逝去入滅有無事、不審相尋安信

[illegible]

（26オ）

就明仍罷申了
良業（季ヵ）所勘申事例如此
季御読経定摘軽服不分明條但永承六年三月十三日
権大納言源卿 師房 参議経長卿参入被定申春季御
読経日時僧名経長卿軽服也而有宣旨所被参入
也下官弁相准挑狭更又仁王会将服人参仕例長元七年
三月五日於大極殿被服眠時仁王会令将服人参交
従事文治五年三月十三日春季仁王会也於校上参議親
宗卿雖将服未被下除服宣旨仍職事書状参入云々
如此作以先自等趣注之御定被参于良季誠恐謹言
三月六日 大外記清原良季 請文

礼紙云

退言上

将服人奉行神宮仗議例未勘得候、同人参仗議例謹注
進候、正暦元年九月十一日例、帥大納言親光卿陰入道
前太政大臣服、参八省行事、長徳元年六月十一日月次
神今食也、中納言藤原卿公季依甥喪雖請三ヶ日假、依
宣旨参行之、可被准據候歟、得此御意可令申入給
良季至正将謹々

将服人参行幸仗議例

康和五年四月廿日、内大臣已下着仗座、被定申神祇権大副輔

（27オ）

於太神宮前祢宜宣綱等罪科勘文依伊勢離宮院放
火并度々落書事也、中納言俊實卿依姑服雖獻昔
假文、昨日被下除服宣旨、所被參入也
保延二年七月五日、左大臣以下著仗座、被定申伊勢太神宮
祢宜未詳申卅餘ヶ条事、権大納言師頼卿雖服日數内參
入、依先例也
承安四年四月廿日、左大臣〈雖服日數内也、而依先例被下除服宣旨參内〉権大納言藤原
卿〈實定之、日數内〉服　権中納言隆季卿　藤原卿〈實房〉仗議〈上卿〉已下著仗
座、被定申伊勢太神宮司公俊、豊受宮〈宮司〉所遣違例事
并依豊受太神宮正殿管貫子狂人昇居下告違例裁事
并右中將泰通朝臣豊受太神宮祢宜章彦度章重相論越

一、示國泉北御厨事等

七日　今日祈年穀奉幣、上卿右衛門督□大納言云々　佳嗣

八日　蔵人右少弁経頼示送云

季御読経定上卿服假人、奉幣事於外記所見不分明也

申之間、相尋官、依之申云、此中作之由之者、何事作哉為

御計歟、因之申入作也、且顧状之仁之、不作御祭、不可為

不宜作歟、以此旨可令洩申給、経頼恐惶状

三月八日　経頼状

服假人中行季御読経定之例、如一見無所見、而近於有例

老子随於御中作、但服中之雖年紀不知、其十日服之日数潔

作内被召以後、随軽重可有御知哉之件

（28オ）

三月八日　左判

山陵使宣命為明日九日上卿巳刻可被参之由催申了

早可加下知之由上卿仰

云々　大史小槻有家

退出之

季御読経定将服人参行例寿永元年七月廿三日定上

行事右中弁光雅朝臣着服承元々年十二月十二日定上

卿権大納言藤原卿八條左府外叔父服亦是也被宣仗議同日被

発遣山陵使例不知明日可尋問外記依無先例也

九日　辛酉　後大外記良業持来注服出仕宣旨入書筥以家司称無之云々

内大臣

正二位行中納言藤原朝臣伊頼
宣、奉　勅、宜令隆脤従事者、
文永十年三月九日大外記兼豊前守清原真人良季奉
留置宣旨、返給左大弁、其次参言上之、世朝臣取召博士勘文下
給之、宣旨外記可書取中務解之由仰了、依軽服辞申、以他儀奉行之
故也、
今夜為隆服着車出門、於堀河西頭有除服事、主税助有之、脱
穢着吉服、面字非並力法服　罷出、其後仁又下襲衣冠而　着布衣浄衣不召参絁
十一日　異同議定之可参陣之由、留職教朝臣相尋、答軽服暇
於及今日未殊、否哉不可参之由了、
十二日　軽服十ヶ日満了、仍今日巳刻始著直衣参内

（29オ）

文永十一年六月十三日　午刻、参新院御所、有評定事也、未刻按察示
左府　服仮事〻〻〻
抑前右府将服暇中也、常儀不可有出仕歟、然而評定之為関東事ハ
人数大切之間、以別儀被召参、而一昨日北面内殿改之時、依評定被院
注有召、服暇中猶不便、不被召参之由、可為此儀歟、然年及
沙汰、可謂遠慮
七月二日　花山院中納言家長　子刻薨逝、前太府嫡子也
三日　午刻参花山院、訪前太府、又謁申禅閣納言殿後
事、禅閣太府相謀被作式仏事、禅閣太政官領可令解職給哉
太府依為新院執事不執行仏事、不可節職、但服暇間不可出仕
然者於花山院但依例、被将服者不可有出仕云〻

同日
花山院右府今夕被参院、去二日長男中納言家長
薨、暇廿日間、所詮親在也、無降服者在、宣下云々
寛元二年十月廿三日　小舎人草部少貞吉依服事申、某兄男
某自幼年為異姓他人子被養育、彼去比死去、仍服有無之諮
法家之處、暇穢不叶之、養子猶可有軽服云々

(30オ)

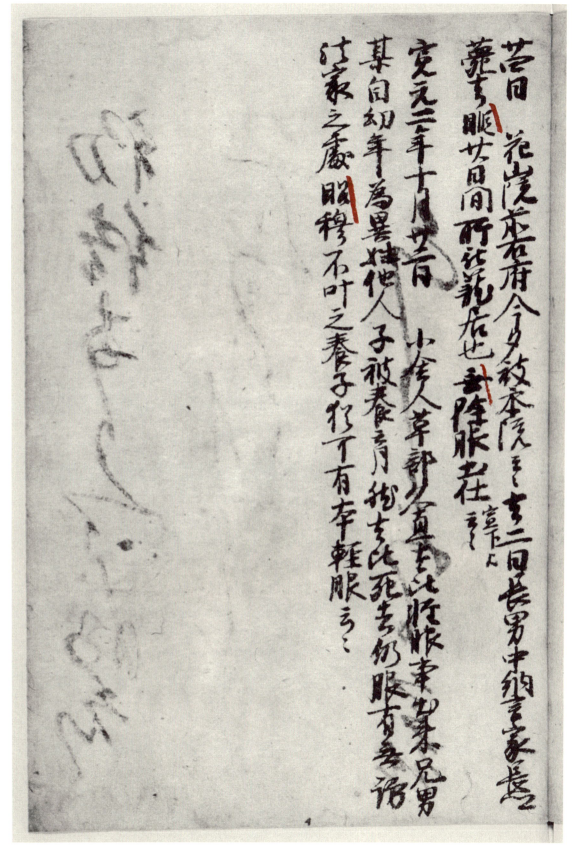

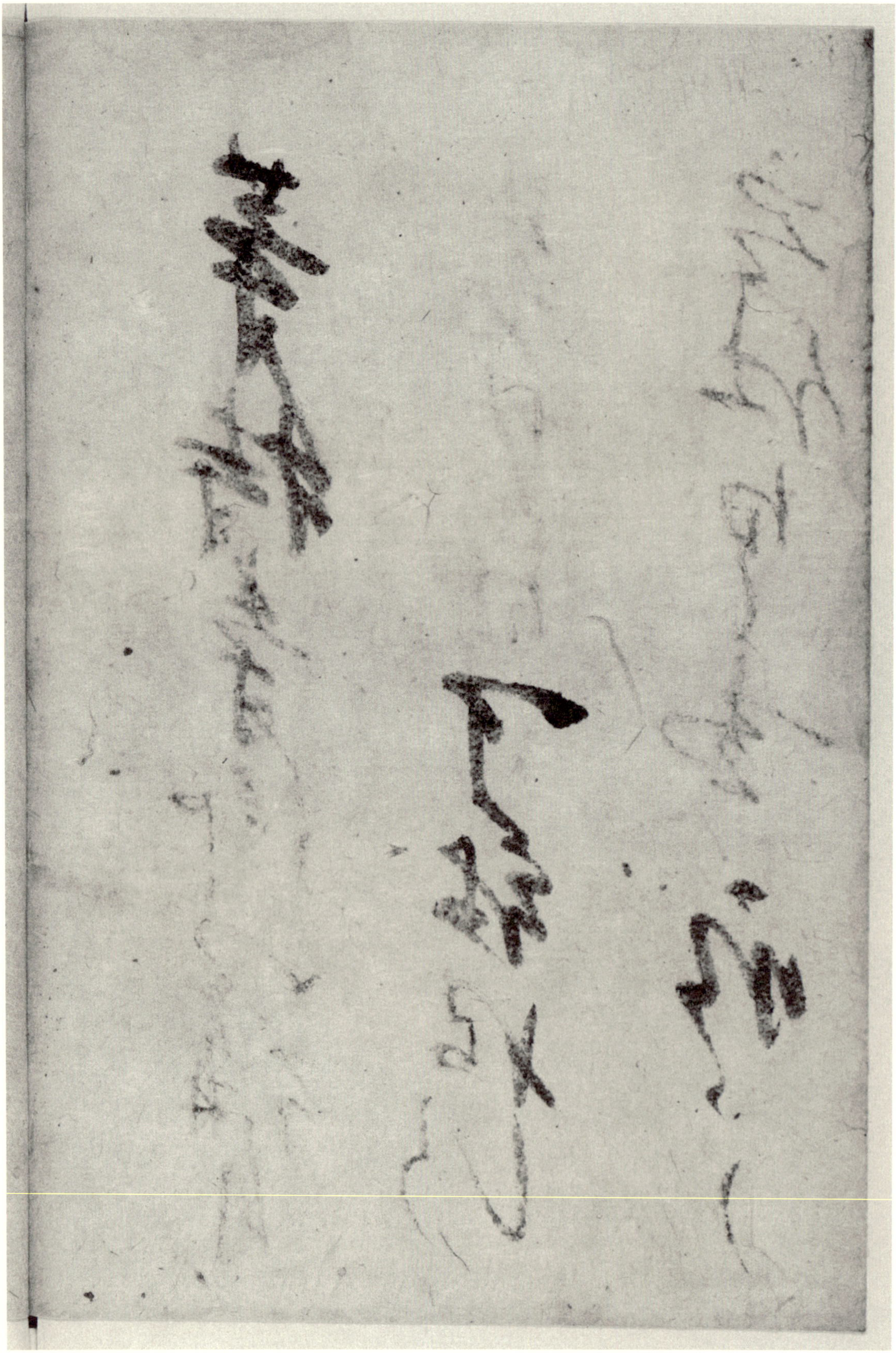

（30ウ）

暇服事　裏表紙

参考図版

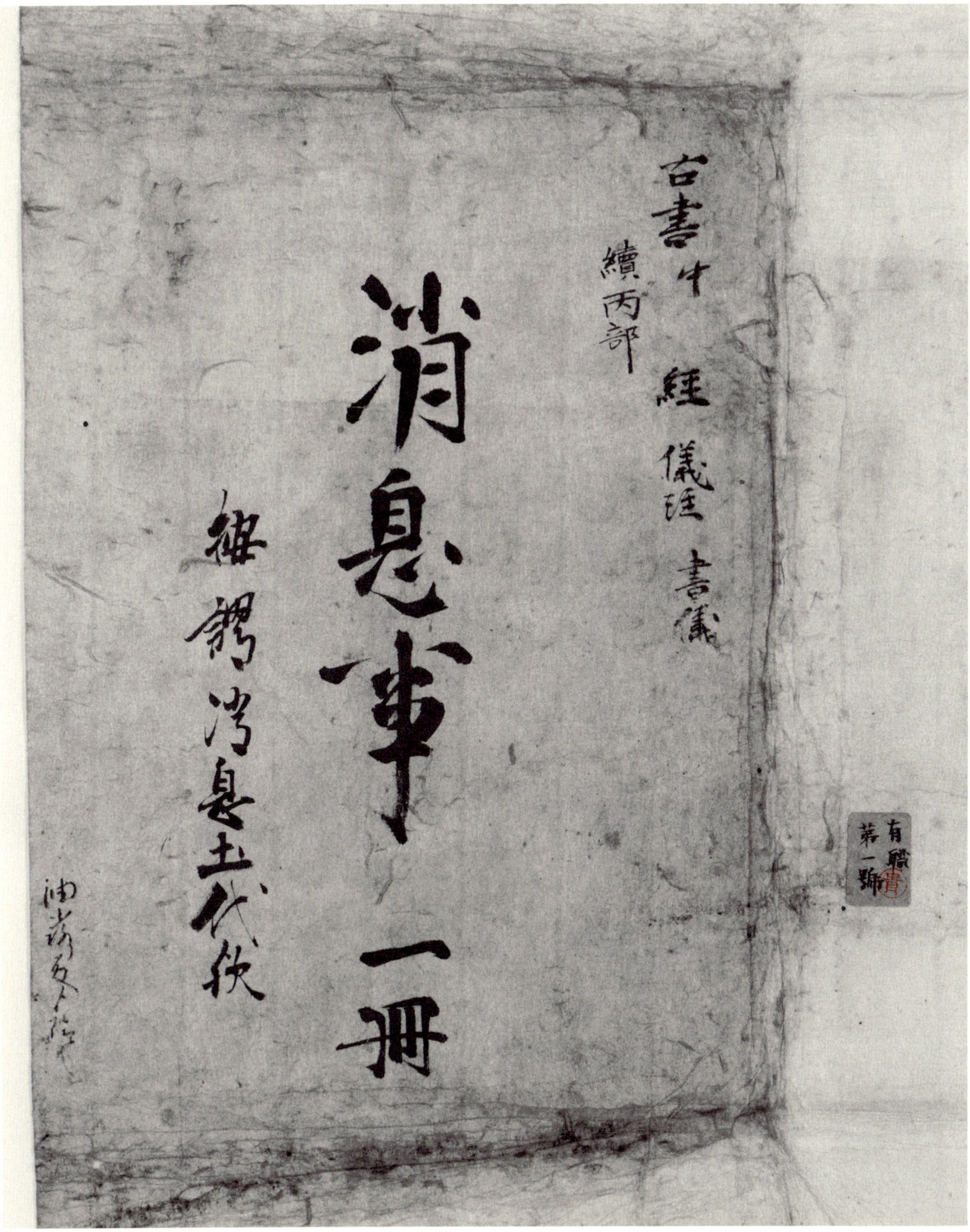

『消息礼事及書礼事』包紙の上書

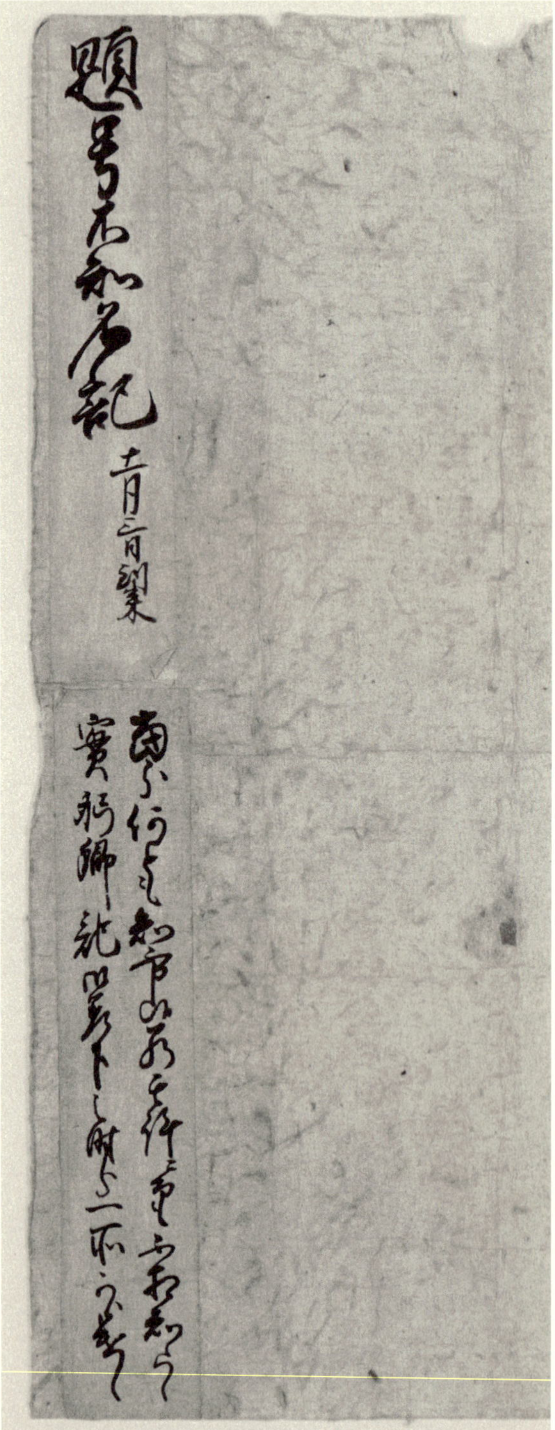

『大臣二人為尊者儀』内包紙の上書

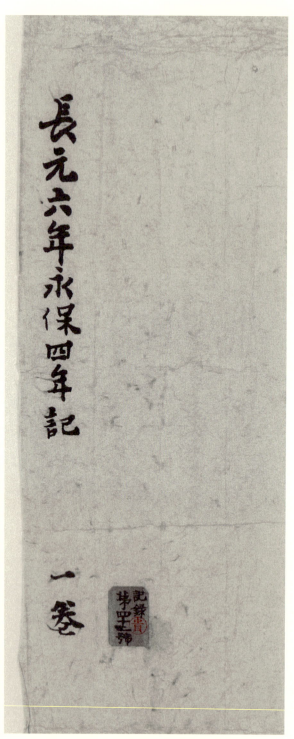
長元六年永保四年記
一巻

『大臣二人為尊者儀』外包紙の上書

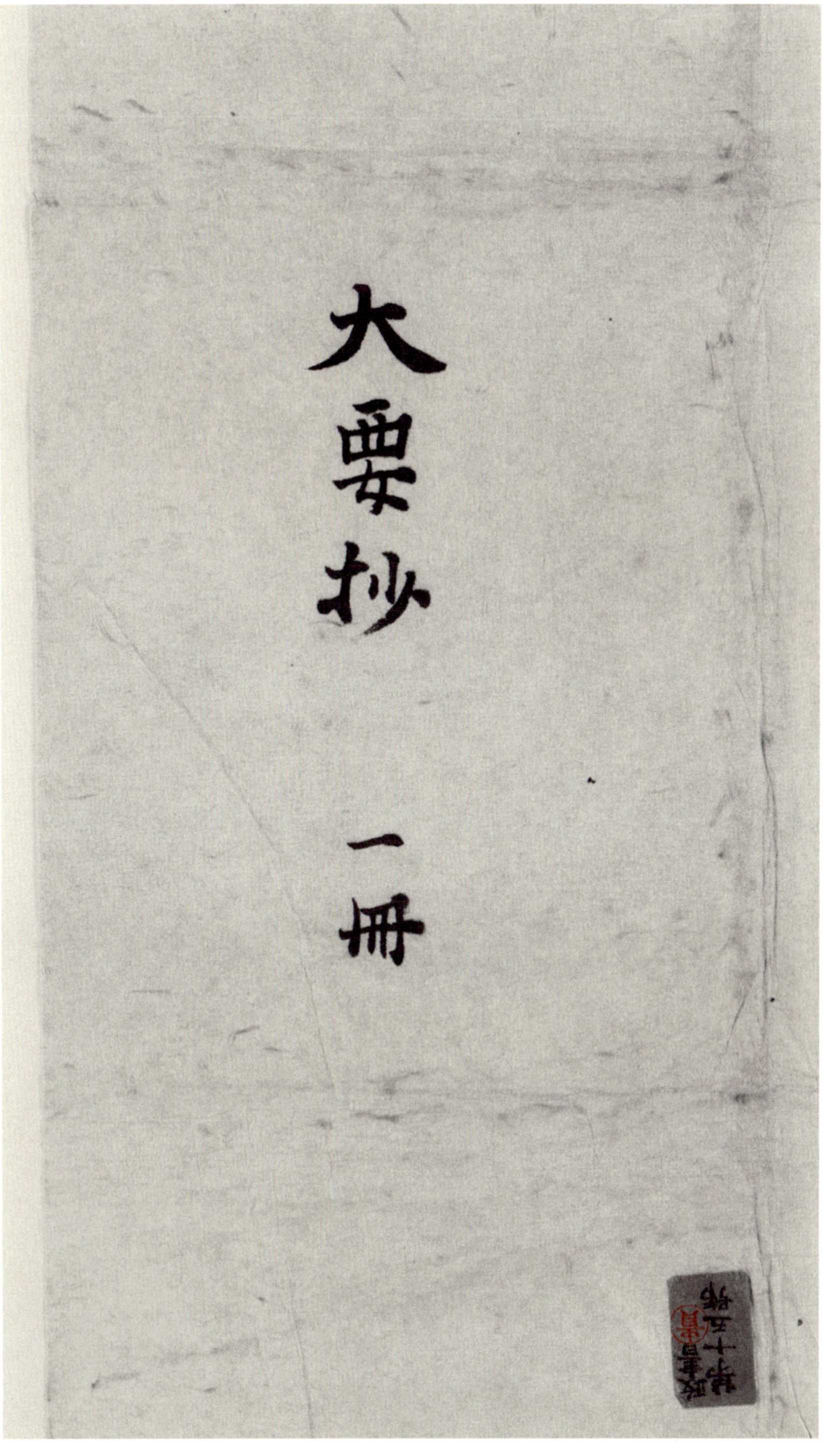
大要抄
一冊

『大要抄』外包紙の上書

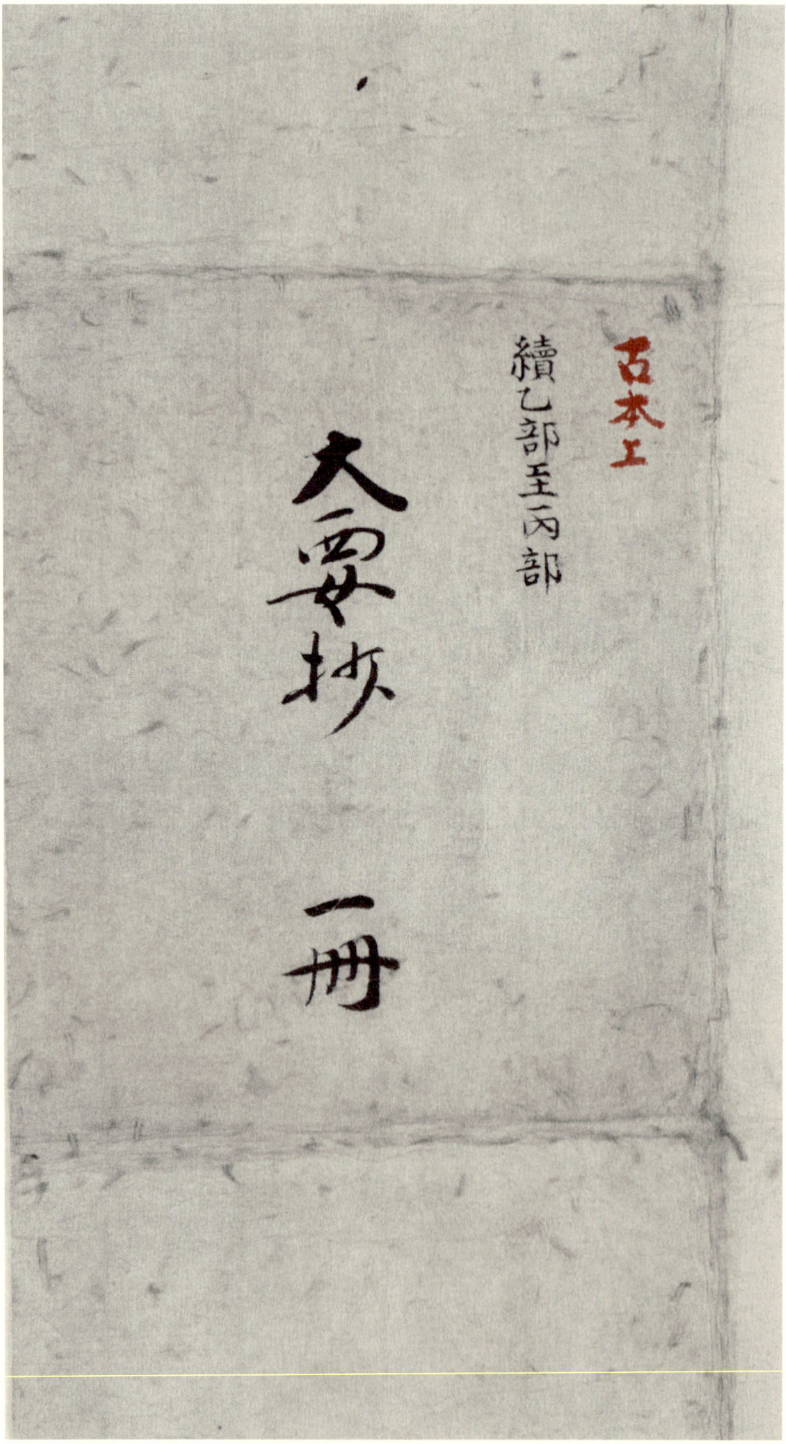
古本上
續乙部至丙部
大要抄
一冊

『大要抄』内包紙の上書

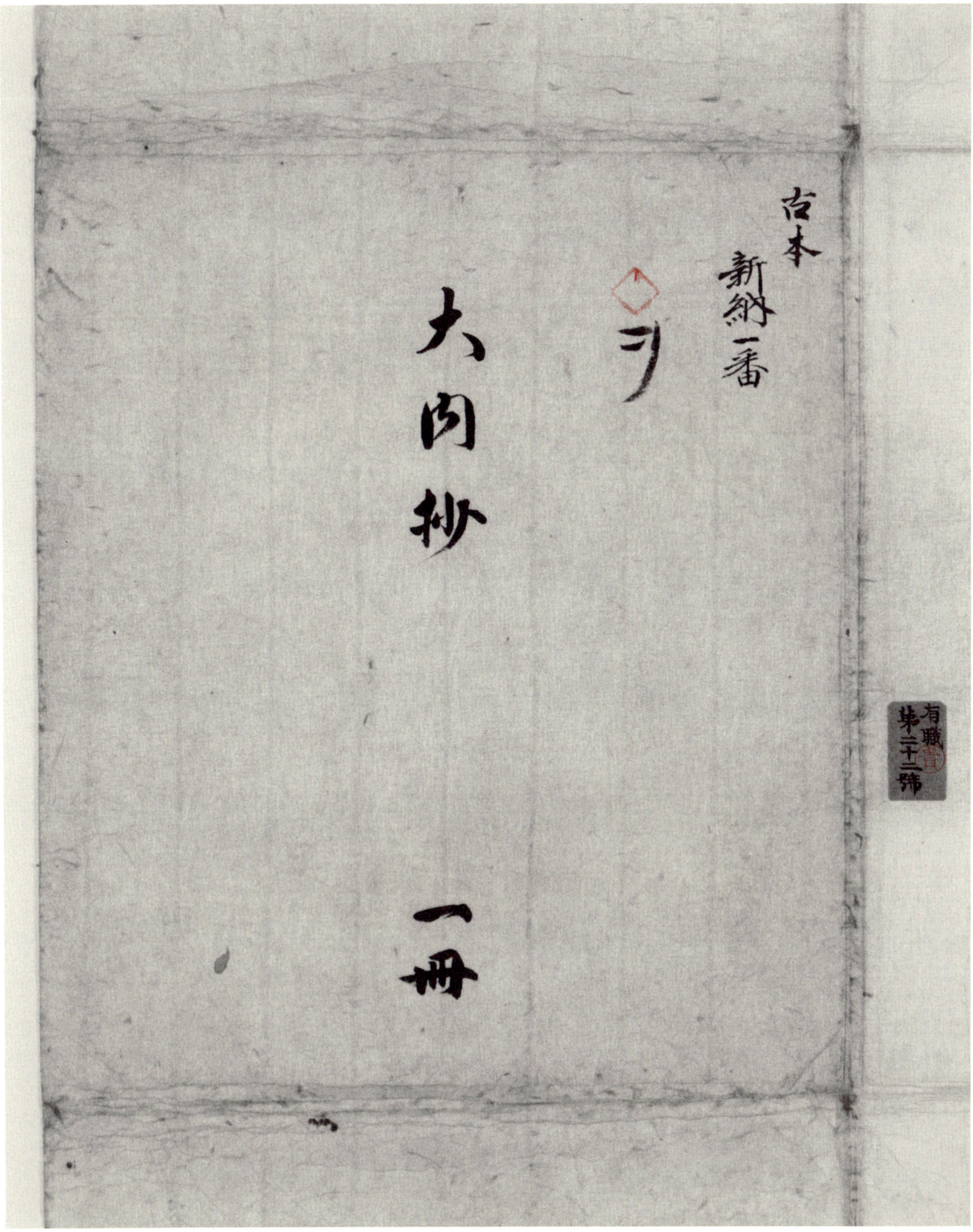
古本
新納一番
ヲ
大内抄
一冊

『大内抄』包紙の上書

大
暇服事
一冊

『暇服事』包紙の上書

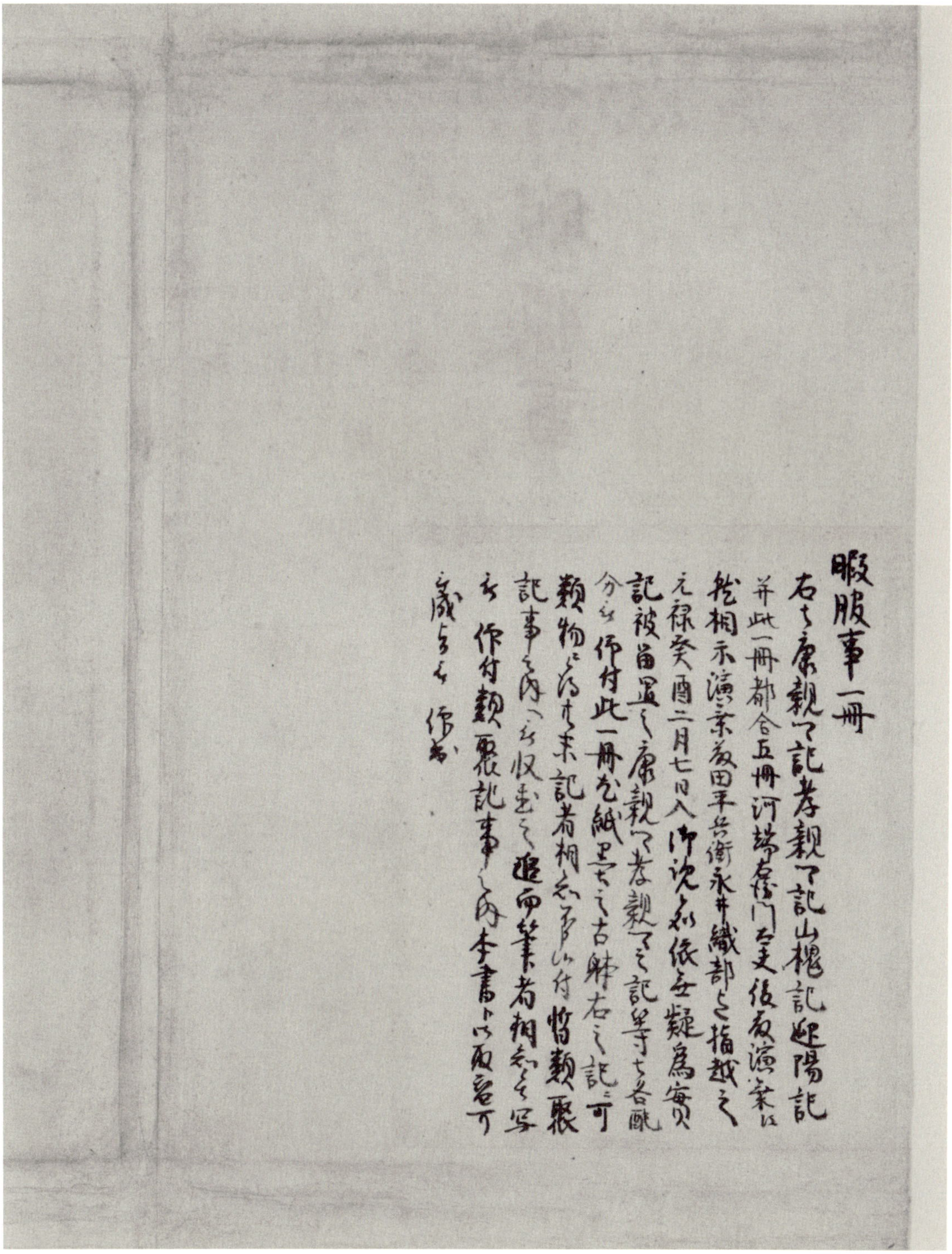
暇服事一冊
右ハ康親ノ記孝親ノ記山槐記延陽記
并此一冊都合五冊河端右衛門大夫後藤家ニ
能相示談候ニ付田中兵衛永井織部ヲ指越シ
元禄癸酉二月七日入御覧候処無疑為宝
記被留置候康親ノ孝親ノ之記等ハ各別
分ニ仰付此一冊之紙墨ハ古躰右之記ニ可
類物ニ而無之候末記者相知不申ニ付暇類聚
記事之内ヘ不収之候追而筆者相知候ハヽ写
之 仰付類聚記事之内ニ書加可被召可
之蔵ニ候 仰出

『暇服事』 包紙の裏面

尊経閣文庫所蔵

『消息礼事及書礼事』解説

川島孝一

はじめに

本書『消息礼事及書礼事』一冊（請求番号　一―七―一　書有）は、『尊経閣文庫国書分類目録』（侯爵前田家尊経閣　一九三九年）の「第七門　儀式典礼・公武故実（書礼・飲食）」に「消息礼事　附書礼事 仁治元年写」とあるように、鎌倉時代前期の写本とされている。『国書総目録』（増補版）第四巻に「消息礼事　一冊　㊫有職故実　㊢尊経（仁治元写、書礼事を付す）」とあり、他に写本の存在がなく孤本のようである。また石川県立図書館所蔵『尊経閣文庫貴重書籍目録』一（東京大学史料編纂所架蔵謄写本）には、以下のように記されている。

有職類
消息礼事及書礼事　　一冊　第一号
仁治元年抄本、末ニ建保五年三月廿一日・仁治元年十月九日ノ両跋文有リ、仁治跋文ノ下ニ契真記之ト書セリ、

本書の包紙（縦三七・五糎、横五二・二糎）には、「消息事　一冊」との題が付され、「按謂消息土代歟」との別称があったようである（参考図版二―五頁）。また包紙右上部に「経　儀注　書儀」と記されているように、本書は書目としては儀注の項目に属し、儀式の部分に配置されるものとして認識され、伝来してきた。

本書の表紙には、「牛車宣旨事」と「消息礼事」との二つの表題が記されているが、「牛車宣旨事」についての記載は本書にはない。また本書は一冊ではあるが、「消息礼事」と「書礼事」との二部構成になっている。本書の伝来については、包紙に「油小路殿ゟ給之」と記されているので、油小路家より前田家へもたらされたものと思われるが、その時期・事情などは判然とはしない。

一　『消息礼事及書礼事』の構成と内容

本書『消息礼事及書礼事』は、表紙をも含めて十八紙からなり、袋綴じで、縦二七・五糎、横二〇糎であり、一紙表・裏に概ね十行づつ記されている。本文は墨付十七丁で、十七丁表は裏表紙見返となっている。本書は「消息礼事」と「書礼事」との二部構成となっているが、その割合は「消息礼事」が五紙、「書礼事」が十二紙であり、分量では「書礼事」のほうが多い。以下では「消息礼事」と「書礼事」とを別けて概略を説明していくことにしたい。

1　「消息礼事」の作者と内容

「消息礼事」の作者については、本奥書の部分に「故出雲路民部卿信範被書置之也」とある。この人物は『玉蘂』承久二年五月十七日条に「出雲路親範入道」とみえ、平親範のことである。平親範の人物像については、すでに平田俊春氏の詳細な研究があり、(1)それに導かれながら今一度整理していきたい。

まず平親範の関係図を、次に掲げておきたい。

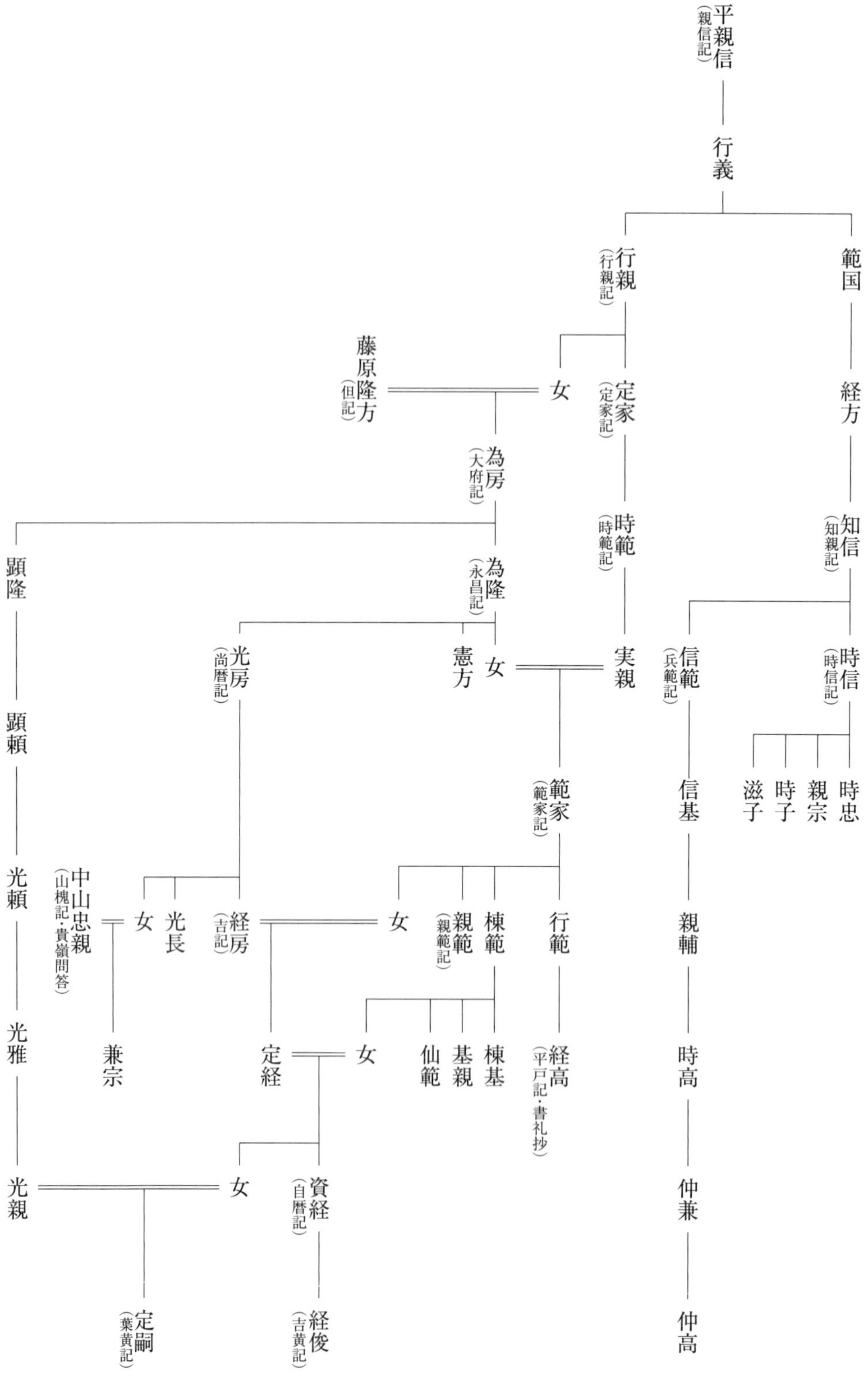
平親信（親信記）
行義
範国
行親（行親記）
経方
知信（知親記）
時信（時信記）
時忠
親宗
時子
滋子
信範（兵範記）
信基
親輔
時高
仲兼
仲高
定家（定家記）
時範（時範記）
実親
女
藤原隆方（但記）
為房（大府記）
為隆（永昌記）
顕隆
顕頼
光頼
光雅
光親
憲方
光房（尚暦記）
範家（範家記）
行範
経高（平戸記・書礼抄）
棟範
棟基
基親
仙範
親範（親範記）
経房（吉記）
光長
中山忠親（山槐記・貴嶺問答）
兼宗
定経
資経（自暦記）
経俊（吉黄記）
定嗣（葉黄記）

※平田俊春氏『私撰國史の批判的研究』による（一部修正）

平親範は、桓武平氏高棟流の系譜を引き、保延三年（一一三七）に生まれ、『尊卑分脈』によれば、父は範家で母は藤原清隆の女という。親範の経歴を『公卿補任』で主な官職を追うと次のようになる。

久安元年（一一四五）十一月廿一日　蔵人（元鳥羽院判官代）
同　四年（一一四八）正月廿八日　伯耆守
仁平二年（一一五二）八月廿八日　勘解由次官
久寿二年（一一五五）正月五日　従五位上（院御給）
保元二年（一一五七）正月廿四日　蔵人
　　　八月廿一日　右少弁
同　三年（一一五八）二月廿一日　左少弁
　　　八月十日　権右中弁
　　　同月十一日　新帝蔵人
　　　十一月廿六日　右中弁
永暦元年（一一六〇）十月三日　左中弁
長寛二年（一一六四）正月廿一日　蔵人頭
同　三年（一一六五）正月廿三日　参議
仁安三年（一一六八）三月十一日　従三位
承安元年（一一七一）四月七日　民部卿
　　　四月廿七日　正三位
同　四年（一一七四）六月五日　病によって出家（三十八歳）
承久二年（一二二〇）九月廿八日　薨去（八十四歳）

蔵人・弁官を歴任し、実務官僚として活動したが、三十八歳の若さで大原極楽院において、本覚房上人縁忍を戒師として出家し、以後仏道での生活を送ることになる。出家後は「毗沙門堂民部入道」と称された。

親範の個人的人柄について、九条兼実は「去夜有除目、具在聞書、其中親範任民部卿、可謂殊悦者也」[2]と、親範の民部卿任官を悦ぶとともに、親範の出家を聞くと、

民部卿親範遁世云々、当世識者也、是可惜、抑々所労減気了、而忽有此事如何云々、[3]

と記し、識者としての評価の高かった親範の遁世を惜しんでいる。

またこの一族は多くの日記を記しており、「日記の家」を形成していた。[4]親範自身も日記を書き記していたようであるが、親範の子・基親が九条兼実の許を訪ねたおり、

一、文書焼失事、時範・定家・親範三代記録、大都取出了、但三分之一焼了、其外史書之類、少々出了、自余七百余合併以焼失、十代之文書一時滅亡、是家之尽也云々、[5]

と語り、多くの記録・史書の類を焼失してしまったようである。親範の日記は現存してはいないが、[6]出家後の日記として『相蓮房円智記』[7]があり、承安四年六月五日の出家より元久二年正月十三日までの記事があり、信仰生活の一端を窺うことができる。

親範の信仰を示すものに、京都大原での尊重護法寺の建立がある。この寺院の建立の経緯については、親範自らが元暦二年に「尊重護法寺縁起」を書き記している。[8]それによれば、親範の父範家が伏見

に建立した護法寺と、曩祖親信が五辻に建立した尊重寺を併せ、大原来迎院の僧薬忍の勧めで同院の東畔に創建したことをはじめとし、尊像・経典・恒例行業・惣社などが詳細に記されている。そしてこの寺院はその後、広隆寺の西にあった葛原親王建立の平等寺をも併せ、京都・出雲路の地に移し、毘沙門堂とした[9]。親範が「毘沙門堂民部入道」「出雲路入道」ともよばれる所以である。

別掲の関係図を見ても判るように、親範の一家と『吉記』の作者である吉田経房の一家とは父祖以来、密接な関係をもっていた。仁安元年吉田経房は親範の許を訪ね「吉書作法」を尋ね、親範も料紙の使い方などを説いている[10]。『吉記』には経房が親範より種々の故実の教示を受けている記事がみられ、経房も「戸部禅門親範、当世之有職也[11]」と記している。経房は親範のことを慕っていたようで、親範出家後も大原の方丈に出向き言談に及んでもいる[12]。

親範の故実や作法の知識は、吉田経房に対してのみではなく、当時の公家社会のなかにひろく影響を与えていた。元久三年二月曲水宴の件について評定があった際に、「保元文人民部卿入道親範奉行之[13]」したという先例が意識され、さらに朝廷での「官奏」に際しても「他人於失礼者無之、親国・兼定相似、習親範歟[14]」とあるように、儀式の作法をも伝授していた。このような親範を藤原定家は、「ちかのりにうだうが物しりなり[15]」と記している。

また親範は和歌の才能もあり、出家後の次の和歌が『千載和歌集』に収められている。

かしらをろして後、大原にこもりゐて侍ける時に、閑中歳暮といへる心を上人どもよみ侍ける時よめる、

民部卿親範

みやこにてをくりむかふといそぎしを
知らでや年のけふはくれなむ[16]

「消息礼事」の内容は、

抑字事
折奥巻事
裏書方事
候字事
裏帋事
懸帋事
用五枚事
上所事
二合名事

の事書が標出されており、書状を認めるに際しての九項目の説明がなされている。主として用字・料紙の取り扱い方などについてである[17]。

2 「書礼事」の作者と内容

「書礼事」の奥書は、前半の「消息礼事」をも含めた書写奥書と「書礼事」の本奥書が連続しており、その判別には難しいものがあ

る。敢えて判別するならば、「建保五年三月廿一日書賜云々」からの八行分が「書礼事」の本奥書となるであろうか。作者は明記されてはおらず、また「草本散々欲被清書之処、老病遂日不快」のため「於御前書写」し、「件草」は破棄したという。したがって純然たる清書本ではないようであり、「消息土代」と称している所以である。

「書礼事」の主な内容は、

上所（進上・謹々上など）

書き止め文言（言上如件・謹言など）

料紙の使い方（五紙礼）

用字（二合名事・平出）

親王以下に対する書札礼

などの説明が記されている。先の「消息礼事」の項目にも記されている五紙礼や二合名事など重なる記述がみられ、「消息礼事」の作者平親範とは別の人物の作になるものであろう。

3　『消息礼事及書礼事』の書写奥書について

本書の最尾八行分と「契真記之」までが、「消息礼事」と「書礼事」全体の書写奥書に相当すると思われる。「消息礼事」と「書礼事」は同筆で記されているので、本書全体の筆者は契真なる人物であろう。

契真の人物像については定かではないが、『天台座主記』嘉禎四年五月二十二日条に、

令権律師契真護持僧労譲・性淵八幡御幸御祈賞譲両人任権少僧都、(18)

とみえている。また東寺観智院金剛蔵本『天台血脈』に、

長全改契真阿、、律師少僧都(19)

とあり、さらに猿投神社所蔵『古文孝経』奥書に

書本云、承安四年甲午正月上旬、肥州二千石令授于予畢、即以清家之証本所写取也、此本者、師匠御手跡也、契真法師記之、建久六年乙卯四月廿六日美州遠山之荘飯高寺書写了、(20)

とある。孝経は「養老学令」によれば、大学で教授される必修科目とされた。平安時代になり、孝経の講習は明経博士の所管であったが、「御注孝経」の講習を菅原氏が担当するようになると、明経道の清原氏・中原氏が「古文孝経」の訓説を伝えることとなった。猿投神社本「古文孝経」は完本としては最古の写本で、かつ清原氏の訓説を伝える貴重な本であるといわれている。(21)契真なる人物がこの清原氏の訓説を記した「古文孝経」を書写しているということは、清原氏周辺に近い者であったのであろう。このように鎌倉時代になると、僧侶が積極的に漢籍の移点をも行なっていった。(22)

他方、この書写奥書には「三位中将実藤」なる人物名が記されている。『尊卑分脈』によれば、実藤は太政大臣西園寺公経の四男であり、永仁六年八月二十二日出家し、同年十月十三日に薨じた。『公卿補任』によると延応元年正月五日に十三歳で従三位に叙され、「左中将如元」とある。延応元年はこの書写奥書に記されている「仁治元年」の前年であるから、幼い実藤への教訓の書として作成されたの

かもしれない。なお『玉蘂』嘉禎四年正月二十二日条には、「左中将実藤太政入道末子、最愛、非摂政・関白子息之人、五位中将例、師忠卿・頼実公等息也、希代事也」とあり、実藤が父公経から「最愛」されていたこと、官位の任官も異例の扱いを受けていたことが記されている。書写奥書の筆者契真は、この西園寺家周辺とも関わりのあった僧侶であったようである。

二　本書『消息礼事及書礼事』の位置

本書は書状を作成するうえでの作法を解説したもので、「書札礼書」ともいうべきものである。院政期の公家社会のなかで、どのようにしてこのような「書札礼書」が作成されるようになっていったのか、その大筋にふれておきたい。

古代中国において、文書様式を解説した書に「書儀」という史料群があったことが知られている。それは六朝・隋・唐・宋にかけて作成され、特に「敦煌漢文文献」のなかには、多くの実物が存在することが報告されている。この「書儀」というのは、古代中国社会の「礼」と「法」とを背景にした一種の百科全書であり、大きく「月儀」「朋友書儀」と「吉凶書儀」に別けられる。「月儀」「朋友書儀」というのは、十二月に並べて、月ごと・季節ごとの挨拶状の模範文例集であり、「吉凶書儀」は吉凶尊卑による書式の書き分けである「書札礼」を規定したものである。[23]

我が国には、律令制をはじめとする文物などとともにこの「書儀」が伝来したものと思われる。公文書の様式を規定した「養老公式令集解」奏事式条の穴説に「問、陰陽寮密奏、可依何式、答、可作奏事様、但依職掌不可申太政官耳、問、表・奏造様何、答、不見、表・奏・上表・上啓等之式、宜放書儀之体為令不制表也、[24]」とあり、律令の規定を補完するものとして「書儀」が導入されていた。[25]

ところで正倉院のなかに光明皇后筆の『杜家立成雑書要略』があり、[26]このなかには三十六件七十二通の往復書簡が収められている。月日の記載はないが、人と人との遣り取りをもとにした模範文例集の様相を示しており、先の「月儀」の流れを汲むものであろう。そしてこの流れから、平安時代後期に藤原明衡によって撰せられた『雲州往来』が成立していく。『雲州往来』は正月より月順にならべた模範書簡文例集であり、先の「月儀」の系譜を引くものであり、またその後の『庭訓往来』を代表とする「往来物」へつながってもいく。[27]

また正倉院文書のなかには、竹内理三氏が『寧楽遺文』において「人々啓状」と整理された文書群がある。そこには①書出文言や書止文言、②上所・脇附、③宛所・差出所などに用語の規則性、或いは尊称や謙称など「書儀」の影響を受けた書状の作成というのがみられるという。[28]この①〜③の項目を中心に、平安時代後期になると「書札礼書」の作成がみられるようになる。

他方、平安時代に入り、三筆に代表されるように能書家が出現してくる。最澄や空海の書状に「書儀」の影響が見出せられ、また「書儀」のなかには「書聖」と謳われた王羲之の「王羲之月儀書」の存在も指摘されている[29]。また最澄や空海の書状など、さらには三跡と謳われた人たちから書流・入木道というものが唱えられてくる。藤原伊行の『夜鶴庭訓抄』や藤原行能の『夜鶴書札抄』をはじめ各種の書流・入木道についての秘伝書が作成されていった。そこには筆・硯の使用法から真行草の書体・揮毫に際しての秘伝・故実が語られる。このような書物のなかに書札礼の要素をもった記述も含まれもするが、大筋は書論であり、書道史の分野を形成していく[30]。

ところで摂関政治期・院政期ころより公家社会のなかでは、公事・儀式での作法の故実が唱えられるようになってくる。例えば儀式での作法における九条家流・小野宮家流は著名である[31]。併せて公家社会のなかで「家」というものが意識されはじめてくると[32]、各「家」での儀式の作法の故実が、「家々之習[33]」などのかたちで生成されていった。また「布施上銘、小野宮、公卿中納言已上書官歟、此家習書名二字、但大臣只官也[34]」とあるように、署名の仕方にも家独自の故実が形成されていた。このようななかで本書『消息礼事及書礼事』のような書状を作成するための作法を記した「書札礼書」が生まれていったのである。そしてこの「家の故実」ともいうべき本書は、「遺誡深納箱底、不及他見之間、此書全無他本、可秘之々々々」や、「都伝此等書之人、更勿聴他見、於身無其要者、早破之可為経典之料紙而已」と殊更に注記しているようにその家に秘蔵されるべき作法・故実であった。

院政期には、本書のほかに中山忠親になる『貴嶺問答[35]』や守覚法親王による『消息耳底秘抄[36]』や『書札礼　付故実[37]』などの「書札礼書」が成立している。そのうちの『貴嶺問答』をみてみると、「消息事不知子細候、但少々承置事注進之」との記述に続けて、

抑字事
折奥巻事
書裏方事
候字事
裏紙事
懸紙事
用五枚事
上所事

の八項目が事書として挙げられ、説明が加えられている。この八項目は本書『消息礼事及書礼事』の「消息礼事」の九項目のうちの八項目と全く同じで、説明文も若干の用字の違いはあるが、ほぼ同文である。

因みに『貴嶺問答』のなかの「五紙の礼」についての記述を掲げてみると、

用五枚事
用裏紙加懸紙、以二枚為立紙、已上五枚也、極畏之体也、此程之消息者、封内結立紙之上下、故法性寺殿　二条院御書令献御返事給之体如此、其御名所被書曰、藤原御名也、前関白時也、又

知足院入道殿被奉花園左府云、畏承畢、御返事自是可奉者、即以馬助清則被献返事、付使献返事為無便事歟之由、故明経博士師光朝臣所談也、

とあり、最後の「師光朝臣所談也」が、本書『消息礼事及書礼事』の「消息礼事」では「師元朝臣所談也」となっているように、何箇所かの用字・語法の違いはあるが、おおよそは同じ説明文である。

　中山忠親は故実家としても知られ、守覚法親王の『消息耳底秘抄』の奥書に「三条禅門左丞相実房公・中山内府忠親公許へ御尋アリ、其説ニ随被書集御記也[38]」と記されているように、書札礼の知識に詳しい人物であった。この忠親の姻戚関係をみてみると、忠親の妻は吉田光房の女で経房と兄弟であり、経房の妻は平範家の女で親範の兄弟である（平親範関係図参照）。このような姻戚関係を通じて、平親範の「消息礼」の内容が伝わっていったのであろう。

　もう一点注目したいのは、本書『消息礼事及書礼事』の「書礼」の部分には上所・書止文言などの礼節に基づく説明が施されている。そしてそれは「書礼者依官位之上下、依品秩之貴賤」とあり、官位・品秩を基準にすることが謳われている。この理念は弘安八年十二月に成立した「弘安書札礼[39]」に通じるものである。併せて「然而或優宿老・先達、或優時権・名誉之説有之」と付記があり、これも「弘安書札礼」の「各存家之勝劣、宜令斟酌者也」という但書きにつながっていくものであろう。

　他方「弘安書札礼」が本書『消息礼事及書礼事』をはじめとするこれまでの「書札礼書」と異なる点は、公家各家の秘説ではなく公示されたことにある。それゆえその直後に石清水八幡宮は、「弘安書札礼」の規定についての異議申し立てを行なっているのである[40]。それはともかく「弘安書札礼」によって公家社会のなかで、書状を作成するに際しての一定の礼節が公定されたのである。

　以上、きわめて大雑把であるが、「書札礼書」が作成されてくる流れを追ってみた。それは古代の「書儀」を淵源にもち、そこから①月順に模範書簡文例集である往来物へつながるもの、②筆・硯・書体など書流につながる書論、③書状作成の際の礼節の解説書である「書札礼書」へ展開するもの、この三つへ分派していったのである。

　このの ち武家社会のなかでも、『今川了俊書札礼』『細川家書札抄』『大館常興書札抄』など各家での独自の「書札礼書」が作成されていく[41]。これらの「書札礼書」は、公家・武家社会の礼的世界を究明するための素材を提供しているのである。

［注］

（1）平田俊春氏『私撰國史の批判的研究』第六篇第二章　百練抄と親範記—附平家物語延慶本と愚管抄との関係—。

（2）『九条家本　玉葉』（図書寮叢刊）承安元年四月八日条。

（3）『九条家本　玉葉』（図書寮叢刊）承安四年六月九日条。

（4）松薗斉氏『日記の家』第一部「日記の家」の成立と構造・第三章　家記の構造。

（5）『九条家本　玉葉』（図書寮叢刊）安元三年七月十七日条。
（6）なお『園太暦』延文三年正月八日条に、
女叙位事御不審也、可然之抄可被御覧云々、年来所持秘抄女叙位部放進候了、此抄長兼卿本歟、親範民部卿入道自抄云々、叙位・臨時叙位・女叙位等書連本也、
とあり、親範自らが叙位などの抄録を作成していたことが判る。そしてそれは洞院公賢の秘蔵本であった。
（7）天台宗典編纂所篇『続天台宗全書』史伝2・日本天台僧伝類Ⅰ所収。浜田全真氏「内閣文庫蔵『相蓮房円智記』―院政期大原僧円智の宗教活動―」（『仏教史学研究』第二〇巻第一号）。
（8）『伏見宮家・九条家旧蔵　寺社縁起集』（図書寮叢刊）所収。
（9）「洞院部類記」六起請、「華頂要略」百四十二・諸門跡伝三（『大日本史料』第四編之十三、所引）。
（10）高橋秀樹氏編『新訂吉記』仁安元年九月三日条。
（11）高橋秀樹氏編『新訂吉記』承安五年七月二十八日条。
（12）高橋秀樹氏編『新訂吉記』承安四年八月十九日条。
（13）『三長記』元久三年二月十七日条。
（14）『明月記』元久二年十二月二十日条。
（15）『明月記』建暦元年十一月二十一日条。
（16）『千載和歌集』（新日本古典文学大系10）。
（17）なお、その後の平経高による『書礼抄』なる「書札礼書」がある（東京大学史料編纂所所蔵写本）。それには、
・除目執筆墨摺擬有説事
・消息礼事
・捻文不引墨事
・封文事
・消息五紙礼事
・宣旨并款状袖書等事
・手文事
・調度文書事
・遣女房消息事
・連署事
・廻文事
が標出され、説明が加えられている。
（18）『続群書類従』第四輯下・補任部。
（19）武内孝善氏「東寺観智院蔵『天台血脉』の研究（一）―本文編―」（『高野山大学論叢』第三十九巻）による。
（20）村田正志氏・太田正弘氏編『古文孝経』（猿投影印叢刊・第十編）。
（21）「猿投神社漢籍解題目録」（『猿投神社聖教典籍目録』（豊田史料叢書）による。なお木島史雄氏「『古文孝経』における鈔本特性の研究―猿投神社本と清家文庫教隆本との対比を通して―」（『愛知大学文学論叢』第百三十五巻第二号）参照。
（22）小林芳規氏「漢文訓読体」（岩波講座『日本語』10・文体）所収。
（23）丸山裕美子氏「書儀の受容について―正倉院文書にみる書儀の世

界―」（『日本古代国家・社会における書儀の受容に関する基礎的研究』平成15年度～平成17年度科学研究費補助金（基盤研究（C））研究成果報告書）、所収。なお「書儀」を①月毎の挨拶状の例文を示す「朋友書儀」、②書状での吉凶尊卑を規定する「吉凶書儀」、③官吏が使用する公的模範文を示した「状啓書儀（表状箋啓類書儀）」、の三つにも類別されるともいう（廣瀬憲雄氏『東アジアの国際秩序と古代日本』第一部・第一章、書儀と外交文書）。

(24)『令集解』後篇（新訂増補国史大系・第二十四巻）。

(25) 山田英雄氏「書儀について」（同氏『日本古代史攷』所収）。

(26) テキストとして日中文化交流史研究会『杜家立成雑書要略―注釈と研究―』がある。またこの「杜家立成雑書要略」は宮城県市川橋遺跡より「杜家立成雑書要略一巻」と記された木簡が出土しており、多賀城周辺の官吏のなかにこの書が普及していたようである（『市川橋遺跡の調査―県道『泉―塩釜線』関連調査報告書Ⅲ―』第一部：本文編・第二部：遺物図版編）。

(27)『雲州往来二種』（勉誠社文庫84）解説。川口久雄氏『三訂　平安朝日本漢文学史の研究』下、第二十一章第三節、唐代書儀類と明衡往来の諸本。

(28) 丸山裕美子氏、前掲「書儀の受容について―正倉院文書にみる書儀の世界―」。

(29) 丸山裕美子氏、前掲「書儀の受容について―正倉院文書にみる書儀の世界―」。

(30) 小松茂美氏「日本書流全史」（『小松茂美著作集』15・16・17、所収）。

(31) 竹内理三氏「口伝と教命―公卿学系譜（秘事口伝成立以前）―」（『竹内理三著作集』第五巻　貴族政治の展開）所収。

(32) 高橋秀樹氏『日本中世の家と親族』第一部・第三章　貴族層における中世的「家」の成立と展開。

(33)「法事部類記　御齋会」（『中右記』別巻）。

(34)「中右記部類」第十七（『中右記』別巻）嘉承三年四月八日条。

(35)『群書類従』第九輯・消息部。

(36)『群書類従』第九輯・消息部。

(37)『群書類従』第九輯・消息部。

(38) 筆者所蔵の『消息耳底秘抄』（十八世紀前半の有職故実家・壺井義知の旧蔵本で、天保期の松井月潭の転写本）にも「実房・忠親両卿被答御室之問之説也」とある。

(39)「弘安書札礼」本文の校訂、及び論説については、百瀬今朝雄氏『弘安書札礼の研究』による。

(40)「田中家文書」弘安九年正月日、石清水八幡宮祠官連署申文案・（弘安九年）正月二十三日、法印尚清言上状写（『大日本古文書』石清水文書之一）。

(41) 武家社会での「書札礼書」の概要については、小久保嘉紀氏「日本中世書札礼の成立と契機」（『ＨＥＲＳＥＴＥＣ』テクスト布置の解釈学的研究と教育、Vol.1、№2）を参照されたい。

尊経閣文庫所蔵『消息礼事及書礼事』翻刻

一、字体は本文に用いられている字体を出来るだけ尊重した。

一、本書で用いた異体字は以下の通りである。

苻（符）・淂（得）・才・䓁（等）・卂（凡）・欤（歟）・𠦝（畢）・軄（職）・帋（紙）・𡗗（奏）・躰（體）・与（與）・吊（弔）

一、本文の字配り・小字割書双行なども原本通りとした。

一、各丁数の変わり目には（　）に丁数および表・裏を「オ」・「ウ」で示した。

一、本文校訂註は〔　〕で、人物などに付す説明注は（　）でそれぞれ括り、本文の傍らに付した。

一、本文の翻刻に際して、渡部清氏の御教示を得た。ここに厚く御礼申し上げたい。

（包紙）

「
古書中　經　儀注　書儀
續丙部

消息事　一冊

按謂消息土代欤

油小路殿ゟ給之
」

（表紙）

「
牛車宣旨事

消息禮事
」

（本文）

（1オ）　消息礼事

抑字事

行上ニ不書之、於奉書他事之時所書也、

折奥巻事

事多至奥、又引返事、書裏之時不折也、

少之時奥一寸許折之巻也、

裏書方事

謹上許、若月日許、若上所許、不可書、雖為

小字可書滿面方、極無其所者、不書上所常事也、

　候字事

（1ウ）此字多者劣事云々、

　裏帋事

故中御門内大臣殿（藤原宗能）被香御教書請文外、不用裏帋

事也、

　懸帋事

同人曰、随事不黷（可）礼帋、於中間所無帋之時、

以彼為令書返事也、

　用五枚事

用裏帋加懸帋、以二枚為立紙、已上五枚也、

是躰此程之消息者、封内結立帋之上下、故

（2オ）法性寺殿（藤原忠通）賜二條院御書、令獻御返事給躰

如此、某（其カ）御名所被書曰、藤原公御名也、前關白時也、

知足院入道殿（藤原忠實）被奉花薗之左苻（府）（源有仁、後三條孫）之消息被

用五枚、左苻卿畏承給了、御返事自是可進者、

即以馬助清則被返事、付使獻返事、為

無使事外之由、故明經博士師元（中原）朝臣所談也、

　上所事

進上字、中古職事奉大臣狀如此書云々、然而

近代直不奉之、或子息或家司許送之、

獻大納言之時、多書進上字、或謹々上、奉上（字）卿

（2ウ）送大外記之狀如此、消息頸結事者、奉書於彼

必可結也、又礼帋詞ニ不書謹言、近來事也、

封始ハ巡ニハ不巻シテ、本躰ハ紙ヲ切、別ニ可封也、

封様ハ巡ニハ不巻シテ逆ニ可封也、立文ハ帋裏ヲ

表ニテ可捻也、紙面ヲ内ニスル也、三枚ニ成ナル、消息ハ

可巻重也、

天台座主・興福寺別當ニハ、五位職事ハ、

進上　天台座主御房　左少弁云々、

進上　興福寺別當僧正御房　、、、

頭弁ナレトハ謹上ト可書也、為四位之故也、東寺

（3オ）長者・三井長吏雖為一寺長吏、不可書進上

字、異天台座主・興福寺別當、頭弁ノ許ヘハ

謹上頭弁殿と可書也、五位ニハ不書上所、只民部卿殿トモ
弁官共ニ書事在之、此ハ敬テ如此書也、又僧モ
八幡別當躰ノ法印在之、此ハ書ニクケレハ、只法印
御房・僧都御房ト書也、仍不書上所事ハ可通上下
也、而近來ノ人々惣得意テ被申事寸在之、
無謂云々、
親王・大臣以下公卿之許ヘ遣文ハ、大臣殿ニトテ御
判ヲ可被居也、惣テハ遣御書事不可有、ウルハシキ
(3ウ)事ハ、只以御使可被仰遣事也、御書ハ書ニナシ、
又公卿以上人々許ヘハ奉書無骨之故、内々事ハ
御事不可苦、人之奉書ヲ遣時、僧綱ナラハ可申之由
候也ナムト可書、御消息之由ハ不可書、令旨ニテ可有之
故也、但令旨ノ字ハ不可居、奥ニハ恐々謹言ト可書、
上所ハ謹上中納言殿ナト可書、凢僧ハ可申之由候也、
仍上啓如件ト可書之、上所ハ居所名ヲ可書之、親王・
御室ナトヘ令進給御文ハ御名ヲ書テ、進上仁和寺
御房ナト可令書給、殿下雖爲御家人、不歴家
司ヲ人ニハ、抑テ内々可申之由所候也ナト被書之、
(4オ)故法性寺殿朝隆〔藤原〕卿許ヘ、其定ニ被仰遣、御消息
所候也ト書ハ、消息ト書者非、可然ニハ彼イキヲ消ト
云事也、此ヲ云能義也、御氣色ト書ハ無下我物
也、仍御消息トハ有會釋書事也、

雖親敷人之許ヘハ、依主君之次ニ可書其名ヲ也、
凢僧許ヘハ奉　御阿闍梨房ト可書也、公事奉行
時者、山門上綱・法印寸モ、進上天台座主御房事
者無謂事、公御房居所ヲ可書也、又法印已上人
天台座主仕人名ヲ書ク無謂、不知故実事也、
天台座主・興福寺別當ハ政所ト可書也、餘人ハ
(4ウ)申シツカハ侍ト可書也、座主・興福寺別當ハ、政所ヲ
相侍也、
大納言以上人許ヘ、弁官ナレト書ニハ子息事也、
書位所〔署〕判可然事也、而近來ハ忽諸儀ト存者
無謂、

二合名事

有様之義、一ニハ名ハ二文字有ハ、二合ト書ハ我名ノ
義也、相字・字寸ニモ二合ナレト云躰也、一ニハ昔
奈良皇時、奈良相之初篁タカムラ寸造進之、其時
我名如此書習事也云々、古今二字書時ハ不
(5オ)書位所〔署〕、只二合ト許書之、
此消息様、故出雲路民部卿入道信範〔親〕卿被書
置之也、

(5ウ)

(空白)

(6オ)　書礼事

進上

父・主人・師匠ホ殊敬人ニ書之、但主君ホニ進上ノ字、還無便ト云儀有之、其故者、進上ト書ツレハ直ニ獻其扣之儀也、都不限主人、殊可敬之人ニハ書其家人之名与家人、爲ホ輩者可存ホ同之礼也、但賜主君ホ自筆文之時、於其奉父許狀ニハ進上　人々御中、其上或ハ進上某殿兄弟、或書家人名某上云々、於師匠者、内外典師相異、隨人依事可相計欤、長兄者共〔其〕礼与父同、

(6ウ)謹々上

其官二・三重上レル人ニ書之、但品秩不足言之人者、雖爲官位之上臈不及沙汰欤、或又近代謹々上ト不書之、無謂事欤、但謹上モ頗無便、進上モ過分ナル人許ヘハ不書、上所一說也、而不知子細之人、鬱憤事出來、不便事欤、

謹上

ホ同之人書之常礼也、

謹奉

嚴重御教書之時、ホ輩若頗（ハ）下レル人々書之、
(7オ)常御教書之時者、只謹上也、

奉上

昔者書之、近代一切不然、

言上如件

至極敬人ニ書之、

上啓如件

言上ヨリ聊劣リタレトモ、殊敬人書之、

執啓如件

謹々上人ニ書之、聊敬之礼也、或又謹上人ニ書之、

執達如件

(7ウ)ホ同人書之、与謹上同、
爲六位之者、遣四位・五位許消息ニハ謹上・執啓、四位・五位遣參議・散三位許狀モ同前、中納言許ヘハ進上・上啓、大納言之許ヘハ進上・言上、中弁・頭マテハ如此、大弁・頭・中納言許ヘハ執啓、大納言許ヘハ上啓也、頭中將同前、但家々說聊不同也、

謹言

聊下レル人ニ書之、

恐々謹言

ホ輩或聊敬之人書之、与謹上同礼也、

(8オ)恐惶謹言

謹々上、或進上人書之、殊敬之礼也、

頓首謹言

進上之人至極敬之時書之、或恐惶頓首、或誠恐頓首云々

某謹言
同前、但某頓首謹言ナト書ハ、今少深キ礼也、
謹状　以状
已上下　宣旨・院宣之時書之、常書状ニハ不然
程ニ被　綸言云ト書テ　綸言如此、悉之、謹状ト（或以）
書、是故実也、専僧許ヘ書之、凡僧ニハ以状、
（8ウ）僧綱ニハ謹状ト書常事、
退言上
某謹言ト書程ノ人ニ書之、
追言上
退言上ト書程ノ人ノ中ニ、聊下レル人ニ書之、或又
上レル人ニ記テ、常通消息人ニ書之、
追申
才同人与謹上同、
重謹言
書礼紙奥之詞也、某謹言・退言上・追言上ナト
書程ノ人ニ書之、但當家ニハ不可用此詞之由
（9オ）所習傳也、
可令披露給・可令上給
已上至極敬礼也、
可令申上給
至極敬ニ記テ、如主人常事ニハ如此書之、

御消息所候也
攝政・關白・大臣・孫王才、直ニ不遣書状人ノ
許ヘ、以祗候人仰遣之時、如此書之、聊存
優恕之詞也、
（9ウ）依御氣色執達如件
家人、或僧家門弟之中ニアナツラハシキ人ニ
書之、消息ト云ハ、消息（ケスイキヲ）ト云テ直傳其言
之儀ナレハ聊有會尺、御氣色ハ無下事
也、供奉貴女仰下御教書云ハ、御氣色トハ
不可云、是故実也、其故者、氣色ト云ハ顕
色ニ顕タル趣也、而貴女ナトヲハ爭可奉見
之哉、尤可存知事也、建礼門院（平徳子）御時、時忠（平）・
親宗（平）才御氣色ト書之、其時有職之輩
傾申シキ、
（10オ）某上　殊敬人
某請文
同前、但御教書ニ成ヌレハ、請文字書之、所謂
五位職事・小（少）納言許ヘ下　宣旨之時、權
大納言某請文ト書之、或又依書下之人、
近來程不書也、
某状
寺同之人ニモ、少上レル人ニモ書之、但近代

必シモ不書之、
某奉
(10ウ) 奉書ニハ奉ノ字可書之、但近代不必然、
消息ニ五帋礼ト云事有リ、須震〔宸〕筆
御書之時、用此礼、非常儀、至極敬時礼也、
消息ニ懸紙二枚、其次ニ又懸紙二枚、又
端ニ懸帋一枚、已上五帋也、次ニ敬ニハ三紙
也、懸帋二枚、端又一枚、已上三帋也、是常
事也、紙捻ニテ結立文之上下事、殊
敬時結之、或又奉書ニ成ヌレハ、我ヨリ
下レル者許ヘモ結之、又文書ヲ中ニ籠ムル
時結之、或又高ミ之時一方ヲ結事モアリ、
(11オ) 付之又有兩說、只消息ヲハ立文テ上(カミ)ノ
方ヲ結フ、重書ヲ中ニ籠時ハ、下ヲ結也、是
隨分之口傳也、
消息三枚ニ成ヲハ卷キ重ヌベシ、二枚アル消息ノ
裏ノ帋ニ月日許書事ハ、無下頑ナル事也、
相構テ面ニ月日ヲ書テ、無其所ハ上所ヲハ不可書、
不然ハ又裏ノ帋ニ、謹上ナト云字ヲ可書懸也、
二合名事、有樣之儀、一ニハ名ハ二文有レハ
我名ノ義也、梵字ナトニモ二合ト付ハ意也、一ニハ
昔奈良ノ京ノ時、奈良草ト云物、小野篁ヰ
(11ウ) 造出之、其時我名ヲ如此草ニ、ナニトモナク
云習ハセル事也、無下ニ蔑如スル時ノ儀也、二合
字書時ハ不書位署、只二合ト許書之、然而
近代或書位署、都テ二合名ハ、幽玄事
也、人多不用之、
平出・字闕ハ載令文、自由ニ不可書之、
天子・太上天皇・女院之外者、皆闕字也、近代
諸宮令旨ヰ平出ニ書之、無謂事也、令書淂ラレ
太上皇〔天脫カ、以下同ジ〕尊号ヲ者シ、、然者女院ハ雖可爲字
闕、准太上皇構平出也、春宮・中宮・攝政・
(12オ) 關白モ闕字也、
立文ニハ帋ノソ、ロケキ方ヲ上(ウヘ)ニスル也、他家ニモ
本式ハ如此ナルヲ、近有家々說トシテハタ
チ能キ方ヲ上ニスル、謬說也、知足院殿〔藤原忠實〕・法性
寺殿〔藤原忠通〕ナト令進 鳥羽院給シ御立文ヲ見シモ
其樣如
右、立文ニ用二枚事、表・辞・狀ヰニ取ノ事也、
消息ニハ不可然、女房ハ不存礼儀之故、用二
枚欤、男遣女房許狀兩帋ヲ立文ニス、不
甘心事也、
(12ウ) 普通ノ立文ハ上ハ短ク、下ハ長ク捻ル、女房許ヘ
遣ス立文ヲハ上長クシ、下ヲ短クス、是故実也、

人不知此事、本自如此存知之處、自知足院
殿美福門院(藤原得子)へ被進御文ヲ見シカハ、上ヲ
長クシテ、捻目ニ被引墨、此儀所習傳之口
傳ニ符合、
立文ノ上下ノ前ヲ平ニコキ成ス人アリ、太
不可然、凢鄙也、只円(マロ)ニテ可有也、
消息ノ端ヲハ廣ク畳マレ而或人云、笏打置
(13オ)程ヲ可残也云々、此事未知之、是ハ官文書様也、
常ノ消息ノ端ノ狭キハケスシキ事也、
申文等ヲ消息ニ巻具スルニハ、取懸帋テ
礼帋ノ中ニ籠ル也、有懸帋ヲハ不巻具シテ、別ニ
礼帋ノ外ニ相副テ、立文ノ中ニ籠ムル也、
太神宮申文ヲ奏スルニハ不撤懸帋、不可
天神之礼之故也、
僧徒拜状ヲ奏スル時ハ不用懸帋、僧文ニハ
不可有礼儀ト云意也、但宗頼(藤原)卿家ニ殊存此儀、
(13ウ)他家ニハ不女(如)然、都テ大神宮之外ハ、諸寺・
諸社并ニ人々申状、皆懸帋ヲ撤シテ奏也、
兄(豈)官立文相具事、努々不可然、
一ノ人内裏、或ハ院へ被進御消息ニハ、人々
御中關白判、但是ハ直ニ被進御書之
躰ナラテ、以人申入之由也、凢攝政・關白ハ

太上天皇ト等同之礼也、近代ハ倍侍・院中
不及子細、被下震(宸)筆御書時者、某或某
請文云々、或又御返事之時、人々御中トモ
書テ、某中納言殿ト書説有、直ノ仰ニ直ノ
(14オ)御返事ヲ憚ル故也、次々ノ人モ給貴人御
書テ如此書説アリ、但此儀頗不被甘心
事也、自貴所(賜)自筆御書之時、彼御書ヲ
礼帋ニ巻具シテ令返進之、
遂言上
　御書返上之伺、便宜可令計進入給云々、
此礼儀、近代人不知之、非常事歟、
親王与大臣、其礼相同、互判・上所、謹上・恐々謹言
可爲此定、但當院御子等其寄殊重キ、親王
者不可混俗、且又隨大臣之品秩可斟酌事歟、
(14ウ)又雖同大臣・攝録長嫡者、不可准他者也、
親王与大臣、雖等同之礼、太政大臣者可准
一品親王之由見于格式、二品・三品・無品等者、如
次可相當右大臣已下、然者雖爲親王、於二品
已上者、殊可敬之歟、兄(豈)於自餘貴種之人哉、
大(太)政大臣宗輔(藤原)卿者、世以不重之人也、然而保元
朝拜等ニ彼人令參之時、大弁・藏人頭已下皆
居キ、是則大相國參内セハ、雲客悉可居之由、

依有故仰也、然者書礼モ以之可思欤、
雖皇子・皇孫之貴僧、親王以前者、其礼大底
(15オ)同攝錄之子息、獻　宣旨・院宣之時、公卿・侍臣
寸押テ宮僧正御房ニト書之、常事也、
殿下者雖為御家人、不經家司、公卿許ヘハ
直可遣御文、猶家司人ニハ、内々可申之由所候也云々、
納言奉大臣狀、昔ハ謹上内大臣殿權中納言某云々、
進上人々御中、或謹上土御門殿トモ書之、
但可依大臣・納言之品秩欤、參議・散三位ハ
進上人々御中、雲客ハ大臣子息子、或彼
家人名書之、
雖兼忠宗(藤原)卿為藏人頭之時、中御門左苻〔府〕許ヘ
(15ウ)直ニ右大臣殿ト書之、其故者宗忠經(藤原)氏院別
當為一所家司之間、令蔑如欤、檢非違使別當
暫居住干城外之時、遣書狀ニハ別當殿ト不書之、
右衛門督殿、或右兵衛督殿ト書之、故実也、
非違別當赴城外之時者、獻辭狀シテ辞申
廷尉職也、至于地下・五位・六位檢非違使可
為此儀、都テ別當殿ト書事ハ近例也、昔ハ
只書其官、

(16オ)凢書礼者依官位之上下、依品秩之貴賤、
然而或優宿老・先達、或優時權・名譽
之說有之、更不可守一隅者欤、老毛及病
閉、事々忘却隨案出注付許也、全不可
為指南、依人之懇望如消息土代、任古
式少々雖(有)書与之事、未及委細、內々一
見之外、努々不可及披露、為恥々々、

建保五年三月廿一日書賜云々、予嚴訓旁
談多留于耳、每聞之粗雖注留、殊
(16ウ)為備向後之龜鏡、故以御筆可書談之由
致所望、而添削之間、草本散々欲被淸書之
處、老病遂日不快、仍予於御前書寫、
件草者吊被破之𠦑、且依思旁儀、遣
誡深納箱底、不及他見之間、此書全無
他本、可秘之々々々、
自相國禪閤內々度々被尋故禪門
遺草、無處于辭遁之間、仁治元年
十月九日相具消息土代二卷書進之、
(裏表紙見返)予賢息三位中將實藤(藤原)御斩云々、彼
本為𠮷魚被侵之間、追書寫之、
注此子細、都傳此寸書之人、更勿

聴他見、於身無其要者、早破之可爲

經典之析昬而已、

契真記之、

［附　記］

本書の調査に際し、元公益財団法人前田育徳会尊経閣文庫の菊池紳一氏、同文庫の菊池浩幸氏・塚本洋司氏の御配慮を得た。また八木書店古書出版部の金子道男氏・柴田充朗氏にも御世話になった。ともに厚く御礼を申し上げたい。

尊経閣文庫所蔵

『大臣二人為尊者儀』解説

宮崎　康充

一　尊経閣本の概要

1　書名

『大臣二人為尊者儀（だいじんににんそんじゃとなすぎ）』という何ともぎこちない題が付けられているが、これは本書の本来の書名ではない。本書にはもともと書名が無く、現在の書名は本文第一紙の端裏に「大臣二人為尊者儀　長元永保」と書かれているところから便宜的に付けられたものである。この端裏書は本書が未装丁状態であった時に外に書き付けられた見出しのようなもので、通常は書名が書かれるが、不明である場合は内容を示す文言が記されるのが一般的に行われていた。包紙に書かれている「長元六年永保四年記」「題号不知名記」ともに間違いではないが、新たな書名を付すよりは、端裏書を応急的な書名として採り、後勘を俟つのが穏当な方策である。

2　内容

本文の分量はそれほど多くはないので、先ず釈文を掲出しておく。

（第一包紙）
長元六年永保四年記　　一巻

（第二包紙）
題号不知名記　十一月三日到来　当分何とも知不申候、若其許ニても不相知候ハ、実躬卿記御差下之時分一所可遣候、

（端裏書）
「大臣二人為尊者儀　長元 永保」

（本文）
大臣二人為尊者儀
「以時範家別記抄之、不知誰人記、不見始終、」
長元六年正月廿一日大饗、大臣二人為尊者、右大臣、内大臣、（マヽ）
請客使申尊者坐由、諸卿引渡西、列立中門外、尊
「尊者来儀」
尊者揖一大納言入、右府従大炊御門坐、内府従中御門坐、一度来会給、次第入、
殿下立橋西脇給、右大臣・内大臣・民部卿 斉信・
春宮大夫 頼宗・中宮権大夫 能信・権大納言 長家・
前右衛門督 実成・左衛門督 師房・右衛門督 経通・
侍従中納言 資平・権中納言 定頼・大蔵卿 通任・右宰
相中将 兼経・右兵衛督 朝任・左宰相中将 顕基 等
「列立」
以下西上北面、異位重行列立、尊者当南階立給、
「拝礼」

再拝之後、主人渡東給揖譲尊者、々々又以揖譲、再三如此、相双上給、（主人東、尊者西、主人常上勝一級給、以左足為先給、）右府放列給之後、殿下揖内府給、内府乍本列揖給、尊者入従南階間、直着座給、殿下暫御坐親王座、内府上給、経南簀子入東第一間給、経弁座前、従公卿座後着座給、（此間前伯耆守範永取殿御沓、礼拝之間挿笏候階辺、召使二人取尊者二人御沓、）

「尊者昇殿」

春宮大夫依可受尊者御盃不被立座歟、殿下」入従一間、於尊者南令擬給、前大弐惟憲卿為奥座勧盃取瓶子、殿下出従一門給、従簀子西行給、此間前甲斐守範国（殿上人、）取円座敷南廂、従東第六間殿下着座給、次供殿下御前

「召史生」

物机一脚、次右少弁定親起座、（抜餛飩箸起之、）従座末斜進居東第二間中央膝行、於第二間西柱東辺揖、尊者右府申云、史生召（牟、）尊者譲主人給、主人譲尊者給、尊者目給弁、」

『今案為臨時客歟』

「以時範家別記略抄之、不知誰人記、不見始終之故也」

永保四年正月廿一日、内大臣（二条師通）家大饗、大臣二人為尊者、（左大臣、堀川、右大臣、六条、）使帰参申尊者来坐由、于時未一点、納言已下列立中門外、尊者（左府自二条大路御坐、右府又自同大路御坐、）西門前

「尊者下車之儀」

並車下給、主人立階西頭給、（裾引溜程給、）両尊者揖

「入列儀」

一大納言、次第列立、列立庭中、（異位重行、）再拝之後、

「庭中儀」

主人揖尊者給、尊者又以揖給、三譲了、尊者左大臣放列、寄砌下又以揖譲、次階下揖譲了上給、主人又揖右大臣給、右府揖譲如初、此間、左

「昇殿儀」

大臣渡親王座上、直着外座給、右府・主人相並昇階給、（右府上勝一級給、）右府経簀子、入自西一間、経弁座前、着奥座給、主人暫御坐親王座、（此間、散位能遠取主人御沓、拝礼之間、挿笏侍立、候幄辺、召使二人取尊者二人御沓、）

「歓盃儀」

主人自西一間、於尊者（左、）南令擬給、宮内卿公定朝臣（蔵人頭、）為奥座歓盃（入自西一間、経弁座前勧之、或云、可渡弁座上云々、諸大夫五位、）取瓶子、尊者放盞之後、出自西一間、経簀子東行給、伯耆守知綱取讃岐円座、出自東方、」敷西第六間、（迫西柱、）主人着座給、

次左少弁伊家、抜餛飩箸起座、従座末斜
「召史生儀」
進、居西第二間中央、膝行、於西第三間西辺、
揖尊者左府申云、史生召 牟、尊者目給、弁称
唯廻自本路着座、召左大史祐俊宿祢、
「尊者退出儀」
次尊者以下退出、(両尊者自南階降給、主人下立階下給、)先是賜殿下
并尊者右府御随身腰差、各疋絹、

右の如く、本書は長元六年（一〇三三）正月の関白左大臣藤原頼通、永保四年（応徳元年、一〇八四）正月の内大臣藤原師通の大饗の記録である。大饗とは大がかりな饗宴の意であるが、儀式としての大饗は、正月二日に群臣が後宮（皇后宮・中宮など）と東宮に拝賀して饗応に預かる二宮大饗と、これに続いて大臣が廷臣を招いて饗応する大臣大饗があり、大臣大饗には正月儀式としての大饗とは別に、大臣に任ぜられた際に行われる任大臣大饗があった。大饗が行われるには、先ず請客使が発せられ、その正客は尊者と呼ばれる。当日は朝廷から蘇甘栗使が遣わされ、舞楽・舟楽が奏され、鷹飼・犬飼が参入するなど、全てに大がかりなものであった。不定期に行われる任大臣大饗は任大臣の儀に伴うものとしてのちのちまで行われていたが、準備も諸経費も大がかりな正月大饗はより簡略な臨時客に変えられることが増え、鎌倉期には行われなくなってしまった。(1)

長元六年と永保四年の正月大臣大饗は、他の史料により行われたことは確認されるが、その具体的な内容は不明で、本書の持つ史料的価値は大きい。

3　原書の成立時期と作者

鎌倉末期の書写と推定される本書は、本文・首書・傍書・注記まで同筆で書写されている。その体裁から元本を忠実に写したものと判断されるが、その元本が原書であるのか、それからの転写本であるのかは明らかではない。しかし仮に転写本であったとしても、それも忠実な写本であったと思われる。誠に頼りない状況ではあるが、これらから原書がいつ頃どのような目的で作成されたものであるかを窺わせる手掛かりを探ってみることにする。

本文巻頭端書に「大臣二人為尊者儀」とあり、載せられている長元六年と永保四年の正月大饗は、主客である尊者は大臣二人であった。しかも本書に載せられているのは大饗記のうちの尊者の動向に関する部分である。すなわち本書（の原書）は尊者が大臣二人であった大饗の記録から主人と尊者の作法を引勘抄出したものである。内容が知られる正月大饗で大臣二人が尊者であった例は多くはないが、このような先例が求められるのは、次に予定される大饗の尊者が大臣二人であるため、その必要が生じたからと考えることは十分可能であろう。ちなみに寛治三年（一〇八九）摂政太政大臣藤原師実の正月大饗は大臣三人が尊者であったが、その例は引かれていない

（「正月大臣大饗・臨時客一覧表」参照）。

次に注目されるのは、長元六年記・永保四年記ともに時範の家の別記から抄出した旨が傍書されていることである。この時範は平時範を指すと見て良いであろう。(2)時範は代々実務官僚として摂関家に仕えた高棟流桓武平氏で、一族の多くが日記を残していることで『今鏡』（すべらぎの下第三、二葉松）に「日記の家」と呼ばれている家柄であり、師実・師通・忠実・忠通の摂関家四代の家司を勤めた有能な実務官僚であった。しかも師通の日記『後二条師通記』や忠実の日記『殿暦』には、別記されるような重要な事柄について自らは簡潔な記述に留め、委しくは時範が記しているとか、時範の日記を尋ねよというような記事が随所に見られるのである。つまり時範は摂関家の公式記録員的な役割を担っていたのであり、高棟流平氏の一族が時範と同様の立場にあったことを窺わせる類例も多く存する。時範が所持している家記は必要に応じて引勘される詳細な先例集であり、貴族社会内に家を存続させていく拠り所でもあったのである。さらに、「時範家別記」というこの書き方は時範が現存しているからこその表現であり、先例勘出という目的には十分な情報である。従ってこの部分は本書の原書が作成された際に書かれたものと考えられる。しかしその下に傍書されている部分、誰人の記であるか知らず、始めと終わりが見えない故である、とあるのは本書を古記録抄出と認識し、その現状からの表現であり、恐らくは後人の書き入れと思われる。また、永保四年記の内大臣家の部分に「二条師通」と注記されているが、時範が活動していた時期であれば永保四年の内大臣が師通であることは周知のことであったであろうし、注記するにせよ、摂関家およびその周辺の人であれば二条殿あるいは後二条殿と書くべきところである。従ってこの注記は原書作成時からかなり下ってから摂関家との関わりの少ない人物による書き入れと推定されるのである。もう一箇所永保四年記の頭に『今案為臨時客歟』と朱書注記があるが、本文中に大饗の際に発せられる請客使の行動を示す記述があり、注記は誤りである。これも後人による書き入れであろう。

「日記の家」の人である時範であれば、長元六年大饗記と永保四年大饗記を所持していることに不思議はないが、そうであるならばそれは時範の家の先人が記録したものであろう。長元六年は時範の祖父行親の代で、この頃の行親は上東門院判官代・勘解由次官・少納言・中宮大進などを歴任しつつ五位家司として活動していた時期である。行親は検非違使右衛門権佐在任中の長暦三年（一〇三九）頃、未だ壮年期に没した模様であり、その日記『行親記』は長暦元年の一箇年分が現存するのみであるが、九条兼実の日記『玉葉』安元二年（一一七六）十一月二十二日条によれば、少なくとも十一巻はあったことが知られており、行親が長元六年大饗記を記録していた可能性は大いにある。次の永保四年は時範本人が活動していた時期である。時範は天喜二年（一〇五四）の生まれであるので永保四年は三十一歳、五位の越中守であった。時範は永保二年三月に任国越中に進発しているが、実務官僚層は受領となって任国に下向しても、在国は極めて短期間であることが多く、『後二条師通記』の記事が残る永保三年春には家司として活動する時範の姿が散見される。従って永保四年正月大饗を記録することは可能である。ちなみに『群書類従』巻第四百七十三に所収される『大饗御装束間事』に永保三年正月の「大右記」なる記録が短いながら引かれている。これは同年正月二十六日に行われた藤原師通の任内大臣大饗の記と思われるが、時範は極官が右大弁であったことから、その日記は「右大記」「平右記」などとも呼ばれ諸書に引かれている。「大右記」が時範の日記であれば、時範は永保三年の任大臣大饗の記も残していたことになろう。これらの記が公式記録的な意味合いで書かれる場合は、自身の行動についても「余」とか「下官」などの言葉は用いずに客観的に記される傾向があり、他に比べられる記録もない以上[3]、本文中から記主を特定することは困難であるが、それぞれの時期に行親と時範が家司として活動しており、その時の記録が時範の家に所持されていることを勘案するならば、この二人が記録したと考えて良いのではないだろうか。

それでは時範の家にある二種の大饗記を抄出した人物は誰であろうか。時範は天仁元年（一一〇八）十月、病により正四位下右大弁の官を辞して出家し、翌天仁二年二月十日に五十六歳で没している。それまでの間に大臣二人が大饗の尊者であった先例が求められたのであるとすれば、史料が残されている限りでは、前述した寛治三年正月大饗の準備段階をおいて他にはない。寛治三年正月二十二日に行われた摂政太政大臣藤原師実の大饗の尊者は、左大臣源俊房と右大臣源顕房に加え、師実の嫡男である内大臣師通までも参会する盛大なものであった。前年の十二月十七日に師実のもとで大饗定があり、大饗の日時が決められ、定文が作成されているが、これらを奉行した家司は権左少弁藤原為房であり、定文を書いたのも為房である[4]。大饗の雑事定文というのは大饗に向けて準備すべき様々な事柄を列挙し、先例を勘案しながら決めていく大変な作業であるが、当時の通例として、大饗のことを沙汰すべしという内命が前もって為房に下され、為房は用意を整えて大饗定の場に臨んだものと思われる。そのために知っておく必要があるのは大臣二人が尊者であった大饗の先例である。永保四年の例は年代的には近い例であるが、その時の主人は内大臣師通で尊者二人は上臈の大臣であったのに対し、今回の主人師実は尊者二人より上臈である。長元六年の主人関白左大臣藤原頼通も尊者二人よりも上臈であった。現に長元六年記と永保四年記を比べてみると、主人と尊者の立場の差異により、両者の動きにも違いがあることがわかるのである。

為房は勧修寺流藤原氏で、時範の家と同じく実務官僚として代々摂関家に近侍してきた家柄である。但馬守隆方の一男として永承四年（一〇四九）に生まれた為房の母は右衛門権佐平行親女であり、時範とは五歳違いの従兄弟という関係にあった。為房の家と時範の家はこの後数代に渡って姻戚関係を結び、親密な関係を維持していくのであるが、それ以前においても、勧修寺流藤原氏の紐帯の場である勧修寺八講に他姓でありながら時範も参会するなど、為房と時範は密接な関係にあった。為房ならば時範の所持する家記から必要な箇所を抄出することも容易に行えた、と考えられるのであるが如何なものであろうか。

とは言え、ここまで述べ来たったことは、心許ない情報をもとに考え得る可能性の一つであるに過ぎない。別表に示した如く、永保四年以降で時範の現存中に大臣二人以上が大饗の尊者であったのは寛治三年以外にないが、記録が現存しない空白の年もあり、準備されたが中止されたということもあり得る。また本書（の原書）に寛治三年の例が引かれていないのはそれが時範の家に所持されていなかったからで、本書は寛治三年大饗に向けて作成されたとは限らないと見ることもできる。それに為房でなくとも、例えば主家である摂関家が時範から取り寄せて、自らか或いは誰かに抄出させた可能性もある。要するに現時点では本書の作成者は不明であると言うほかはない。

二　尊経閣本の書誌

1　装丁など

本書は紙数四紙から成る巻子本一巻である。本紙の寸法は、第一紙縦三〇・八糎×横五七・二糎、第二紙縦三一・〇糎×横二四・四糎、第三紙縦三〇・八糎×横五六・八糎、第四紙縦三〇・九糎×横二五・四糎と一定しない。室町期のものと思われる藍表紙が付けられている。包紙は二枚あり（参考図版二一六頁）、外側の第一包紙（縦三九・三糎×横二六・八糎）は江戸期の奉書紙で、「長元六年永保四年記　一巻」と内容が直か書きされている。内側の第二包紙も江戸期の奉書紙（縦三一・九糎×横二四・五糎）であるが、上部（縦一五・一糎×横二・八糎）、下部（縦一六・六糎×横三・一糎）の二枚の貼紙がある。貼紙の紙質は打紙加工された楮紙のようであるが、書かれた内容から察するに、前田家が本書を入手する際に遣り取りされた書き付けや旧包紙などが切り貼りされたものと思われる。

2　書写年代と伝来

本文料紙は斐楮交漉紙で、状態から鎌倉末期から南北朝期の紙と判断される。また本文の書体からも同時代の書写と見て間違いないであろう。とりわけ第一紙端裏書は鎌倉末期に特徴的な書風である。『尊経閣文庫国書分類目録』が本書を鎌倉末期写としているのは十分に首肯できるところである。

第二包紙の下部貼紙に「実躬卿記御差下之時分一所可遣候」と見える。この「実躬卿記」は現在尊経閣文庫にある三条西家旧蔵『実躬卿記』自筆本二十三巻のことと思われ、文面から三条西家側から前田家に宛てられた一節であり、本書も三条西家が所持していたものと思われる。三条西家は南北朝末期に正親町三条家から分かれた家であるが、本書が三条家で書写され、それが三条西家に伝来したものか否か、あるいは他所から入手したのかなどは明らかではない。

［注］

（1）大饗の儀がどのように進行されるかは『江家次第』などの平安時代の儀式書に詳しい。また大臣大饗については倉林正次「大臣大饗」（『饗宴の研究』儀礼編、桜楓社、一九六五年）に網羅的研究がある。大饗の準備については、宮内庁書陵部所蔵九条家本中に鎌倉前期写の『春除目抄』一巻（函架番号　九―一二五）の紙背に「朱器大饗雑事」と題する詳細な雑事定文がある。他の大臣の大饗には赤木黒柿机様器が用いられるのに対し、藤氏長者である摂関大臣が行う大饗には朱器台盤が用いられるところから、これを特に朱器大饗といい、とりわけ盛大なものであった。この紙背文書は九条家本を書写した近衛家本にもそのまま写され、それを天明元年（一七八一）に柳原紀光が書写した本が『後京極良経任大臣大饗雑事抄』の書名で宮内庁書陵部所蔵の柳原本中にある（函架番号　柳―五五二）。紀光はこの大饗を九条良経の任太政大臣大饗と認識したようであるが、これは中御門京極殿で行われる正月大饗の定文であり、元久元年（一二〇四）十二月十四日に八条殿で行われた良経の任太政大臣大饗とは場所も異なり、準備に関係する人々の官職が支障なく揃うのは元久三年正月大饗以外にはない。恐らくこの定文は元久二年十月十一日に中御門京極殿に移った良経が、同所で行う最初の正月大饗のために作成されたものと考えられる。この大饗が行われたことが確認できる史料は伝存しないが、誠に詳細なものであり、図書寮叢刊『九条家本除目抄』に全文翻刻されているので、興味のある向きは参照されたい。

（2）以下、時範とその周辺に関する記述の多くは、宮崎康充「平時範に関する覚書」（『書陵部紀要』四一号、一九九〇年）に拠っている。

（3）実は、前に触れた『大饗御装束間事』に、長元六年正月十五日、宇治殿大饗、「顕頼卿記」なるものが引かれている。日付が違っているが、長元年間で宇治殿（藤原頼通）の大饗が確認されるのはこの年だけであるので、長元六年正月大饗の記であると思われるが、「顕頼卿記」という記名も疑問である。「経頼卿記」すなわち『左経記』であるかと仮定してみても、記文中の記主と源経頼の立場が合致せず、記主不明の記である。いずれにしても本書の長元六年記と重なる場面はない。

（4）『寛治二年記』寛治二年十二月十七日条。

正月大臣大饗・臨時客一覧表

※応徳二年以降、平時範活動期間。空白の年は史料がなく不明。

年（西暦）	月日	主人	尊者	区分	備考	史料
応徳二（一〇八五）						
応徳三（一〇八六）						
寛治元（一〇八七）	一月二日	摂政藤原師実	大納言三人	臨時客		中右記
寛治二（一〇八八）						
寛治三（一〇八九）	一月二十二日	摂政太政大臣藤原師実	左大臣源俊房、右大臣源顕房、内大臣藤原師通	正月大饗		後二条師通記
寛治四（一〇九〇）	一月二日	摂政藤原師実	左大臣源俊房	臨時客		後二条師通記、中右記
寛治五（一〇九一）	一月二日	関白藤原師実	左大臣源俊房、右大臣源顕房	臨時客		中右記
寛治六（一〇九二）	一月二日	関白藤原師実	左大臣源俊房、右大臣源顕房、内大臣藤原師通	臨時客		後二条師通記
寛治七（一〇九三）						
嘉保元（一〇九四）	一月二日	関白藤原師実	左大臣源俊房、右大臣源顕房、内大臣藤原師通	臨時客		中右記
同	一月十七日				高陽院大饗なし	中右記
嘉保二（一〇九五）	一月三日	関白内大臣藤原師通	左大臣源俊房	臨時客		中右記
同	一月三日	前関白藤原師実	左大臣源俊房、関白内大臣藤原師通	臨時客		中右記
同	一月十九日	関白内大臣藤原師通	不明	正月大饗		中右記、長秋記目録
永長元（一〇九六）	一月三日	関白内大臣藤原師通	左大臣源俊房	臨時客		後二条師通記、中右記
同	一月三日	前関白藤原師実	左大臣源俊房、関白内大臣藤原師通	臨時客		後二条師通記、中右記
承徳元（一〇九七）	一月二日				臨時客なし	中右記

承徳二（一〇九八）	一月二日				臨時客なし	中右記
康和元（一〇九九）	一月二日	関白内大臣藤原師通	大納言四人	臨時客		後二条師通記
康和二（一一〇〇）						
康和三（一一〇一）	一月三日	右大臣藤原忠実	内大臣源雅実	臨時客		殿暦
同	一月十三日	右大臣藤原忠実	内大臣源雅実	臨時饗		殿暦
同	一月二十一日	右大臣藤原忠実	内大臣源雅実	正月大饗		中右記、長秋記目録
康和四（一一〇二）	一月二十日	内大臣源雅実	左大臣源俊房	正月大饗		中右記
康和五（一一〇三）	一月三日	右大臣藤原忠実	内大臣源雅実	臨時客		中右記
長治元（一一〇四）	一月二日	右大臣藤原忠実	権大納言藤原家忠	臨時客		殿暦、中右記
長治二（一一〇五）	一月二日				臨時客なし	殿暦、中右記
嘉承元（一一〇六）	一月二日				臨時客なし	殿暦
嘉承二（一一〇七）	一月二日	関白右大臣藤原忠実	権大納言藤原家忠	正月大饗	大臣故障	殿暦、中右記
同	一月十九日	関白右大臣藤原忠実	大納言源俊明	正月大饗		殿暦、中右記
天仁元（一一〇八）	一月二日				臨時客なし	中右記
天仁二（一一〇九）	一月二日	摂政右大臣藤原忠実	大納言源俊明、権大納言藤原家忠	臨時客		殿暦

尊経閣文庫所蔵

『大要抄』解説

徳仁親王
木村真美子

はじめに

「大要抄」は、鎌倉時代の公家および僧家の有職故実書で、牛車や輿などの乗物の説明や乗車時の作法に関する記事が半分近くを占めているのが特徴である。『国書総目録』によれば、写本は国立公文書館内閣文庫（以下、内閣文庫とする）・宮内庁書陵部・京都大学・東京大学史料編纂所・彰考館（徳川ミュージアム）にも所蔵されるが、仁和寺心蓮院旧蔵の前田育徳会尊経閣文庫（以下、尊経閣文庫とする）所蔵本が最も古く、鎌倉時代末期の写という（以下、尊経閣文庫本「大要抄」を本書とする）。

本書以外の写本はすべて江戸時代以後の転写本であり、本書が「大要抄」の原写本である可能性はきわめて高い。ただし、「大要抄」の作者や成立などを解明するためには、類似の内容の本文を有する他書（＝類書）との比較が重要である。

一　書誌

本書は、本来は粘葉装であったと思われるが、現状は四ツ目糸綴じになっている。全一冊。法量は、縦一五・〇糎、横一五・五糎。

新補の濃紺染紙の外表紙には、外題等はなく、見返しの素紙にも墨付はない。後補にかかる楮紙の中表紙は、袋綴になっており、左端に打付書で「大要抄　甲第六十八箱」と、右下には異筆で「心蓮院」と書かれている。綴目上部にわずかに墨付が残るが、判読はできない。紙背にも、文字が確認される。綴じを外していないため表面からの観察になるが、「恐惶謹言」で書き止めた竪紙の書状を上下に半裁し、裏返して、下半分を表紙に、上半分を裏表紙に用いたようである。江戸時代に前田家に入ってから修理を施すとともに表紙（現・中表紙）を加え、明治以降に新たな外表紙を付している。本紙の前に墨付のない共紙（遊紙）一紙がある。本紙と同様の押界が存在しており、原表紙の遊紙であった可能性もある。巻頭巻末は、特に虫損・水損等が著しく、繕いによる修補がなされている。

本紙は、楮紙打紙。全二十二丁で、墨付は二十一丁。天二本・地一本の押界があり、界高は一二・二糎、界幅は一・五糎。半葉あたり八行、一行は十三字前後である。第一丁表（以下、「一オ」のように略記する）にある首題は「大要抄」。一オ右下に、「心蓮院」との印文を有する単郭長方朱印一顆と、本文の終わり、すなわち二十一ウには、「仁和寺／心蓮院」との印文を有する複郭長方朱印一顆が見える。尾題・奥書等はない。

本文は、項目名ごとに朱点が打ってある。九ウの本文「有角巻」の上部に見える朱は、朱点ではなく赤い付紙で、利用の痕跡を示す。筆跡や紙質等からは、鎌倉時代後期の書写と推測される。

なお、本書には二重の包紙がある。外包紙（参考図版二一七頁）は、縦三九・八糎、横四三・三糎。上書は、打付書で「大要抄　一冊」、上書下方の折り返しには、「政書(貴)第十五号」（(貴)は朱印）と記す小さな貼紙が付されている。内包紙（参考図版二一八頁）は、縦三七・八糎、横四五・八糎。上書は打付書で「大要抄　一冊」とあり、その右肩に朱で「古本上」、墨で「続乙部至丙部」と記されている。いずれも前田家において付したものである。

二　構成・内容

本書の構成は、次の通りである。

①大内十二門
②大内裏
③車立事
④牛車宣旨事
⑤輦車宣旨事
⑥車様事
⑦車文事
⑧車ニ乗下事
⑨貴人御車役事
⑩榻事
⑪下簾事
⑫角巻事

（立車記）（山魁雑記）（門室有職抄）

⑬追前事
⑭警蹕事
⑮車副事
⑯前駈事
⑰輿乗下事
⑱続松事
⑲参向人ノ許之儀
⑳入客之儀
㉑人前所出硯儀
㉒於人前物書様
㉓至極貴所進消息様
㉔於中門廊対面人儀
㉕於門対面人儀
㉖於庭中前逢師主儀
㉗於路頭奉逢貴人儀
㉘過霊寺社頭并貴人御所前ヲ儀
㉙上中門事
㉚脇壁并裏壁事
㉛立砂事
㉜院司

以上、三十二項目からなる。はじめに大内裏の門および大内裏や内裏の建造物の名称と位置が記され、牛車（輿を含む）に関する事例や作法がつづく。牛車の種類（檳榔車・庇車・半庇車・半蔀車）、牛車の箱（車体）部分の表面に描かれる文様、また牛車で移動する際の身位による停車位置の違い、乗車時や降車時における決まり事―たとえば男子は左に、女子は右に乗用するといったものから、路頭で牛車同士が出会ったときの身分による対処の仕方等―がかなりの部分を占める。さらに、僧俗にわたる手紙に関する決まり事や来客と対面するときの作法、住居の門や壁、庭の盛砂についての故実に至るまで、多岐にわたる内容が含まれている。

三　類書との比較

「大要抄」の類書としては、「門室有職抄」（『群書類従』第二十八輯、雑部）、「山魁雑記」（静嘉堂文庫所蔵。無窮会神習文庫・内閣文庫も所蔵するが、書名は「山魁記」）、およびそれらの抄出本とされる「立車記」（『続群書類従』第三十二輯、雑部）等が知られている。なかでも「門室有職抄」（原題は「有職抄」ないし「戸部書」であるが、便宜上、群書類従本の書名「門室有職抄」を用いる）は、「大要抄」の内容の大部分を含みこんでおり、その成立と深く関わっていることがうかがわれる（二構成・内容参照）。

項目について類書と比較をしてみると、記事の粗密や掲載の順序等に異同はあるものの、③～⑰（⑯を除く）の十四項目は「立車記」（『群書類従』刊本は後半を欠くため、宮内庁書陵部所蔵の松岡本二種や、東山御文庫収蔵の一本〔外題「御車故実」〕によった）と、③～⑳の十八項目は「山魁雑記」（静嘉堂文庫所蔵本による）と、③～㉛の二十九項目は「門室有職抄」（底本については後述）と共通している。

「門室有職抄」は数え方にもよるが、五十以上の項目を有しており、「大要抄」には見られない内容も多数載せている。牛車に関する事では、「乗車様」という項目に、一人で乗車するときは、左の前方に乗り、四人で乗車するときは右前が最上位で、以下左前・左後・右後の順に乗る、と明記されている。ごく基本的な作法であるが、「大要抄」のみならず、「立車記」や「山魁雑記」にも載せられていない。一方、「大要抄」には、①宮城門のうち、上東門と上西門とを除く大内十二門の名称と、②禁中諸所の異名等、さらに㉜の院司の員数構成が書かれており、類書に見られない。この部分は、「大要抄」としてまとめる際に、牛車の故実の前後に関連して必要と思われる情報を付加したと判断される（①②㉜は、同内容が、鎌倉時代後期～南北朝時代の編纂とされる百科全書の「拾芥抄」に含まれている）。とはいえ、「大要抄」もまた「門室有職抄」の異本のひとつとみなしても良かろう。

そのほかの類書としては、宮内庁書陵部所蔵柳原本『諸談部類』に収載される「愚要抄」がある。「大要抄」をはじめ他書は、諸家の車の文を書き上げた⑦「車文事」について記載しているのに対し、「愚要抄」にはこの記載がない。しかしながら、単純に項目名だけを比較しても、「大要抄」と十三項目が一致している。さらにこのうちの十一項目は、花山院師継（一二二二〜八一）が、後嵯峨院皇子で後中御室と呼ばれた仁和寺門跡の入道性助親王（一二四七〜八三。同時代の史料にも性助法親王と記されることも多いが、親王宣下が先なので、正しくは入道親王）に献じた際の草稿本から引用しているといい、今後検討する価値を有する史料である。

四　作者と成立

本書には、識語や奥書がなく、内容を見ても作者について示すものはない。のみならず、これまで研究されていない。そこで、「門室有職抄」をはじめとする類書についての研究を糸口にすると、木内一夫氏による「門室有職抄」の解題（『群書解題』）、石井英雄氏の「山魁雑記」の紹介（『ぐんしょ』五号、一九六二年）、そして村山貴久男氏による「立車記」の解題（『群書解題』）があげられる。特に後の二者は、宮内庁書陵部や内閣文庫に存在する諸写本を中心に分析している。

ひとまず、村山貴久男氏が三書の関係についてまとめた部分を左に掲げよう。

> 群書類従所収の「門室有職抄」は、もと鎌倉中期の安貞二年頃、天台宗の関係者「出雲路戸部禅門」なる人物が座主尊性法親王のために著した「戸部書」と呼ばれる有職故実の書で、それが「有職抄」「門室有職抄」として僧侶のみならず公家社会にも流布し、その儀礼的な故実を説く部分のうち、公家層にも参考になる部分が抄出されて「山魁雑記」となり、南北朝以後にさらに記事が増補された。「山魁雑記」では「門室有職抄」から受け継いだ本文はほとんど改変されなかったが、さらに「山魁雑記」の記事から僧侶関係の故実を省略した「立車記」が作られたと見ることができる。

今後なお詳細な分析が必要であろうが、「門室有職抄」が「大要抄」を含めても類書の最上位に位置することは間違いないので、ここでは奥書等を有し、作者や成立についてある程度まで明らかにできる「門室有職抄」の分析を試みたい。

先行研究が利用している写本の中でも上位にあるのは、内閣文庫所蔵甘露寺本「有職抄」と宮内庁書陵部所蔵壬生本「有職抄」である。しかしながら、この二本のさらに上位にある本（祖本ないし親本）と推定されるのが、西尾市岩瀬文庫所蔵柳原本「有職抄」である。

柳原本「有職抄」は、巻子一軸。もと袋綴冊子を改装。まず、後補表紙があり、直後に柳原紀光（一七四六〜一八〇〇）の明和九年（一七七二）の修復銘が記されている。つづいて中央上部に「有職抄」と題された原表紙には、左端に「戸部書下」、その下に「東院」とある。原表紙の後には、室町中〜後期の興福寺東院院主兼円（一四二七〜一五〇四）による「門室相承之秘本也、不可有外見矣、伝領兼円（花押）」との伝領識語が付けられ、本文に入る。

本文三分の二ほどの部分に、「此書ハ出雲路戸部禅門作也、被進入綾小路二品親王者也、末代亀鏡也、努〻、不出閫外、穴賢〻〻、」との識語が見える。これが、従来いわれてきた作者や制作の目的の根拠となっている。さらに、本文の終わりには、「弘安第四暦臘月中旬之天令書写之畢、」との弘安四年（一二八一）の書写奥書がある。巻末には、「永和二年四月十六日、自二位得業尊雅之許、相伝畢而已、伝円守」との興福寺東院院主の円守（一三三五～九四）の永和二年（一三七六）の伝領奥書がある。

群書類従刊本をもって「門室有職抄」との名称が人口に膾炙しているが、本来は単に「有職抄」（同時に「戸部書下」とある。「戸部書」は、上下二巻ないし上中下三巻本の下巻にあたるのではないかとの石井英雄氏の推測は、妥当であろう）といった。同名異書と紛れないように、江戸時代以降に塙家（ないしはその周辺）で「門室」の語を冠した可能性が高いだろう。本稿でも、便宜これに従う。

「門室有職抄」を進上された「綾小路二品親王」が、後高倉院皇子で妙法院門主の尊性法親王（一一九三～一二三九）であることはすでに指摘があるが、ここでは比定されていない作者、「出雲路戸部禅門」について考えたい。⑦車文事、に見える人名（翻刻参照）を一見すれば、それが鎌倉時代初期に活動した人々であることは明白である。さらに、そこに記されている人名を『公卿補任』の記載と照合してみると、ほぼ全員の名を含みこんでいるのは正治元年（一一九九）である。すると、当該期に、「出雲路」と呼ばれ、「戸部」すなわち民部卿を官途の最後として出家した人物といえば、平親範（一一三七～一二二〇）のことだとわかる。

平親範は、鳥羽院の近臣で能吏として知られた範家の息で、桓武平氏高棟流、すなわち日記を書くことを家職のひとつとした「日記の家」に出自する。久安元年（一一四五）叙爵。頭弁を経て、永万元年（一一六五）参議に列した。受領を兼任し、鳥羽・後白河両院の院司としても活動している。承安元年（一一七一）民部卿に任ぜられ、正三位に叙されるも、同四年病を得て出家（三十八歳）。大原に隠棲し、仏道に励んだ。なかでも、現在京都山科に所在する毘沙門堂（天台宗山門五門跡の一つ）の基となった堂舎を出雲路（現在の京都御所の北、御霊神社の辺り）に建立したことが特筆される。承久二年（一二二〇）八十四歳で没した。

親範は、有職故実に長じ、出家に際しては、藤原（九条）兼実・藤原（吉田）経房等に大いに惜しまれるが、長寿を保ったため、入道後も有職の生き字引的な存在となった。さらに息の基親も、後白河院の皇子で仁和寺御室となった守覚法親王のために、令制官職の解説書である「官職秘抄」を編んだことで知られており、この家の有職に関する蓄積を窺わせる。

「門室有職抄」が、「戸部書」上下巻もしくは上中下巻の下巻部分、ないしは下巻部分の抄出であると考えれば、親範の没した承久二年（一二二〇）が成立の下限ということになる。

「大要抄」が、「門室有職抄」を直接書写したものでないことは、内容の相違、書かれている順序の違い等から明らかである。しかしながら、「門室有職抄」から派生したものであることはほぼ間違いなく、「大要抄」も、早ければ鎌倉時代後期に成立したものと思われる。なお、「大要抄」という形にまとめた作成者は、現状では不明といわざるを得ない。

五　伝来—仁和寺心蓮院旧蔵本—

最後に、伝来についても簡単に見ておきたい。本書が、仁和寺心蓮院の旧蔵であったことは、その蔵書印から確かであるが、それ以外のことはわからない。しかしながら、尊経閣文庫には、本書以外にも仁和寺心蓮院旧蔵の典籍・古文書がいくつか存在しており、著名なもののひとつに、現存最古の医書である「医心方」がある。

杉立義一氏（同『医心方の伝来』思文閣出版、一九九一年）は、「医心方」が仁和寺に伝わったこと、そのうちの一部が、「延寿要集」として心蓮院に入っていること、「医心方」以外にも医家の丹波家の撰述になる古医書が、仁和寺から前田家つまり尊経閣文庫に入ったこと等に注目し、丹波家→心蓮院→仁和寺→前田家というひとつの伝来の流れを見出した。さらに、心蓮院から高山寺を経て前田家に伝来したものがあることをも指摘する。また、末柄豊氏（「盲聾記記主考」『日本歴史』五八二号、一九九六年）も前田家に伝来した「盲聾記」の分析から同様の事実を指摘している。ただし、この二つのルートは、いずれも丹波家に由来する書物に関わるものであり、本書はこれらのルートから伝来しているわけではなさそうである。

「医心方」のほかに、心蓮院から前田家に伝わったことの明らかな史料について、石川県立美術館編図録『前田綱紀展—加賀文化の華—』には、代表的なものが紹介されている。すなわち、「仁和寺御室御物実録」（一巻）、「日本国霊異記」（巻下、一帖）、「吾妻鏡」（一巻）、「神道大意」（一冊）、「明徳二年記録断簡」（一巻）、「注三教指帰」（巻下、一帖）、「三教勘注抄」（巻一、一巻）、「山水并野形図」（一巻）、「催馬楽秘注」（一冊）等である。内容は多岐にわたり、雑多である。ここには掲げられていないが、本書もまたこれに含まれるものである。

本書は、基本的には門跡寺院の門主・法親王の日常に必須の内容を持っている。本書のもととなる本が、妙法院門主の尊性法親王に献ぜられたことを思うとき、「仁和寺御室御物実録」などと同様に、院家である心蓮院よりもむしろ本寺である仁和寺に伝来したものであると考えた方がふさわしいようにも思われる。今後の検討を俟ちたい。

尊経閣文庫所蔵『大要抄』翻刻

一、漢字の字体は、原則として常用の字体を用いた。
一、文中に適宜、読点（、）および並列点（・）を加えた。
一、返り点、振り仮名、送り仮名は原本のままとした。
一、注記は、原本の文字に置き換えるべきものは〔　〕、参考または説明のためのものは（　）で括った。
一、丁替りの箇所には行末に」を付し、次の表裏の行頭に丁付け及び表裏を（1オ）（2ウ）の如く示した。
一、朱書きは『　』で括った。
一、国立公文書館（内閣文庫）本を以って一校を加えた。

（外包紙）
「大要抄　一冊」
（中包紙）
「
『古本上』
続乙部至丙部
大要抄　一冊」
（内題）
「　　　　心蓮院
大要抄　　　甲第六十八箱」
（遊紙）
（本文）
（1オ）大要抄　　（単郭長方朱印、印文「心蓮院」）
『・』大内十二門
陽明門近衛御門云、北ノハシ、陽明門ノ北ニ上東門・土御門アリ、　待賢門中ノ御門、
郁芳門大炊御門、大宮大路ニ向、
已上、東面門也、
美福門壬生ノ御門云、東ハシ、　朱雀門
皇嘉門ウタツカサノ御門云、西ノハシ、

已上、南面ニアリ、二条大路ニ向ヘリ、

（1ウ）談天門（馬司ノ御門、南ノハシ、）　藻壁門（西ノ中ノ御門、）

殷冨門（西ノ近衛ノ北ノハシ、）

已上、西大宮ニ向ヘル也、殷冨門ノ北ニ上西門アリ、（西土御門、）

安嘉門（兵庫司ノ御門、西ノハシ、）　偉鑒門（アケスノ御門、）

達〔智〕知門（タチヰノ御門、東ノハシ、）

已上、北面ニアリ、一条ノ大路ニ向ヘリ、

（2オ）『・』大内裏

南殿（紫宸殿、）　中殿（清涼殿云、又南殿之西、主上常ニ此殿御坐ス、）

内侍所（温明殿云、南殿ノ東）　后町《キサイマチ》（常寧殿也、南殿ノ北、）

御匣殿（貞観殿、后町ノ北、）　弓場殿（校書《ケウシヨ》殿也、清涼殿ノ南、）

梨壺（昭陽舎也、春宮ノ御坐所）　桐壺（淑景《シチケイ》舎也、）

藤壺（飛香《ヒキヤウ》舎也、）　梅壺（凝花《ケウクワ》舎也、）

雷鳴壺（襲芳《シツハウ》舎也、）　瀧口ノ戸（清涼殿《ト》北、）

萩ノ戸（同西、）　陣座（左近陣ニアリ、南殿東、日花門ノ）

（2ウ）内、（右近陣ハ月花門、）　とりさうしなかのへのたつみのすみ

兵衛陣（左東宣陽門、右ハ西陰明門、）

衛門陣（左ハ建春門、右ハ宜春門、）

縫殿陣（朔平門、北ノ陣ト云、）

青馬陣（春花門也、南ニ面テ此ノ前ヲ大庭ト云、）

八省（又朝堂ノ院ト イフ、）大極殿（小安殿《コアテム》十二堂、）

青龍楼　白虎楼（コレラナリ、）　豊楽院（八省ノ西、）

清暑堂（大嘗会・五節コレニテアリ、）　武徳殿（フラク院ナユミ・クラヘ馬此ニテ御覧ス、）

（3オ）真言院（八省ノ北、御修法行所、）　中和《チウクワ》院（又中院ト云、大内ノニシ、）

神祇殿（神今食ナト此ニテアリ、）　内教房《ナイケウハウ》（学所也、）

『・』車立事

二品親王御車ハ殿下ヨリ上ニ可立一、

無品親王ノナラハ殿下ヨリ下可立一、

〔太〕大政大臣ヨリハ上ナリ、但於陽明〇（門）一者、雖

二品親王御車ト一、殿下御車ヨリ下

（3ウ）可立、陽明門ノ中門ノ北ニ〇（殿）下御車ハ立也□、

御室ノ御車ハ南ニ可立、於自余所者、

御室ノ御車ヲ北ニ可立一也、凡東西向ノ

所ニハ以北ヲ一為上ト、南北ニ向所ハ以東為

上一也、

『・』牛車《キッシャ》宣〔旨脱〕事

乍駕シ車ニ一自上東門一入、二町西行、土御

門ト壬生トノ角ニテ下車云々、

（4オ）已上宣旨ハ摂政・関白被許之、或親王・

宿老大臣又許之云、〔々脱カ〕輦車〇（之）体如唐

車云々、

『・』輦車《レンシャ》宣旨事

如前乍駕車自上東門一入、至ル朔平門、於
其門ニ一乗移テ車輦一手引ニテ到テ玄輝
門之前ニ一下車云々、
已上、右、老ノ摂政・関白被許之、又親王ノ
（4ウ）為御持僧之上宿老人許之、不蒙
二ケ之宣旨人ハ、於宮城門ニ下車云々、」
『・』車様事
檳榔　為公卿人皆乗之、其体
一同也、庇車　院・親王・関白・大臣
乗之、庇ノ体ハ如四方輿ノ、上ハ白、袖ハ唐
草、中ハ管文也云々、
半庇　院・親王駕之、物見之上
（5オ）許ニ有庇、自余事如庇車云々、」
半蔀　院・親王・関白・大臣若大将
乗之、以物見ヲ一為半蔀ト一、文ハ各々ノ如
車文云々、
『・』車文事
院御車文中ハ大八葉、袖ハ唐草、上ハ白、此晴儀之御車也云々、又大八葉ノ長物見、此褻ノ時御車也、
親王　長物見小八葉常事也、」
（5ウ）一人　上ハ白シテ、袖ハ杜丹、中ハ八葉、嫡子ハ大八
葉、次々ハ小八葉也、此晴儀也、又大八葉ノ
切物見、此褻ノ儀也云々、
花山院并中御門左府　杜若(カキツハタ)
中院源氏通親之党也、　上ハ亀甲、中ハ大顔、
袖ハ杜若ノ中ノ鶴也、
(藤原)実宗卿閑院党也、　鞆画(トモヱ)
(藤原)泰通卿　大酢漿(ヲホカタハミ)　杜若トフミマセ
（6オ）タリ、物見ニ乱文ヲ指セリ、」
(藤原)実教卿　篠円(サヽノ)
(藤原)兼良卿　菱ノ中ニ杜若、
(藤原)公継卿　御簾ノ裳額徳大寺左府実能之時此文ハ出来云々、
信清(藤原)〔卿脱カ〕　亀甲
(藤原)公房卿閑院也、　磐篠(イハニサヽ)
(藤原)宗頼卿〔勧、下同ジ〕寛修寺氏也云々、　袖ハ菱子、中ハ八葉也、」
（6ウ）(源)兼中〔忠〕卿中院也、　大酢漿
(藤原)定輔卿　龍膽(リムタウ)
(藤原)親雅卿寛修寺也、　杏葉
(藤原)公時卿閑院也、　鷰
(藤原)実明卿同、　菊
(藤原)経家卿諸大夫、　沢瀉
(藤原)季経卿同、　文同、

（藤原）季能卿同、　文同、
（7オ）（藤原）隆房卿同、　鴛ノ円本ノマヽ、私云、鴛歟、四条殿説、家文鴛円云々、
（藤原）親能卿　蝶ノ飛散タル、
（高階経仲）高三位也、諸大夫シケキ滋小八葉
六波羅党　蝶円
（藤原）俊成卿　鶏冠円、二鞭（マヽ）、「打家也、」（異筆）
知光卿（マ、）也、俊成党　立涌雲
（藤原）経房卿寛修寺、此一家ニハ三雀ノ円、
日野氏　松ニ鶴
（7ウ）平家　竹ニ雀、或ハ穀（カチノ）〔梶カ〕葉、又ハ葵ニ
雀メナリ、
『・』車ニ乗下事通公私僧俗也、
凡車ニ乗ニハ、男子ハ乗右ニ、女人ハ乗左ニ、
乗時ハ車ノ簾人抬（モタク）之ヲ、下時ハ自揚（アケ）
之ヲ、自我以下ノ人ノ許ニ行テハ、門ニ向テ下乗ル、
自我以上ノ人ノ許ニ行テハ、門傍下乗云々、
下時履足駄之外ハ、皆置テ前板ニ
（8オ）着ク之ヲ、置時ニハ轅ノ外ヨリ指及テ令
置之ヲ、至テハ（衍カ）足駄者、榻ニモ前板ニモ
不置之ヲ、置直ニ着之ヲ、下畢テ以人ヲ
可令下車簾ヲ、出テム轅中之時ニハ
轅ノ末ヲ越テ出之ヲ、不可越軛ヲ、

履ノ役ハ従僧・中童子等随時ニ勤之、
『・』貴人御車役事
御簾ノ役　僧綱勤之、
（8ウ）御尻切役尋常有職勤之、
御榻役前駈勤之、
至御簾之役、令乗御車御時ノ事也、
令下給時ハ御手ツカラ、令揚御云々、
『・』榻事
院・親王・関白・大臣已上黄金物打之、
大納言・中納言・大将赤銅ノ散物ノ金物打之、
自余人々皆鉄金物打之、
（9オ）榻ヲハ左右ノ轅ノ下ヨリ随有便宜立之、
貴人ハ前駈之役、普通俗家ハ雑色、
役僧中ハ大童子役也、
『・』下簾事
大・中納（言脱カ）懸之「法印」（異筆）、僧都准之、二位宰相・
三位不懸之、法眼・律師・法橋准之、
『・』角巻事
（9ウ）三位巻之、律師・法橋准之、
凡角巻ハ片綱之時ノ儀也、仍宰相
大・中納言車副有一人之時ハ、下簾ヲ
懸テ巻之ヲ、法印・僧都又准之、二位

猶（ナヲ）片綱ニモテ（貼紙）『■』有角巻一可准之歟、
角巻スル時ハ、車副或牛童共ニ遣之云々、
『・』追前事
公達不嫌無官、皆追、キヤイサキトイフコレ也、
公卿不論公達・諸大夫一、皆追之、ヲヤイサキト云々、又切声ノサキヲモヲフト云々、
（10オ）諸大夫ノ為殿上人之時、大弁・蔵人頭之
後ハ、切声ノ前テ許追之、已上前ハ雑色追之、
此外、院・関白・大将、随身追之、随身ノ前ト云是也、
蔵人頭・五位蔵人・六位蔵人、御蔵小舎人追之、
大弁・中小弁弁侍追之ヲ一、
僧中ニハ法務・鎰取・綱掌追之ヲ一、
大威儀師、同追之、諸寺別当、小綱追之ヲ一、
『・』警蹕事出時ニ警也、入時蹕也、
（10ウ）院・親王・関白・大臣・大中納言・大将在之、
已上車副唱之、一丁ニ三所可追之ヲ一、
『・』車副事
院十二人、或ハ八人、　関白八人、或六人、
親王同、　大臣六人、或四人、
大納言四人、或二人、中納言二人、
宰相・散三位一人、僧正四人、
僧都・法印二人、　律師一人、
（11オ）法眼一人、　法橋一人、
」

『・』前駈事
僧俗共無定数、只以廿人為限ト一、近代
法印已上具前駈、員数可随時ニ一歟、
僧正十人、或十二人、　法務八人、
法印・大僧都六人、　法眼・小僧都四人、
律師・法橋一人、大旨可有此数歟、
『・』輿乗下事
（11ウ）四方輿ニハ自傍二下乗、左右任意、若自傍一
無便ニハ自前可下、四方輿ノ簾ヲハ、前ヘ
一面ヲ揚ヘシ、三面ハ人相遇之時下、有煩
故云々、
『・』続松事
続松ハ僧綱ハ二燃、凡僧ハ一燃也、二燃ヲハ
左右共ニ門内ニテ燃之、門外ハ有禁儀也二云々、
『・』参向人ノ許之儀初参ニハ用戌亥時ヲ、随日有時ノ善悪云々、
（12オ）先無左右履ヲ沓脱ニ々テ、登テ中門廊ニ一以テ
人ヲ二可申入参ノ由ヲ一、中童子等也、次ニ人出向テ入之ヲ一、
為僧綱之人、無左右可着客殿ニ一、凡僧ハ
徘徊シテ中門ノ廊ノ妻戸ノ内ニ一逢フ、近習
者房主被出客殿ニ一之後、随其気色ニ一
可参客殿一、向僧綱之許之時ハ、無左右
昇テ中門廊ニ一居ル妻戸内ニ一向法印以下
」

許ニ一時ハ、無左右可着客殿之座ニ一、簾ヨリ」
(12ウ)入ニハ、有便宜、簾妻ヲ一引開（アケテ）可入一、若左右ニ有テ
人無骨之時ハ、褰（カヽケテ）中ヲ一可入也、居時ニハ先可シ
着ス二左膝ヲ一、起時ニハ先可立右膝ヲ一、懐中ノ
畳紙等不落之料也、参入貴人御前之
時無左右不可着座、暫蹲居之後、待テ
仰ヲ二可居直也、其後、無左右不可出語ヲ一、同ク
可待貴命ヲ一、扇等深ク懐中シテ努々々不可
露顕云々、」
(13オ)於貴人之御前ニ一語申人事ヲ一之時、大臣・
僧正ヲハ直ニ不申実名ヲ一、余ノ人ヲハ縦ヒ雖為父并
師範、猶可申其名ヲ一、但父若公卿タラハ、某ノ卿ト
可申、四位ノ宰相ヲハ朝臣ト申ス、過去者ニ成ヌレハ、
故ノ字ヲ加ト云々、
師若綱位タラハ、某法印ト申ス、或随時某ノ
院ノ法印・某寺之法印ト可申也、退出之時ハ
聊動座ヲ一蹲居ス、于時遮令立給一、其後」
(13ウ)可退出也、若雨雪降時沓脱ヌレハ有リ煩一、
縁ノ上ニシテ可着ス履ヲモ、但此事随時可斟酌
歟、又自階上時履ヌクニ二ノ様アリ、一ハ
履ヲ直ニ脱テ上ル様、次ニハ自下第一重ノ級（コシニ）脱テ
上ル様、両説共ニ宜シ、随時ニ一可脱一也、又下時ハ
自下第一重ノ級ニ置履可着之云々、
『・』入客之儀
自□（ヒツカタノ）我向上人ヲハ以修学者一入之、若シ等同并」
(14オ)以下人ヲハ以侍ヲ一入之ヲ二云々、侍ナラハ縁上ニ蹲居スヘシ、
修学者ハ無左右不可居、聊腰ヲカヽメテ可引
道也、其後自我向上ヲハ先入客殿ニ一、後ニ可出
遇一、自我一以下ノ人ヲハ自先出居テ、後ニ是ヘト可呼一
也云々、初対面之外ハ雖為尋常之人可勧
盃飯ヲ一、就中凌遼遠之路ヲ一来ル人ニ不ニ勧
膳ヲ一者、頗無心ノ事也、至テハ盃膳之巡一、随官
位ニ一可居也、但近代無左右客人之前ニ勧ル」
(14ウ)歟、此条頗ル不甘心云々、
凡食事間事、俗家ニハ頗以習多シ、僧中ニハ
無別儀云々、其中ニ自飯左ナルアハせヲ、反キ箸ヲ一
食事不可有云々、又敬人ニハ以高坏ヲ一可勧ム、
侍品ニハ折敷常事也、敬人ニハ酒ヲ不可強（シフ）一
若欲強之時者、重可居嘉肴云々、事
了テ退出之時、自我向上之人、師匠若厳父ヲハ
擡（モタケテ）簾ヲ一可出之ヲ一、即従テ後ニ一至ル沓脱之」
(15オ)甃（イシタヽミ）ニ可送之、若降雨之時ハ可儲笠ヲ二云々、
但不可及着履歟、又随便宜ニ一也、又寺之
上臈乃至宿老之人ヲハ至リテ中門廊ニ一送之ヲ、一

立向テ会尺之時可歸入云々、等同人ニハ出時同
事ニ可入也云々、
『・』人前所出硯儀
先硯ニハ蓋不為之、筆二管、墨一廷、
〔小〕少刀許可入之、硯ニハ水不入之云々、水ハ別ニ
(15ウ)水入ニ可有之、若具紙之時ニハ、十枚許ヲ硯ノ
下ニ重テ可取出之ヲ㆒、但此儀ハ取紙ヲ㆒時事
也、不然之時ハ不可具之㆒」

瓦硯置折敷様

筆台硯

カメノツルハ外ヘ可向也、
小刀外ヘ可向也、
筆二管
墨一廷
筆一管
小刀一

『・』於人前物書様
(16オ)先硯ニ没（イレテ）水ヲ㆒以墨不摺之前ニ、筆ヲ取テ
硯ニサシヒタシテサキヲ聊見ル、次ニ紙ヲ巻テ
置前ニ㆒、或最前、次以墨三度水ヲ硯ノ
面ニ上テ和スル墨ヲ㆒、次取紙染筆当也、如此事
上﨟ニ聊気色ヲシテ可書也云々、
師主之許ヘ進消息ヲ㆒、以此旨可令披露給
候、某恐惶頓首謹言ト可〔書〕□也、謹々上ト」

カキ、進上ト書テ、祗候人之許ヘ書也、仮令進上
(16ウ)侍従阿闍梨御房ナト書也、同輩人許ヘハ謹上ト
書、恐々謹言ト書也、自我サカリサマノ人ノ
許ヘハ不書上所ヲ㆒、只惣在庁御房ト書也、其上ニ
（只）○謹言ト可書、或ハ執達如件ナント可書也、但
此ハ奉ノ時也、奉請文状（上）○等ノ字流（歟）ニ可書也、
注ニ不可書也、消息ヲ封スルニ畏所ヘハ別紙ヲ
切テ逆ニ可封、主君之御許ヘ進ニハ封所ニ自之
実名ヲチヰサク可書、其後礼紙巻之、」
(17オ)次主封テウルハシク名可書也、又密事ナト
不書ハ強ニ封ヲ不可書㆒、墨引テモアリ〔ナカ〕□ム、
『・』至極貴所進消息様
礼紙二枚ヲ重テ巻之ヲ㆒、其上ニ又一枚ヲ巻テ
普通ニ可封之、二枚礼紙ト者、一枚ヲ奉テ可
封之所ニ、某ノ二字ヲ少ク可書、其〔上〕□ニ、又一枚ヲ
奉テ不可封也、封タル消息ニハ上所ヲ不可書、但
奥ニ〔人〕□ノ名ヲ書ハ心ニ可シ任ス㆒、古ヘハ封〔文カ〕□ニ位所」
(17ウ)書タル〔事カ〕□粗有之、立文ハ可結之、又〔不〕□結モ
無理急事ナラハ上許ヲ可結、立紙ノ中
又文ヲ加タラムニハ、必可結也、封タル人ノ返事ニ
合点スルコト不可苦㆒、縦雖立文無
内外由存ハ有何事哉、謹々上ハ同」

等人スコシ思ナシタラムニ書也、
『・』於中門廊対面人儀
於中門(廊脱カ)対面之時ハ、於連子之間
(18オ)可偈(謁欤)云々、若寒中之比臨時テ□
半畳可敷之、
『・』於門対面人儀
於門外乍立可謁㆑、若穢者ナラハ
門外ニ立テ我於門中㆒隔車突
可謁云々、
『・』於庭中前逢師主儀
若□(於)庭前逢師□□(主之)時ハ、立留テ
(18ウ)無左右㆓可居、是□(深カ)礼也、不然者又立留テ
被遇之時、深ク腰ヲカヽム、是浅礼也、縦ヒ雖
僧正ト㆒非師主㆒者可致浅礼、縦ヒ
雖凡僧㆑於師㆓可存深礼也、又立
縁上ニ㆒之時、師主入テ門ニ㆒来ハ、砌下ニ可
(下)立居儀同前、自余ノ僧綱ニハ随体ニ
可下逢、得便宜ヲ㆓不如(サラム)立隠歟、若見
付タラハ必可下逢也、
(19オ)『・』於路頭奉逢貴人儀
院・親王・師主已上人ニハ、若駕車時
自車下テ轅外ニ可居、是深礼也、輿・馬
等同之、此外大臣・僧正等ニハ、車ヲ下テ
轅中可立、是浅礼也、輿等又准之、
又或高位宿老之人ニハ、クヒキヲ
懸ハツシテ示敬儀ヲ、或車ヲヲサヘテ
可過人ヲ㆒也云々、凡如此事等臨時
(19ウ)可斟酌也、
『・』過霊寺社頭并貴人御所前ヲ㆒儀
霊験所并有旨社頭ニハ駕車之
時ハ無左右可下也、乗輿之時ハ舁居テ
下簾ヲ㆑、法施等可有之也、乗馬ノ時
又無左右可下云々、里内裏ニ㆒乍四
面物乗□無過儀、院御所モ大略
如内裏㆓云々、親王・関白之御所□
(20オ)面許下之㆓云々、自乗物下テスクル、猶
以無方ノ事也、不如不過云々、但留守
之時ハ乍乗物スクル更無憚也、
□(『・』) 上中門事
本或(儀カ)ハ立四足之家ニ㆑、皆上中門有之、
但近来ハ棟門ニモ又有上中門歟、
『・』脇壁并裏壁事
大臣已上皆塗之、又為関白之
(20ウ)子□(息カ)近来ノ大将并現存之父為

大臣之人塗之、又僧中ニハ法親王・
僧正塗之、裏壁ハ脇壁塗ル所ニハ
大様塗之、脇壁ハ築地一本ニ塗
之、一本ト者二丈也、板葺ノ門ニモ皆塗
之云々、
『・』立砂事
慶賀之時乃至貴人之御□（儲カ）ニ　」
（21オ）立之、宗トハ門外又ハ庭前ニ兼日立
之、臨時ニ散之意ハ前日砂ヲ散ス、
翌日雨ナント降ル時、又可散之料云々、
仍内裏ニハ長日ニ立之、左右衛門府ノ
立砂ト云是也、
『・』院司
別当　公卿四位或五位、　判官代五位、或四位、六位殿□
蔵人四人非蔵人アリ、　主典代（シュテムタイ）　庁官　」
（21ウ）庁ノ□（召）次（ツキ）所院掌□ハアリ、　仕（ツ□（カエ）トコロ）所　別納所
御服所　進物所　所衆　武者所
御随身所　女院モ此定所衆已下ハナシ、

（複郭長方朱印、印文「仁和寺心蓮院」）

尊経閣文庫所蔵

『大内抄』解説

中込律子

一　『大内抄』の概要

『大内抄』（以下本書と称する場合がある）は、平安京の坊名および平安宮内の殿・舎・門等に簡単な注記を付した有職書である。本文に編者や成立年代の手掛かりとなる記述はない。後述するように、尊経閣文庫所蔵『大内抄』（以下、尊経閣本と称する）と国立歴史民俗博物館所蔵水木家資料本は室町期の写本とみられ、本書は室町期には成立していたが、ともに奥書がなく、成立や伝来を明らかにすることはできない。平安宮関連の知識の分類や体系化は辞書類の項目の形で、あるいは単独の書物としてなされ、平安後期以降、宮城の荒廃が進む時期に多く作成されたが、本書もそのような書物の一つとして平安宮・平安京に関する基礎的事項を一書にまとめたものである。『大内裏図考証』などに部分的に引用されているが、これまで本格的に紹介されていない書物である。

1　書名

本書は、諸写本とも外題・内題を『大内抄』とする。「大内（おほうち）」は、内裏を指す場合と宮城（大垣の内の内裏と官衙域。いわゆる大内裏）を指す場合があり、天皇の居所が里内裏に固定した後では、里内裏を指すこともあるが、里内裏に対して本来の宮城（平安宮）やその内裏を「大内」と称する用法も目立つ。このように「大内」は多義的な語であるが、本書は、平安宮の宮城内の主要要素の分類・解説を主旨とする書物として『大内抄』の書名が与えられている。

本書は、冒頭に京域である「東京・西京」の項を配して坊名を列挙しており、「大内」を越えた範囲も対象としている。平安期以降の同種の書物をみてみると、項目名や書名としては、「大内」に比して語義の明確な「宮城」の語を用いるのが一般的であるが、十世紀に成立した『口遊』の「宮城門」の項の末尾に左京・右京の坊名が記載されており、下って鎌倉後期～室町期に成立した『拾芥抄』では坊名は京程部に分類されるが、宮城部に四行八門や神泉苑など京域に属する記載を含んでいる。永正年間成立とされる『大内裏抄』（宮内庁書陵部本・『続群書類従』32上所収）にも京域の諸司厨町などの記載がある。[1]このように、中世の辞書等においては、平安京の条坊制に関わる事項や京内の後院や官衙的施設を、宮城の一環としてとらえて宮城（あるいは大内裏）の項目に記す例は少なくなかった。『大内抄』も、同様の観念により坊名を記載したものと考えられる。

2　構成・内容

本書の項目は次の通りである（〔　〕内は小項目。本文の表記に基づく）。

- 東京（一条から順に坊名を記す）

西京（東京と異なる名称をもつ三条以南の坊名を順に記す）

・大内裏

殿〔大極殿・豊楽院(殿)・武徳殿・紫宸殿・仁寿殿、以下内裏諸殿。
　このうち清涼殿のみ、夜御殿以下の細目あり〕

舎

堂〔八省（会昌門内・会昌門外）、豊楽院〕

楼〔八省、豊楽院〕

門〔十二門、中倍門、八省、豊楽院〕

宮城（院・所々・坊、尊経閣本は坊を欠く）

大内諸司八省事（尊経閣本は欠失）

本書の構成には他書と異なる特徴がある。左京・右京の坊名を冒頭に記載する点に特徴があることは前述した。本書の中心的部分である「大内裏」項の殿舎等については、内裏・八省院・豊楽院などそれぞれの区画ごとにその構成要素を記す分類方法は採らず、まず、殿・舎・堂・門と建物の類型により分類し、中項目とした上で、それぞれの小項目として内裏・八省院・豊楽院を記載する方法をとる。これは、前者の方法を採る『口遊』・『簾中抄』・『大内裏抄』とは異なり[2]、『掌中歴』と共通する分類形態である。しかし、記載順は『掌中歴』が「殿」を紫宸殿から始め他の内裏の殿、次いで大極殿と続けるのとは逆に、本書は大極殿を冒頭に置く。注記の表記が異なる点からみても本書は『掌中歴』を継承した書ではない。本書は何らかの類書を抄出したものである可能性もあるが、同じ構成の書物は管見の限りみられず、直接典拠とした書物の存否も未詳である。

今一つ構成上の特徴として、京（「東京」・「西京」）と並ぶ大項目として「大内裏」を置き、その下の中項目として「宮城」項を設けている点が挙げられる。「大内」・「大内裏」・「宮城」は、いずれも大垣の内を示す語であるが（ただし、「大内」は内裏も指す多義的な語である。前述）、本書では、それぞれ書名・大項目名・中項目名としており、この用語の混乱により本書の構成は特異なものとなっている。特に、「宮城」項は、八省院・豊楽院・中和院などの大内裏内の院、内舎人所などの所々、華芳坊などの坊によって構成されるが（尊経閣本は坊部分を欠く）、所々は内廷機関で独自の建物をもたないものも多く、院・坊とともに「宮城」の語で括るのは合理的分類とはいえない。

本書の内容については、殿舎等の名称の分類・列挙に重点が置かれ、解説はほとんど位置の説明のみである。異称や伝承などを記す場合もあるが、宮城を解説する他書と比較しても簡単な注記にとどまる。先行する他書の引用は全くなく、「或人云」の形での引用が二ヵ所あるのみである。その一つは、偉鑒門に関する「世俗号之不開門云々、或人云花山院自此門出給之後不開歟」とあるもので、『拾芥抄』宮城部に「或人云花山院御出家之時自此門令出給云々、其後不被開歟」とあるものと同内容であるが、直接の典拠とは断定できない。今一つは時札の「或人云此札往古之霊物也」とあるものであるが、管見の限りでは同様の記述のある書を見出せなかった。他には「……云々」の形で伝承等を記す場合もある。

本書は、全体的にみて内容が乏しいが、清涼殿については例外的に内部の構成を記し、多くの調度を挙げてその位置を記す等、詳細な記述がみられる。全体的構成からみると均衡を欠くが、本書を特徴づける部分である。

清涼殿の部分には伝承的な注記が他項より多くみられる。上御壺祢に「小松天皇御宇、始被開上御壺祢黒戸云々」の注記があるが、これは『大鏡』（巻一　光孝天皇）の「この御時に、ふぢつぼのうへの御つぼねのくろどはあきたると、きゝはべるは、まことにや」と共通する伝承である。ただし、『大内抄』の「上御壺祢」は「在二間北」、つまり弘徽殿上局を指しており、『大鏡』と異なる。また、石灰壇の箇所に「古この壇に庖丁之人を召すと云々」とあるものは、平安期に行われた石灰壇における庖丁（『侍中群要』第三　陪膳番。『古事談』一―二九、五―四三）を記したものであるが、「庖丁人」を召したという記述の典拠は不明である。そのほか、殿上倚子の霊瑞の伝承や、時の札を霊物とする伝承がみられる。

以上、本書の特徴として、殿舎や清涼殿の調度等の情報が位置関係にほぼ限られ、建物の規模や殿舎等の使用方法の記載がほとんどない点、先行諸書・諸説を引用する方針を採らず、不確かな形で伝承を記す点が挙げられる。特に、清涼殿のみ詳細である点は、前述した「宮城」項の所々記載とともに、編者の内廷的分野を重視する姿勢が看取でき、本書成立の背景を推測する手立てとなろう。これらの特徴から、本書は、知識の博捜や集成、体系化した情報の提示に重きを置く書物ではなく、むしろ備忘書的な性格の書物といえる。

二　尊経閣文庫本『大内抄』の概要

尊経閣本『大内抄』は、『尊経閣文庫国書分類目録』（侯爵前田家尊経閣、一九三九年）の「第七門　儀式典例」の「三　公武故実」「内裏・装束・調度」六九三頁に、

大内抄　　室町初期写　　一（冊数）　七　二二（請求番号）　書有

と記されている。奥書はなく、書写者は不明で、室町初期の書写と限定する確証は得られないものの、実見したところ、室町期の写本とすることに問題はない。

1　書誌

尊経閣本は、袋綴じの冊子本一冊で、包紙で包まれている。包紙は縦四二糎、横五七・二糎で各辺三つ折りしてある。表に「大内抄一冊」と大書し、その右上に「古本／新納一番」と記す（参考図版二一九頁）。「大内抄」と「新納一番」の間に異筆で「ヲ」と書かれ、その上に印文のない小さな正方形の朱印が捺されている。さらに包紙の折り目の右、包んだ状態では裏にあたる部分に、「有職／第二十二号」と書かれ、貴重書を示す「貴」の印文のある円形の朱印が捺された小紙片が貼られている。

冊子の法量は、縦二五・七糎、横二二・一糎、四ツ目綴の袋綴装で、遊紙一丁、墨付きは全十一丁、前後に共紙の原表紙が付けられている。現在の表紙は、霞模様の淡黄地の紙で、原表紙に直接貼り付けてある。原表紙の外題の有無を確認することは、破損のおそれがありできなかった。題簽は唐紙で「大内抄」と外題が記されている。墨付き第一丁首には「大内抄」と内題を記す。前述したように、奥書はなく、最終丁である第十一丁裏の本文末尾下に、印文のない正方形の小黒印（正方形の中に対角線を上下とした正方形を内接する）が捺されている。本文の見出しには大項目である第一丁表の「東京」、第一丁裏の「大内裏」にそれぞれ朱書「一」「二」があり、第一丁裏の「殿」は中項目であるが朱で「二」と書かれる。また「殿」以下の中項目見出しの頭には朱の圏点が付されている。さらに、坊名・堂名以下列挙されている全ての名称とその注記に朱合点が付されており、坊名と堂舎門の名称の多くに片仮名の振り仮名が付されている。また、殿名には字間に小圏点が付されているものがある。本文の書写は一人によってなされており、校訂注は六箇所あるが、そのうち本文と同筆と見られる注は、第五丁表の顕章堂に付された「或禄」、第五丁裏の永観堂に付された「承歓イ」、最末尾（第十一丁裏）の「一本御書所」に付された「可在御書所次」である。尊経閣本書写の時点で、すでに複数の写本が存在したことになる。

2　尊経閣本の伝来

前田綱紀は、『大内抄』を入手した経緯を、『桑華書志』「甲申之一冬 至丁亥」に次のように記している。

大内抄一冊 丁亥十月四日、自京都到来、大森三郎兵衛献之、
古本末闕、戊子二月八日修覆表紙・外題・緘

丁亥は宝永四年（一七〇七）で、この年の十月四日に京都の大森三郎兵衛により献じられ、翌年二月に表紙・外題等修覆が完了したことが知られる。前述した現在の装丁はこの時のものである。大森三郎兵衛は、京都新町今出川上ル町にあった呉服商で、代々この名を名乗り、江戸時代を通じて加賀藩の呉服所を勤めた御用商人である(3)。『桑華書志』には、先に引用した記事に続いて、送り状が引用されている。

大森書云（中略）又云、大内抄壹冊前々ゟ私所持仕候。若御用ニモ相立申物ニ御座候者、指上申度奉存候へ共、事之外損御座候故、指ヒカへ罷在候得共、是又今般各様迄指下、掛御目申候。自然御用ニモ相立可申者、御序之刻、御上可被下候哉云々。九月廿六日　宛所斎藤・葛巻　大森保好

献上したのは大森保好で、献上された『大内抄』は保好の私蔵の品であったことが記されている。保好が所持するに到った経緯は不明である。江戸時代、諸藩は京に呉服所を置き、衣服の調達だけでな

く、朝廷・公家の情報収集、公家との交際に必要な有職故実の伝達などを行わせた。[4] このような役割を負う呉服所大森三郎兵衛は、自身も有職故実の知識を必要とし、蒐書により自身の蔵書を形成し、同時に綱紀の京における蒐書活動の担い手の一人となったものと考えられる。[5]

3　尊経閣本と諸本

『大内抄』は、広く知られた書物ではなく、伝存する写本も少ない。管見に入った写本は次の通りである。

（1）尊経閣文庫本
（2）国立歴史民俗博物館所蔵水木家資料本（資料番号H―一二四二―三―九一）
（3）無窮会所蔵神習文庫本（図書番号四二〇三）
（4）宮内庁書陵部所蔵松岡文庫本（函号二〇九―五六八）
（5）早稲田大学図書館所蔵平田家本（請求番号イ〇四―〇二四七八）

このうち（1）と（2）が室町期の写本とみられ、（3）以下が江戸時代の写本である。次に歴博本以下の諸本について簡単に触れる。

（2）歴博本は、明治~昭和期の収集家水木要太郎によって収集されたものの一つで、現状では巻子本であるが、もと冊子であった形跡が残る。奥書はない。紙背に大永二年（一五二二）四月七日の連歌に関する記録などがあり、大永からさほど下らない時期に書写されたものと推定される。なお、東京大学史料編纂所の写真帳（請求番号六一七一、六五―六五―一）を参照した。

（3）無窮会本は、神習文庫の井上頼圀旧蔵本である。冊子本で、奥書に「以花山院亜相定誠卿本令繕写了、／寛文十一年／七月廿六日左大史小槻重房」とあり、壬生重房（一六二四~七六）が寛文十一年（一六七一）に書写した江戸初期の写本である。

（4）書陵部本は、『大内鈔』と題する冊子本で、奥書に「右大内鈔一巻、以一書賈所蔵本写之、以内膳司蔵本一校／寛政四年壬子仲冬初三　貞幹」とあり、藤井貞幹（一七三二~九七）が寛政四年（一七九二）に書写し、内膳司浜島家蔵本を以て校した写本である。

（5）早大本は、蔵人所出納平田家庶流で、近世初頭以降に少外記を世襲した平田家に伝来し、明治期に早稲田大学に寄贈された平田家資料の中にある、仮綴じの冊子本である。奥書はなく、外記平田家八代の職平（初名職顕、一七九〇~一八三四）の蔵書印「吉亭軒」が捺されている。書写年代・書写者は不明だが、近世の写本とみられる。[6] なお、早稲田大学図書館の古典籍総合データベースとしてネット上に公開されたカラー画像を参照した。

諸本を通観すると、振り仮名や注記の表記に細かな異同が多いが、そこから諸本の系統を明らかにすることは難しい。ここでは本書の構成にかかわる異同のみを記す。

尊経閣本については『桑華書志』に「古本末闕」と記され、後半に脱落があるとされる。尊経閣本の現状が、最終第十一丁裏に最終行まで記され、一行以上の余白がないことも、後欠の可能性を示す。

他の諸本には、「宮城」の項の末尾に、「華芳坊」「蘭林坊」「桂芳坊」の記載があり、[7] 次いで「大内諸司八省事」の項を置く。この項は、大内裏北東の茶園から南に雅楽寮まで、次いで茶園の西の主殿寮から南に侍従厨と順次大内裏内を列挙して行き、南西の右馬寮までを記し、最後に「以上起北東、至西南、十二門内」と締めくくる。原則として割書は付されていない。

「華芳坊」以下の記事については、「宮城」項の記載順が院・所々・坊となっており、不自然であること、「大内諸司八省事」が他項と書式が異なる点など、若干違和感があるが、尊経閣本末尾に欠失があるとすれば、同様の記事があったとみてよかろう。

尊経閣本は、本文にも他の写本と異なる部分が多くみられる。

①「殿」の項の末尾…「神嘉殿・柏梁殿・政初殿・小安殿」を欠く。他四本には記載されている。

②「堂」項の豊楽院の末尾…「延英堂・招俊堂」を欠く。他四本には記載がある。

③「堂」項の豊楽院の「永観堂」…「承歓イ」の校訂注があり、歴博本・無窮会本も同様である。本文に「承歓堂」と記す写本は、書陵部本のみである。

④「門」項の十二門…十二門末尾に「十二門外有上東上西等門具之」と記し、上東門・上西門を十二門中に併記しない。他の四本は十二門中に列記し、歴博本・書陵部本には、「十二門外有上東上西等門具之」の記載もある。

⑤「門」項の八省の箇所の末尾…「羅城門」を欠く。他の四本は「羅城門朱雀大路南面」（早大本は「面」欠）と記す。

⑥「門」項末尾…「和徳門後殿北通」・「中和門中院南門」を欠く。書陵部本・早大本は「以上豊楽」の次に記し（書陵部本は中和門のみ）、歴博本・無窮会本は、豊楽院の箇所に記す（無窮会本は和徳門のみ）。

⑦「宮城」項末尾の「一本御書所在侍従所南」…尊経閣本・歴博本・無窮会本・書陵部本にこの記載があるが（後三者は所々記載の末尾・坊記載の前）、尊経閣本のみ本文と同筆の「可在御書所次」の注記が付されている。尊経閣本を含む諸本の「宮城」項には、これとは別に「一本御書所在式乾門東掖公卿別当／内御書所在承香殿東片廂延喜始有別当衆等」が「御厨子所」の次に記載され（尊経閣本では「一本御」の文字が欠損しているが残画の位置からこの三文字が書かれていたことは間違いない）、一本御書所が重複している。早大本には侍従所南の一本御書所の記載がない。一本御書所は侍従所南が正しく、式乾門東掖にあったのは御書所である。『大内抄』成立時に誤った記載がなされ、後に所々の末尾に正しい一本御書所が加筆され、尊経閣本では、位置を移動すべきとする注記も付されたものと見られる。この注記が尊経閣本の親本に基づくものか、尊経閣本書写の際の記入かは不明である。

尊経閣本に記載がなく、歴博本を始めとする他本に記されている施設が多いが、これらの中には、羅城門を「八省」項に記す等、無理な記載がかなりある。尊経閣本と並ぶ古写本である歴博本といずれが原型に近いか判断することは困難であるが、少なくとも指摘できることは、尊経閣本は他の四本とは異なる系統に属していることである。近世の写本も尊経閣本や同系統の写本を参照していないとみられる。『大内抄』の全写本における尊経閣本の位置づけの検討は、今後の課題である。

［注］

（1）十二世紀成立の『掌中歴』（尊経閣善本影印集成第16冊、八木書店、一九九八年）では坊名は宮城歴ではなく、四行八門などとともに京兆歴に記載される。『簾中抄』（冷泉時雨亭叢書第48巻、朝日新聞社、二〇〇〇年）は、分類項目に「大内裏付八省」と「京中」が含まれているが、大内裏項に京域関係の記載はない。両書においては、京と宮城は明確に区分されている。

（2）『拾芥抄』の編目は複雑であるが、前者に属する。

（3）『京羽二重』巻五（新修京都叢書第2巻、臨川書店、一九六九年）。

（4）前田綱紀期の大森三郎兵衛の加賀藩呉服所としての活動については、『政隣記』享保五年四月十六日条に、綱紀が二条御所に参るために大森方で衣装を改めたとあることからもうかがえる（前田家編輯部編『加賀藩史料』第六編）。幕末に至っても、孝明天皇即位の際、加賀藩京都詰人への情報提供者の一つと位置づけられている（千葉拓真「加賀藩における京都情報と有職知の収集」『古文書研究』75、二〇一三年）。江戸時代の呉服所については、杉森哲也「呉服所と京都」（『年報都市史研究』7、一九九九年）。

（5）この送り状には、『大内抄』と同時に大森から献上された『節会文字クサリ』についても記されている。この書は、三条西実隆作で「船橋殿御一家尊雅ト申御出家」から写し置いたものとあり、大森保好の書籍入手ルートの一つとして、明経道を司る舟橋家（清原氏）周辺があったことが確かめられる。

（6）早大本の外題は『大内抄』とあるが、大内抄本文に続き、第九紙以下に『拾芥抄』の抄出や、院庁等や女官の職名の列挙、「地下職掌抹要」も綴じ込まれている。

（7）ただし、歴博本の坊記載は異筆である。また、早大本は、記載順序が異なる。

［附記］原本調査にあたっては、前田育徳会尊経閣文庫塚本洋司氏に便宜をはかって頂き、また多大のご教示を頂いた。解説執筆に際しては、菊池紳一氏・宮崎康充氏・本郷恵子氏からご教示を賜った。厚く感謝申し上げる。

尊経閣文庫所蔵『暇服事』解説

稲田奈津子

一　書誌について

『尊経閣文庫国書分類目録』では「第二門神祇　三神事」（二八五頁）に「暇服の事」として掲載され、「室町末期写　一　七　三六　書政」とある。(1)

本書は包紙にくるまれた一冊本で、薄茶に青・赤の模様の入った新補表紙が表裏に付けられ、糸綴部に「服忌事記者不知」と墨書した附箋（縦七・〇糎×横一・八糎）が紙縒りで結び付けられる。冒頭には遊紙一丁、末尾には遊紙二丁が挟みこまれるが、末尾の遊紙は新補表紙以前の古い装丁に伴うものらしい。

本文は全三十丁であるが、一丁表には表題「暇服事」があり、紙面が全体にもけていることから、原表紙であったことがわかる。三十丁裏にはもけが見られず、原裏表紙は欠けているらしい。本文三十丁および末尾遊紙二丁にはすべて裏打ちが施されており、裏打ちを含めた法量は縦二七・四糎×横一九・〇糎、裏打ち分を除いた本紙高は約二七・〇糎である。紙質は全紙とも均一に見えるが、二十三丁および三十丁には書状の紙背が利用されており、また二十一・二十五・二十八丁裏の下部、および二十七丁表の上部には、紙背の墨痕が透けて見える。五丁裏および六〜八丁表裏には、虫損のための補修紙が見られる。

三十丁の紙背には以下のように記されている。(2)

等持寺御八講、自」来廿日可被始行候、」参仕日之事承候了、」
初結両日可存知候、」恐々謹言、」六月五日　資綱

御八講への公卿の参仕を催す内容であるが、六月二十日始行の等持寺御八講とあることから、室町幕府第六代将軍の足利義教（嘉吉元年〔一四四一〕六月二十四日歿）のための法華八講に関する書状と考えられる。その実施期間は嘉吉二年から延徳二年（一四九〇）に絞られ、さらに柳原資綱の署名が見られることから、彼が法華八講を奉行し得る文安年間（一四四四—四九）頃のものと推測される。(3)

二十七丁表の紙背には「公有」、二十八丁裏の紙背には「継長」の文字が見え、いずれも書状の包紙に記された差出と思われるが、これらが徳大寺公有と高辻継長を指すとすれば、前述の文安年間との推測とも齟齬しない。したがって『暇服事』の書写時期は、文安年間以降、おおよそ十五世紀後半頃と推測しておきたい。

書誌に戻ると、丁数の注記が丁表の右下（二丁のみ丁裏左下）に、「一」から「廿九」まで記される（十・十四・十五・十七〜二十一・二十三・二十四・三十丁では糸綴部に入り込んで見えない）。二丁表右下に朱印「為継」（縦三・〇糎×横二・六糎）一顆があり、四丁裏から五丁表にかけては服親図を描くための方角桝目の角筆が見られる。八丁裏以降には随所に朱の合点や書き入れが施される。

包紙は縦四二・一糎×横五七・三糎で、「暇服事　一冊」と表題が記され、「政書第三十六号」と墨書し「貴」の朱印が捺された紙片が貼られている。裏面には縦一五・七糎×横一二・七糎の貼紙があり、

次のように記されている（参考図版二二二頁）。

暇服事一冊
右者、康親卿記・孝親卿記・山槐記・迎陽記、
幷此一冊、都合五冊、河端右衛門太夫、後藤演乗江
就相示。演乗、藤田平兵衛・永井織部被指越之。
元禄癸酉二月七日、入御覧之処、依無疑為実
記、被留置之。康親卿・孝親卿之記等者、各配
分被仰付。此一冊、尤紙墨之古躰、右之記ニ可
類物ニ候得共、未記者相知、不申仰付、暫類聚
記事之内ヘ被収置之。追而筆者相知候者、写
被　仰付類聚記事之内、本書ト御取替可
被成旨、被　仰出。

二　伝来について

前掲の包紙貼紙の記載より、次のような入手経緯が知られる。『暇服事』一冊は、『康親卿記』『孝親卿記』『山槐記』『迎陽記』の四冊とともに、河端右衛門太夫（河端景福）から後藤演乗に、さらに藤田平兵衛と永井織部（永井正良）へと情報が伝えられ、元禄癸酉（六年、一六九三）二月七日、当時五十一歳の前田綱紀が覧ずることになった。綱紀はこれらを自筆の記録であると確信し、手元に留め置くことにした。ただし『暇服事』は記主未詳のため、しばらくは類聚記事の内に分類しておき、後日筆者が判明すれば書写本を作成して原本と取り替え、類聚記事の内には書写本を入れておくことを命じている。

綱紀は収集史料を八棟の文庫に区分して保管し、それぞれ「秘閣群籍」「経庫群籍」「史庫群籍」「子庫群籍」「集庫群籍」「四庫副本」「俟清叢書」「滑耀叢書」と名付けている。特に重要な書籍類は、その第一たる「秘閣群籍」に区分されたので、おそらくは『暇服事』以外の四冊はここに収められたのではなかろうか。一方、第七の「俟清叢書」は、「図書の性質品位等の明確ならずして更に後来の考究を要するもの」とされ、「公又之を四種に別たる。其一は書名の判明せざるもの。其二は真偽確定せざるもの。其三は著者の不詳なるもの。其四は尊経閣の蔵本となすには価値稍々劣るもの」としている。『暇服事』はまさに其三（および一）に該当し、包紙貼紙の記載で「類聚記事之内」としているのは、「俟清叢書」に分類されたことを示しているのであろう。(4)

『暇服事』とともに、元禄六年に綱紀が入手した四冊について見ていこう。まず『康親卿記』と『孝親卿記』とは、現在も尊経閣文庫に所蔵されている。

『康親卿記』は正二位権大納言中山康親（一四八五―一五三八）の日記である。尊経閣文庫所蔵の自筆本一冊は全二十四丁で、縦二

四・五糎×横一九・六糎、外題に「貫首要愚記自永正四十二月至同八年九月康親卿御記」、内題に「貫首要愚記自永正四十二月至同八年九月」とあり、永正四年（一五〇七）十二月から八年九月までの、蔵人頭を務めた時期の記録であることが知られる。一丁裏（原表紙裏）の下部には『暇服事』と同じ朱印「為継」一顆が捺されている。包紙（縦四二・〇糎×横五七・〇糎）は「愚記中山康親記貫首要」「古筆中共貳」「弌冊」との表書きがあり、その裏面に「此記之跋、在孝親卿記所包之紙背」との書入れがある。

『孝親卿記』は康親の子である中山孝親（一五一三―一五七八）によるもので、尊経閣文庫所蔵の自筆本一冊は遊紙二丁と本文二十六丁からなり、縦二三・二糎×横二一・一糎、外題に「愚記除目三ケ夜天文七三五孝親卿記」、内題に「愚記除目三ケ夜天文七三五左中将（花押）」とあり、天文七年（一五三八）の参議左中将の時期の記録となっている。二丁表の右下部に、やはり朱印「為継」一顆が捺されている。包紙（縦四二・〇糎×横五七・五糎）は「愚記中山孝親記除目事」「古筆中共貳」「弌冊」との表書きがあり、「日八十六」と朱書した紙片（縦五・一糎×横三・二糎）が貼られている。包紙の裏面には、次のような墨書がある。

元禄癸酉之春、依河端景福介而得舊籍五冊。其一、所抄寫迎陽記。其一、藤忠親山槐記之摹本也。其一、喪服之記而未知記者。其二、忠親十二世之孫康親、其子孝親、所自筆也。康親記貫首要、孝親録除目事。同題曰愚記。實東観未曾有之書也。言之山槐續記、亦非杜撰矣。且考巻端之印文、所其従来蓋山科家藏也乎。遂贅卑語収文府云。

時、

元禄六年仲春初七日

敬義堂主人識

ここでも、元禄六年二月七日の日付で、河端景福から旧籍五冊を入手したことが述べられ、『迎陽記』の抄写本、『山槐記』の摸本、記者未詳の「喪服之記」、『康親卿記』と『孝親卿記』の自筆本、としている。『暇服事』はこの内の「喪服之記」に該当し、本書名は綱紀（敬義堂主人）の入手後に付けられたらしいことがわかる。

注目されるのは、「且考巻端之印文、所其従来蓋山科家藏也乎」としていることで、『暇服事』にも捺されている朱印「為継」について、「山科家蔵」を示すものと推測している。本稿では「為継」と判読したが、この印文は判読が困難で、あるいは山科言継などとの関係を想定した推測ではなかろうか。

次に『山槐記』であるが、これは現在、国会図書館に所蔵されている一冊が相当しよう（請求番号WA27-11）。『山槐記』は中山流の祖である藤原忠親（一一三一―一一九五）の日記で、仁平元年（一一五一）から文治元年（一一八五）までの記録が知られているが、国会図書館本にはそのうちの治承二年正月一日条の途中から廿六日条の途中までが残存している。

本書は表紙外題に「山槐記／治承二年／正月（一日至廿六日 前后闕）」とあり、縦二六・二糎×横二八・七糎、本文は四十八丁だが、その前後に遊紙が一丁ずつ付けられており、冒頭の遊紙裏の下部に、『暇服事』と同じ朱印「為継」一顆が捺されている。本文はすべて遊紙と同質の紙で裏打ちされている。また丁数の注記が丁表の右下に見られる点も『暇服事』と共通する。

現在は「山槐記　一本／室直清跋添」と表書きされた木箱（縦三一・五糎×横二三・二糎×高三・八糎）に納められるが、以前は包紙が用いられていたらしく、箱の中に併せて保管されている。包紙（縦四一・八糎×横五六・八糎）には「山槐記　一冊／英賀室直清跋」との表書きがあり、裏には以下の墨書がある。

　舊来
公家所蔵山槐記未完。嚮洛之士人河端景福
　以舊籍五冊附後藤光英、而達
公之左右。此巻乃其一種也。頃奉　命而閲
之、首尾欠闕雖不可識、然以其所載考之、
則治承二年正月之實録、而山槐記之残
編也。其書紙墨倶古、無可疑者。於是
公、請其主而得之、以補舊本之闕、且俟他日
全書之至焉。方今政治事多、燕閒日少。因
使直清記事之顛末云。
元禄癸酉仲春月　室直清謹識

「公家」所蔵の旧籍五冊が、河端景福・後藤光英（演乗）らの手を経て前田綱紀に献じられたこと、室直清（室鳩巣、一六五八―一七三四）がこれを自筆『山槐記』の残編であると判断したことを受け、綱紀は本書を旧主から譲り受けて旧本の闕を補ったことが、室直清によって記録されている。元禄六年二月との日付も『暇服事』や『孝親卿記』の包紙の記述と一致しており、朱印「為継」も共通することから、本書が『暇服事』とともに入手された『山槐記』と見て間違いない。

最後に『迎陽記』であるが、その所在については未詳である。『孝親卿記』包紙には「所抄寫迎陽記」とあり抄本であることがわかるが、尊経閣文庫所蔵品も含めて現在までに対応するものを見出せていない。

以上、これら五冊の旧蔵者については、『山槐記』の室直清跋文にある「公家」と、共通して捺されている朱印だけが手がかりとなる。これを「為継」と読むとすると、[5]今城定淳（一六三五―一六八九）の初名と一致する。彼は花山院流の庶流である中山冷泉為親の孫であり、為親は中山孝親の孫にあたるので、『山槐記』や『康親卿記』『孝親卿記』を所蔵していたとしても不自然ではない。[6]また定淳は元禄二年（一六八九）に歿していることから、その死後に所蔵品が処分された可能性も想定できよう。後述のように『暇服事』も、中山流（花山院流）の資料が用いられており、上記の想定にも矛盾しない内容となっている。

『暇服事』は、『国書総目録』によれば、尊経閣本の他に、東大史料本および早大本が存在する。東京大学史料編纂所本（請求番号三〇五七―一五）は、明治二十三年に尊経閣本を書写したものである。冒頭の内題の裏に包紙貼紙の記載が写されるが、この部分は行取りが尊経閣本と異なっている。

一方の早稲田大学図書館本（請求番号ワ〇三―〇六四〇三）は、帙入りの冊子本一冊（縦二七・三糎×横二〇・三糎）で、宮内事務官であった五味均平の旧蔵本である。その画像は早稲田大学図書館のウェブサイトで見る事ができる。[7] こちらは末尾に包紙貼紙の記載が写され、行取りも尊経閣本と一致する。本文においても文字の訂正や朱合点などまで詳細に写しており、全体に早大本の方が丁寧な影写と言える。早大本の三丁表には附箋「曾祖父母妻ハ三月服ナリ」が貼られるが、これは後述のように、『暇服事』本文に欠落している内容を補ったものである。

三　内容について

本書は、近親者等の死に伴って発生する服忌について、その規定や先例を集成したものである。大きく三つの部分からなり、(1)服忌の概略的な規定を抜き出した冒頭部分（二丁表～六丁表）に続けて、(2)服忌に関する先例として、『山槐記』からの抄出（九丁表～二十丁裏、八丁裏にも追記）と、(3)『妙槐記』からの抄出（二十一丁表～三十丁表）とが記されている。

まず(1)について見ていこう。その内容は次のようにまとめられる。

A　服喪期間の基準　（二丁表）
B　服親図〈父方・母方の親族名称〉　（二丁裏）
C　服喪期間の基準　（三丁表）
D　服仮期間の基準　（三丁裏）
E　『令義解』喪葬令2服錫紵条　（四丁表）
F　服親図〈父方の親族名称・親等・服喪期間〉　（四丁裏）
G　服親図〈父方の親族名称・親等・服喪期間・服仮期間〉　（五丁表～裏）
H　服親図〈母方・姻族の親族名称〉　（五丁裏～六丁表）

AとCは同内容を重複して記すが、Aで欠けている末尾をCで補うことができる。服喪期間を定める養老喪葬令17服紀条には「凡服紀者、為君・父母及夫・本主一年。祖父母・養父母、五月。曾祖父母・外祖父母・伯叔姑・妻・兄弟姉妹・夫之父母・嫡子、三月。高祖父母・舅姨・嫡母・継母・継父同居・異父兄弟姉妹・衆子・嫡孫、一月。衆孫・従父兄弟姉妹・兄弟子、七日」とあり、[8] ここでの基準は服紀条規定に則ったものと言えるが、遺漏・省略された項目（本主・曾祖父母・妻・兄弟子）、および附加された項目（受業師・姪）や註記（心喪や出家についてなど）があり、実用のために作成された何らかの一覧を転写したものであろう。おそらくA～Hのいずれも、同種の資料からの抜粋であったと思われる。

Dは服喪期間に応じた服仮（忌引）期間をまとめたものであり、Eは天皇の喪服規定とされる喪葬令2服錫紵条を『令義解』から引用したものである。喪葬令には一般の喪服に関する規定が存在しないことから、やむなく天皇の喪服規定を参考として掲載したものであろう。

B・F・G・Hはいずれも、服喪の対象となる五等以内の親族について図示した服親図であるが、それぞれの機能は少しずつ異なる。Bは、AやCの記載内容を理解するために必要な、父方・母方の親族名称を示したものである。F・Gは、それに親等・服喪期間・服仮期間などの情報を書き加えたものであり、服忌を一目で理解できる図となっている。Hは、B・F・Gに漏れた母方・姻族等の親族名称について、誤解を生じやすい部分（舅・姑など）の解説とともに示したものであり、線や升目は施されていないが、行ごとに文字の高さを工夫することで、「身」（自分）または「夫」（妻から見た姻族関係の起点）を中心とした図表になっている。

(2)(3)については別表にその内容をまとめ、また翻刻を作成した。[9] 本文図版では糸綴部に入り込んでいて見えない文字があるが、原本閲覧調査により補っている。(2)(3)とも本書によって知られる逸文が多数含まれている。一部については『古事類苑』礼式部二に翻刻があり、また『山槐記』は増補史料大成本や達幸故実抄（群書類従巻四五二）、樋口健太郎氏による逸文翻刻[10]に掲載される記事と重なる部分がある。これらは表の備考欄に註記した。

まず(2)の『山槐記』は、仁平元年（一一五一）から建久五年（一一九四）までの記事中から、服暇に関する記事が抄出されている。九丁表から年代順に書き始めるが、書き漏らした記事を冒頭（八丁裏）に追記しており、また末尾（二十丁裏）にも一行空けて追記され、それらの部分だけは年代の配列順が崩れている。

内容は、記主である忠親が、母や外叔父などの死に際しておこなった服暇に関する記事、また兄兼雅や妻などの近親者や、さらには左大臣頼長や摂政兼実などの服暇についても記されており、忠親が耳にして記録した服暇に関する記事を広く拾っているようである。服喪中に政務や祭祀・仏事に従事することの可否、あるいは疎遠な親族への服喪の有無や無服の殤、連続して服喪する方法について勘申した結果など、服暇に関して特に問題となる部分については意識的に拾っているようだ。

(3)は冒頭に「花内」と記されており、『花内記』、別名『妙槐記』であることがわかる。記主は花山院内大臣師継（一二二二―一二八一）、『山槐記』記主忠親の兄兼雅の曾孫にあたる。本書には仁治三年（一二四二）から文永十一年（一二七四）までの記事の内から抄出されており、基本的には年代順に並べられるが、末尾に一項目を追記している。やはり自身や近親者、公卿らの服暇についての記事が抜き出されているが、不要な部分については「、、、」などとして引用を省略している。

師継はこの間、右中将から蔵人頭・参議・権中納言・権大納言・内大臣へと着実に昇進し、皇后宮大夫や春宮大夫なども務めている。久仁親王（後の後深草天皇）立坊や皇子世仁（後の後宇多天皇）誕生などに従事するため、除服出仕の宣下を受けることが常態化していることがわかり、文永四年十二月十五日条などでは、「近年の法は、聞こし食すの日を以て除服す」とあり、門前で服を「着て除く」だけで七日の軽服を終えている。文永八年五月二十八日条では、庶子明空のために暇十日・服一月をおこなうべきところ、東宮の病により早々に除服出仕の宣下を受けており、それも本来は暇の日数を終えた後に受けるべき宣下を、それさえ待たずに受けたとしている。子のための服喪より出仕を重視する、この時期の風潮が明瞭に表れていると言えよう。

［注］

（1）『尊経閣文庫国書分類目録』（侯爵前田家尊経閣、一九三九年）。
（2）以下、紙背文書に関しては、遠藤珠紀氏の教示による。
（3）大田壮一郎「室町幕府の追善仏事に関する一考察―武家八講の史的展開―」（『室町幕府の政治と宗教』塙書房、二〇一四年）。
（4）近藤磐雄編『加賀松雲公』中巻（羽野知顕、一九〇九年）、一七一頁。
（5）東京大学史料編纂所史料保存技術室の和田幸大氏の教示による。
（6）田中穣氏旧蔵典籍古文書（国立歴史民俗博物館所蔵）に含まれる『山槐記　元日節会部類』には、奥書に「寛文四年二月上旬、遂書写一校畢、／羽林中郎将藤原定淳」とある。定淳が中山家の日記を書写・収集していたことを窺わせる事例と言えよう。遠藤珠紀氏の教示による。
（7）http://www.wul.waseda.ac.jp/kotenseki/html/wa03/wa03_06403/index.html
（8）日本思想大系『律令』（岩波書店、一九九四年）。
（9）翻刻に際しては、遠藤珠紀氏に多大な教示をいただいた。また桃崎有一郎編著『山槐記・三長記人名索引』『平戸記・妙槐記・吉続記人名索引』（日本史史料研究会研究叢書14・15、日本史史料研究会企画部、二〇一四年）を参考にした。
（10）樋口健太郎「国立歴史民俗博物館所蔵・田中穣氏旧蔵本『山槐記』応保二年三月」（『神戸大学史学年報』二二、二〇〇七年）。

［附記］

本稿執筆に際し、田島公氏、遠藤珠紀氏、和田幸大氏、尾上陽介氏、公益財団法人前田育徳会尊経閣文庫、国立国会図書館古典籍資料室、早稲田大学図書館の皆様には大変お世話になりました。記して厚く御礼申し上げます。本研究はJSPS科研費二四七二〇二八三の助成を受けたものです。

『山槐記』内容一覧

西暦	年	月日	内容	備考
一一六二	応保二年	三月一六日	八幡行幸、出納が軽服日数内で従事	樋口論文にあり
一一五一	仁平元年	九月二三日	左大臣藤原頼長が祖母改葬により暇を申す	
一一六二	応保二年	正月七日	御斎会の講師、服仮により改定	
一一五二	仁平二年	八月四日	左大臣藤原頼長が河原で祖母の喪のための帯を脱ぐ	
一一五六	保元元年	一二月六日	門外で播磨入道女子の服を除く	
一一五七	保元二年	一〇月七日	母入滅	
		一一月二八日	―始出仕、兄忠雅も	達幸故実抄にあり
		(一一月)三〇日	―衣冠を着け参内	
		一二月一三日	―衣冠を着け参内	
一一五八	保元三年	五月一一日	―法勝寺千僧御読経、重服により憚りあり	古事類苑(礼式部二)、八七二頁
		(五月)一三日	―尊星王法、服者憚りあり	古事類苑(礼式部二)、八七二頁
		八月一五日	―除服	史料大成本あり
		九月一六日	右大将藤原公能、父実能の除服以前に母逝去	史料大成本あり
一一五九	保元四年	閏五月七日	外叔父藤原保説の服を除く、一三日より出仕	
		(四月)二八日	―保説の死を知らず仏経調進・祈禱、行啓の車を進めず	
		(四月)二九日	―五十日御逆修、仮服により不参	
		(閏五月)一三日	―除服後、始めて出仕	
		六月一三日	左兵衛督藤原惟方・新宰相藤原俊憲、除服後始めて出仕	
		(六月)一九日	左中将藤原成憲・藤原脩憲、仮服の後始めて出仕	
一一六〇	永暦元年	一一月六日	右中弁藤原朝方、重服を除き初出仕	史料大成本あり
一一六一	応保元年	二月一一日	外叔父覚芸の服を除く	古事類苑(礼式部二)、八二三頁
		(二月)一四日	―除服の宣旨	古事類苑(礼式部二)、八二三頁
		(二月)二四日	―除服し始めて出仕し、吉書を申す	
		(二月)二八日	―春日行幸に供奉せず	
一一六二	応保二年	四月二四日	外叔父藤原家長の逝去	
		(四月)二六日	―服暇により騎射不出仕	
		(四月)二八日	―服暇により一代一度仁王会に不参	
		五月二日	―門外で解除	
		(五月)四日	―始めて出仕、吉書	

		七月一一日	右中将藤原家通が重服を除き始めて出仕、供膳の憚りあり	
		（七月）二二日	穀倉院別当中原師業逝去、師元は服暇により出仕不可	
		一一月一七日	修理大夫平頼盛が継母危篤により臨時祭使を辞す	
		一二月二日	藤原家通が臨時奉幣に御剱役、猶子の養伯父のための服の事	古事類苑（礼式部二）、八一一頁
一一六四	長寛二年	一二月三日	（記述なし、追記漏れ）	
一一六五	長寛三年	正月一一日	外叔父藤原保成逝去により円勝寺御幸に不参	
		（正月）一二日	―仮服の由を触れる	
一一六七	仁安二年	四月五日	禊祭に着服して奉行の障りあり	史料大成本あり
一一七七	治承元年	三月四日	（記述なし）	
		七月一〇日	左衛門督平時忠、建春門院の服を除く	
		（七月）一一日	―心喪装束でなく無文装束で参院、参内は有文	
一一七八	治承二年	七月一五日	右大将平宗盛室逝去、兄時忠の御産奉行について先例を勘す	古事類苑（礼式部二）、八七七頁
	＊仮内従公事例			
	仁和四年（八八八）	一〇月一九日	右大臣源光の喪仮中に大嘗会御禊に供奉の宣旨	
	長徳元年（九九五）	六月一六日	権中納言藤原公季、仮内に月次神今食に従事	
	永久三年（一一一五）	一二月五日	参議左大弁藤原長忠、服仮内に院宣により政始に参入	
	保元二年（一一五七）	一〇月八日	右大夫小槻宿祢永業、服仮内に新内裏の造営行事となす	
一一八〇	治承四年	五月四日	兄小野宮大夫入道入滅、中納言藤原兼雅が大嘗会検校を罷る	史料大成本あり
		（五月）七日	―大嘗会中納言検校、兼雅軽服により藤原実家が奉仕	史料大成本あり
		（五月）一四日	―除服	史料大成本あり
		（五月）二〇日	―軽服の後、始めて出仕、吉書	史料大成本あり
		一一月二日	外戚姨母の入滅	史料大成本あり
		（一一月）一〇日	―五節舞姫装束を送る憚り	史料大成本あり
一一八二	寿永元年	正月一四日	皇嘉門院の御堂に崩御後初めて参上	
		五月二七日	姉妹の服だが改元定に参陣	古事類苑（礼式部二）、八七八頁
一一八三	寿永二年	九月一五日	放生会、軽服後の着陣、吉書	
		一一月一八日	参院、服により不参者多数	
一一八四	元暦元年	一〇月九日	軽服の後、初めて着陣、吉書	
一一八五	文治元年	一二月七日	姉妹子の服の有無について	古事類苑（礼式部二）、七七四頁
		（一二月）一五日	法印忠雲入滅、無服之殤について勘申	古事類苑（礼式部二）、六三六頁
		（一二月）一六日	―軽服により不参	延喜七年勘文、源語秘訣にあり

	（一二月）二三日	―除服	
一一八八　文治四年	三月三日	摂政藤原兼実、男内大臣良通のための服のこと	
一一八九　文治五年	二月二八日	入道左大臣藤原経宗薨去、女婿の服喪のこと	
	三月二五日	女房が父平時忠の着服、服中に新服を着すことを勘申	古事類苑（礼式部二）、六五八頁
	（三月）三〇日	―重服の人も晦日祓に憚り無し	
	閏四月八日	権大納言藤原隆忠、祖母のため着服の間、小除目に従事	
一一七八　治承二年	一〇月二五日	軽服中の権大僧都雅実が不空羂索法を修す	史料大成本あり
一一九四　建久五年	正月一日	右大臣藤原兼雅、重喪により不出仕	
一一七六　安元二年	一二月一四日	花山院中納言藤原兼雅、室家の喪があけ出仕	古事類苑（礼式部二）、七五八頁

『妙槐記（花内記）』内容一覧

西暦	年月日	内容	備考
一二四二　仁治三年	五月一九日	勧修寺法印の軽服を除く	
	六月三日	軽服により三位殿の入内に奉仕せず	
	（六月）四日	―入内第二夜、軽服により参内せず	
	（六月）一〇日	―露顕、軽服により不参	
	（六月）一一日	―神今食、穢により延引	
	（六月）一二日	―神今食延引のため直衣を着し参内	
	（六月）一四日	―祇園御霊会馬長、軽服を憚るか勘申	
	（六月）一八日	―陣定、神今食・月次祭の日時定、禁中御神事により退出	
	（六月）二九日	―軽服だが除服後により六月祓を修す	
一二四三　寛元元年	閏七月一七日	叔父藤原家経の女が死去、三等親の服だが勅定により除服	
	（閏七月）二〇日	―立坊条々を申す、殿上には上がらず	
	（閏七月）二三日	―関白藤原良実に軽服日数過ぎたことを申す	
	（閏七月）二九日	―殿上所宛を勅定により奉行、神事に非ざるによる	
一二四四　寛元二年	（八月）六日	頭弁平時高、放生会の奉行を軽服により辞す	
	（八月）一四日	―時高に代わり藤原顕雅が奉行	
	八月二九日	入道相国西園寺公経薨逝、関白二条良実は明日除服の宣下	
	一〇月二三日	―公経男の西園寺実氏・洞院実雄、重服後初参内	
一二六〇　文応元年	九月一六日	左府西園寺公相、軽服により御禊行幸節下のことを議す	
一二六二　弘長二年	正月二二日	後嵯峨・後深草両上皇と大宮院の石清水御幸	

一二六六	文永三年	(正月)二六日	―石清水より帰還、軽服出来で帰宅	
		(正月)二九日	―除服出仕の命	
		七月二五日	関東使者下向により軽服だが出仕	
		(七月)二六日	―除服出仕の命を受け堀河面で除服	古事類苑(礼式部二)、八二四頁
		(七月)二八日	―御前に参る	
一二六七	文永四年	一二月一五日	軽服だが除服を申し入れ、男頼兼とともに即日除服	
		(一二月)二二日	権右中弁中御門経任、軽服により御五十日奉行を憚ること	
一二六九	文永六年	一〇月一一日	軽服人、御着袴日に参仕の例、権大納言堀川基具に返答	古事類苑(礼式部二)、八七八頁
		(一〇月)二四日	(記述なし)	
一二七一	文永八年	五月二八日	庶子明空の服、暇日数内だが除服出仕の宣旨を受ける	古事類苑(礼式部二)、九一六頁
		七月一七日	―軽服後の着陣、祈年穀奉幣を奉行	
一二七三	文永一〇年	三月三日	甥花山院通雅、師継男聖恵の七日服を知らず春日参詣	
		(三月)四日	―軽服間、上巳祓のことを勘申し、例により修する	
		(三月)六日	―軽服間、神宮仗議・季御読経定の奉行や仁王会参仕を勘申	古事類苑(礼式部二)、八五三・八七三頁
	*軽服人参伊勢仗議例			古事類苑(礼式部二)、八五三頁
	康和五年(一一〇三)四月六日		中納言源俊実、除服宣旨を受けて参入	
	保延二年(一一三六)七月五日		権大納言源師頼、服日数内だが先例により参入	
	承安四年(一一七四)四月三〇日		左大臣藤原経宗以下、服日数内だが参入	
		(三月)七日	―祈年穀奉幣	
		(三月)八日	―季御読経定に軽服人参陣の例	古事類苑(礼式部二)、八七三頁
		(三月)九日	―除服出仕の宣旨、罪名仗議奉行のこと、除服	古事類苑(礼式部二)、八五三頁
		(三月)一一日	―軽服間、鬼間議定に不参を答える	
		(三月)一二日	―軽服仮満了、直衣を着て参内	
一二七四	文永一一年	六月一三日	評定、軽服の摂政九条忠家が参仕	
		七月二日	前右府花山院通雅の嫡子家長死去	
		(七月)三日	―父通雅籠居、祖父定雅が大略管領する	
		(七月)二四日	―通雅、二十日間の籠居あけて参院	古事類苑(礼式部二)、七六一頁
一二四四	寛元二年	一〇月二二日	小舎人、異姓の養子となった兄のために本軽服	古事類苑(礼式部二)、七六四頁

尊経閣文庫所蔵『暇服事』翻刻

一、第八丁裏以降について翻刻し、冒頭部分（二丁表～六丁表）の翻刻は省略した。
一、漢字の字体は、原則として常用の字体を用いた。
一、文中に適宜、読点（、）および並列点（・）を加えた。
一、注記は、原本の文字に置き換えるべきものは〔 〕、参考または説明のためのものは（ ）で括った。
一、丁替りの箇所には行末に」を付し、次の表裏の行頭に丁付け及び表裏を（1オ）（2ウ）の如く示した。

（8ウ）応保二年三月十六日、八幡行幸、供御笏、蔵人敦経（藤原）伝之、出納
仲（三善）政持候之、件出納軽服日数内云々（合点ハ朱書、以下同ジ）、然而他出納不候、加之基（源）
綱卿為五位蔵人之時、賀茂行幸雖服日数内、勤御禊役供、況於
出納何事之有哉、
仁平元年九月廿三日、今日左府（藤原頼長）依祖母改葬、被申十日暇也、
応保二年正月七日、蔵人宮内権大輔重方（藤原）云、御斎会講師、法橋
覚長也、而服假事出来、仍有改定、中大殿（藤原忠通）之処、以参入僧綱可
被召歟、仍又相尋例於綱所保之処、勘申旨同被仰云々、」
（9オ）○服暇〔間〕事并着
仁平二年八月四日、左府被脱祖母帯云々、令出河原有此事云々、
保元二〔元〕年十二月十三〔六〕日、今夜於門外除服、去比播磨入道女子逝去也、
重服
保元二年十月七日、母堂（藤原家保女）入滅給、予相扶所身参向、御閉眼之後、
帰三条、
十一月廿八日、今日始出仕、申刻着束帯、事具衣服部、先参殿下（藤原忠道）、
次参向金吾（藤原忠雅）御許、花山院、是奉相具〔伴〕可参内之故也、然早以令参内
給云々、仍追参上、金吾殿令着陣給、有申文事、令着殿上給、
卅日、着衣冠、事具衣服部、参内、
十二月十三日、申刻着衣冠、参博陸（藤原忠通）御許、次参内、日来依〔御（朱書）〕神
事不参内、
保元三年五月十一日、於法勝寺被行千僧御読経、仁王経可献之
由、先日小舎人伝来、答云、是為息災御願、重服之者、尤可有
憚者、左」

（9ウ）金吾後日申此由之処、同申此趣旨被仰也、

十三日、小舎人俤修理亮蔵人（源盛信）命尊星王法之間、不可参内之由示之、服者依有憚也、

重服除服
八月十五日、戌時出二条河原除服、予着鈍色狩衣奴袴等、依心喪也、今来月可如此也、事具重喪部、

九月十六日、阿波前司頼佐（藤原）来談云、右大将（藤原公能）母堂逝去、々月十三日也、仍不被脱故左府（藤原実能）○服以前也、仍不改重服、此事希有事歟、至于公保（藤原）卿者不然、件卿除服目之後、着白狩衣浅黄奴袴云々、

保元四年閏五月七日、今夜於門外解除、保説（藤原）朝臣外叔父、去月廿六日死亡、服也、来十三日可出仕也、納言殿（藤原忠雅）自去五日令出仕給云々、是依別仰歟、非勅定之外、暇内不出仕者也、仍予于今籠居也、

去月廿八日記云、去廿六日夕、肥前々司保説朝臣死亡云々、予外叔父也、」

（10オ）不知其由、昨日参院、楊柳観音心経・却温神咒経供養、又仏経調進、為御息災御祈、太不敵事也、隆季（藤原）卿同参入、件人同不知歟、今日始所伝聞也、件人、故入道宰相家保（藤原）五男也、今夜中宮（藤原忻子）可有行啓高松殿院御所云々、予随可進半物車、依此事不進也、此由触侍所司了、然依大夫（藤原季成）命使来云、非神事猶可進者、仮内可有憚之由答申了、此事如何々々、納言依此憚不令進出車給云々、御方違行啓云々、

廿九日、今日院被始行五十日御逆修、於高松殿有此事、予依仮服不参、

十三日、除服之後今日始出仕、申日不用吉事、然而如此程事何事之有哉、未刻着布衣参院、今日御逆修也、事了予退出、着束帯参内、

六月十三日、院御仏供養、御逆修也、右（左）兵衛督惟方（藤原）妹喪、新宰相俊憲（藤原）舎弟喪、除服之後始今日出仕、仍各着束帯、」

（10ウ）十九日、院御逆修、左中将成憲（藤原）、脩憲（藤原）仮服之後始出仕、仍束帯、

永暦元年十一月六日、未刻参内、右中弁朝方（藤原）朝臣云、昨日初出仕者、去月除重服着吉服也、

応保元年二月十一日、今夜於門外除服、外叔父内供（覚芸）服也、

十四日、自外記以使部送除服宣旨、外叔父内供服也、

書様

皇大（太）后宮亮藤原定隆朝臣
左近衛権中将藤原忠親朝臣
右兵衛権佐藤原朝臣頼実
左兵衛佐藤原朝臣実清

正三位行権中納言藤原朝臣実長宣奉
勅、件人、宜除服令従事者、

永暦二年二月十三日少外記清原定雄奉」

（11オ）一見被返給了、頭弁（源雅頼）宣下云々、

廿四日、未刻参関白殿（藤原基実）于時蔵人頭、申吉書、依服仮近日籠居、今日始出仕、仍所申也、

廿八日、春日行幸也、予不供奉、其故外叔父内供、去月入滅、件服日数及今日、須供奉路頭許歟、此事申合大納言殿（藤原忠雅）、報命曰、

於社頭不従役、還可無便歟、路許供奉可無骨(歟)云々、
応保二年四月廿四日、未刻参内、奏事、晩頭退出了、或人云、
昨日刑部卿家長(藤原)朝臣逝去云々、相尋之処、昨日出家、夜半許逝
去云々、不知此旨今日出仕不可説、彼朝臣、予外叔父也、但年
来疎遠之間也、今日大納言殿賜近衛使襱等禄云々、
廿六日、当府官人来催騎射事、依服暇不出仕之由答了、
廿八日、今日被行一代一度仁王会云々、予依有服仮事不参、」
(11ウ)五月二日、今夜出門外解除、去月廿三日刑部卿家長朝臣死去之
故也、
四日、除服之後、今日始出仕、申刻参関白殿読吉書、次参内奏
聞、
七月十一日、今日被発遣祈年穀奉幣、右中将家通(藤原)朝臣候御剱、
今日、右中将家通朝臣、除重服之後始出仕、欲供膳、予示曰、
廃務日如何、可憚歟、答曰、不知其旨所参也、仍若狭守経盛(平)朝
臣供了、
廿二日、穀倉院別当師業(中原)逝去、大外記師元(中原)使直講師尚(中原)示送曰、
依服暇不可出仕、可存其旨、
十一月十七日、午刻参内、付蔵人家業(平)(実)奏事、一、修理大夫頼盛(平)
朝臣、母病危急、仍辞申臨時祭使事、仰次第可相催者、次人能
登守教盛(平)朝臣也、件人又軽服、仍以蔵人示其旨申云、頼盛朝臣
母者継母也、父死去後若無服歟之由、内々相尋可申左右者、
十二月二日、臨時奉幣、右中将家通朝臣、為御剱役参上、件人
為故
(12オ)按察重通(藤原)為猶子、仍入道大納言成通(藤原)薨之時、除服云々、為三ケ月」
中称可有憚退出了、此事如何、養伯父有服哉否、不可然事歟、
但及除服至于今日者尤可退出、本自不可有軽服事歟、
此記不見、追可勘入、
長寛二年十二月三日、
長寛三年正月十一日、可有御幸于円勝寺、仍欲参院之間、或者
告送曰、前美乃守保成(藤原)朝臣逝去者、仍不参、予外叔父也、去十
七日夜云々、而于今不聞及、仍又去八日参八省、不可説事也、
依服暇御斎会加供不進、
十二日、遣召使、触仮服之由、近日公事等可参之由、有令申
事等之故也、
仁安二年四月五日、頭弁信範(平)曰、禊祭事去今両年同奉行、而去年
着故殿(藤原基実)御服中間有障、猶可有其憚之由、自本院令申給云々、仍
蔵人右(藤原長方)」
(12ウ)衛門権佐可申定件事云々、
此記不見、
治承元年三月四日、
七月十日、秉燭、左衛門督時忠(平)向河原、被除故建春門院(平滋子)御服云々、
去年中陰了、改被下除目(服)宣旨、参内之時着諒闇装束、於本院猶
着黒装束、実者不被除服也、右大将宗盛(平)、左少将時実(平)朝臣、権右
中弁親宗(平)朝臣、已上四人同一年着此服、
十一日、今日左衛門督時忠被参院、着長絹狩衣無文浅黄奴袴

云々、昨日被除故院御服、其後不被着心喪装束、只被着無文装
束、被参院之時如此云々、参内之時可被着有文云々、
治承二年七月十五日、今朝前右大将宗盛室逝去、中宮大夫時忠、
右大将室家兄也、服仮之間奉行御産間事、可有其憚否勘先例、
(13オ)後日被申院、依有准拠例、不可被憚之云々、」
仮内従公事例、
仁和四年十月十九日、右大臣源〇光歟薨、同廿五日式部卿親王
本康、右大臣弟、以下、諸卿五位以上、依件喪請仮者、可供奉来廿八
日大嘗会御禊之由、被下　宣旨、
長徳元年六月十六日、月次神今食也、権中納言藤原公季卿、
依宣旨、雖服仮内行件祭事、
永久三年十二月五日、遷宮後政始也、参議左大弁(藤原)長忠朝臣、
雖服仮内(藤原)尹入道基長、依院宣参入、
保元二年十月八日、自高松皇居遷幸新内裏、右大夫小槻宿祢
永業、雖兄師経(小槻)服仮内、可為造宮行事之由、被　宣下、
治承四年五月四日、予兄有謂小野宮大夫入道者、(藤原忠光)入滅之由、安
房守(藤原)定」
(13ウ)長於新院(高倉)聞之告送、非人也、其日可尋、可有仮服、仍花山院中
納言(藤原)兼雅罷中大嘗会検校云々、後聞、去月廿四日於山崎辺別所
逝去云々、
七日、被改仰大嘗会中納言検校云々、兼雅卿軽服、仍(藤原)実家卿奉
之云々、
十四日、今夜除服、是小野宮大夫入道服也、少将侍従(藤原兼宗)乗車後、
出門外解除、権漏刻博士(菅野)季親奉仕祓、
廿日、未刻参内、少将(藤原兼宗)兼、在車後、参殿上方、着陣、新蔵人(源)兼
資下吉書、軽服之後、今日始所出仕也、仍有吉書也、参新院、
十一月二日、故高松中納言(藤原)実衡後家尼上入滅云々、予外戚姨母
也、
十日、送五節舞姫装束於三所沙汰人許、〇廿日左大将(藤原)実定送前伊賀
守(源)雅亮宅、抑予去二日軽服事出来、仍触其由旨大将、返答曰、」
(14オ)号花山院納言兼雅訪可遣者、随又彼納言伝匠作有其命、仍仰其
旨於使者、不(雖歟)号他人直送之条尤有恐、然而随本所命、非予自由、
寿永元年正月十四日、参故皇嘉門院(藤原聖子)御堂、崩御日参上之後、今
日所参入也、前和泉守季長朝臣出来、申参入之由於右府(藤原兼実)、被命
云、雖風病更発、相扶可見参者、於仏前被謁、被着重服装束、
立烏帽子、染練単袍、同色如恒、
五月廿七日、有改元定、改養和二年為寿永元年也、去廿五日蔵
人左少弁(藤原)光長奉院宣示送曰、改元日必可参陣、若未除服者、早
除服可出仕者、去月有姉妹服也、申可参陣之由了、但改元者吉事也、永承
度詔書覆奏日、猶軽服人起座、況定日如何、近古事其忌雖相異、
一旦触子細於左少弁、答云、此条者無御成敗、但〇中古軽服人着
其色、近代不然、弥不可及沙汰歟者、」
(14ウ)寿永二年九月十五日、今日被行放生会、去月依穢延引、上卿皇后宮大夫(藤原)実房、先

日奉之、而去十一日依軽服外姨母也、故被辞申、仍大宮中納言
（藤原）実宗奉之、今日於摂政（藤原基通）直盧閑院東南釣殿（藤原）清隆御母、被議定御即位間事云々、人々漸参
入、皇后宮大夫実房、有放生会神事、軽服日数内、（右）左兵衛督（藤原）家通、軽服日数内、
（右）左兵衛督家通着陣、蔵人下吉書、兼示合予曰、軽服之後今日出仕、
可有吉書歟、答可然之由、（藤原家通）武衛曰、一日蔵人下更衣宣旨、請取
了、如此之時、着陣以前於里亭可下宣旨哉如何、予曰、不可然
事也、又曰、有其疑雖請取之不下也、
十一月十八日、辰刻許、大蔵卿（高階）泰経、奉院宣示送曰、只今可参入
者、即馳参、大蔵卿候御前、以蔵人示曰、無殊被仰事、昨日人々
不参之由、有御気色、仍所申也、内大臣（藤原実定）重服、源大納言定房、布衣、母服、尻入左、
中御門大納言（藤原）宗家、
(15オ)母服、布衣、尻入左、別当（藤原）実家、母服、尻入左、」
元暦元年十月九日、摂政（藤原基通）被賜内舎人随身、一昨日、頭右大弁（藤原光雅）奉
院宣、可奉行之由示送、又（申）刻欲参内之間、頭弁送雑書云、殿下
已令参内給、早可被参給者、相次又召使同来告、答云、軽服之
後、今日初可着陣、可被下吉書者、即参内、直着端座、令敷軾、
頭弁下吉書、
文治元年十二月七日、自東殿（藤原基房）松殿御座東山蓬屋隣、召少将（藤原）忠季朝臣車、問
子細、北政所（藤原忠子、忠雅女）可令除皇（太）大后宮亮（藤原）行雅服給云々、行雅者花山院入
道太相国（藤原忠雅）御妹子也、不可有其服歟之由、以少将令尋女房之処、
帰来曰、入道殿松殿被仰曰、可有服之由有所見如何、予不申左右
之処、被尋申花山院、不分明之由被申給、但源中納言通親室家除
服了云々、然而依不被一決、無北政所御除服云々、此後予引」
(15ウ)勘之処、或抄曰、

四等

甥、謂、姉妹之男、可無服、

五等

姑子、謂、父之姉妹之子也、無服、

又曰、

姉妹子不可有服事、

外甥也、四等親也、不可有服之由、見本條也、

或記曰、

保安元年九月、院御熊野精進之間、（藤原）敦兼朝臣女子（藤原）成通妻、夭亡、
（藤原）家保朝臣、（藤原）顕輔朝臣等、雖為亡者外舅参御共了、非服親」
(16オ)之故也、

如右者、外舅已無服、其子何可解除哉、猶依不審、相尋明法博
士（中原）章貞之処、申云、姉妹之子、父之姉妹之子、無其服（歟）者、
十五日、今夜子刻、法印忠雲花山院入道太相国御子、前大納言兼雅同胞、入滅、翌日聞此
事、参花山院存不可見参之由、示付前駿河守（藤原）泰房、自門外帰東
山房、又差使問彼房、予并子息等服七日暇三日也、但五品（藤原）兼季
七歳也、可有服哉之由、相尋明法博士章貞之処、申可無服之由、
又副遣勘文、仍不可解除也、

暇（仮）寧令云、無服之殤、生三月至七歳、太（本）服
三月、（謂、其於五月以上服親、無服（々脱）之殤、故准（唯）云太（本）服三月、不（若脱）帯官人遭此宣者、雖仮日数、心喪（喪）居夏（憂）、殤（但文）云无服、故不可着服也（衍）、）
如今者無服之殤（准）、逝夭之時傍親不可着服之謂歟、七歳以前」
（16ウ）人為傍親不可着服之由、所見等詳、但無服之殤不可着服之由、
先達□草作、仍令注申候、章貞誠恐謹言、
　十二月十六日　明法博士中原章貞
七歳以前人、雖聞服親喪、依為無殤（服）殤可行神事、
勘申、東宮（保明親王）聞食姨喪、雖未成人、可有御服以之（否）、不（又）仮令無
御服者、例（行脱）神事不停止不（否）事、
右蒙上宣偁、上（両脱）件事臨時有疑、宜勘申者、
喪葬令云、姨服一月、仮寧令云、職事遭（官脱）一月喪、給仮十日、
又条云、無服之殤、一月服、給仮二日者、今案件文、七歳以
下服、親死日給仮（法也脱）、七歳以下（不脱）可着親服、令条無文、各（名例）川律云、
七歳以下、雖有死罪不加刑、又職事律（云脱）、可着服」
（17オ）人、聞喪送（匿）不挙哀者、其罪徒罪以下也、由是案之、死罪之重、
不可加刑、何況徒罪以下、無可更論、既無罪者、不可（有脱）御服、
又神祇令云、散斎之内、不得弔（喪）（行）問者病者、拠検此文、弔喪
問病為穢、然則既無御服（行脱）諸神事（者脱）、有何妨哉、仍勘申、
　延喜七年二月廿八日　大判事兼明法博士惟宗朝臣善経
　　　　　　　　　　主計頭兼明法博士惟宗朝臣直（本）□
十六日、今日摂政（藤原基通）被上内舎人随身辞表、予可参彼所、又可奉行
勅答事、其後可定申肥後條事、而去夜忠雲法印入滅、依軽服不
参、其旨示頭右大弁光（藤原）雅朝臣、又申殿了、
自今日被始行法勝寺大嘗（乗）会、上卿皇后宮大夫実房（藤原）依重服（母堂）、左
衛門督実家（藤原）被奉行云々、」
（17ウ）廿三日、今夕、除忠雲法印服、
同四年三月三日、摂政（藤原兼実）使皇后宮亮有経被示送曰、内大臣（藤原良通）事、溺
愁涙毎事不覚、如此付申子細恥思給、然而凶事有違例者、後人
無由事等出来、仍条々所申合也者、
可着服之由、所存知也、（明日云々、）右大将通房（藤原）卿服宇治殿（藤原頼通）着給、雖
有此等例、彼者皆関白時也、到于摂政者代天子執政、可有憚
之由有申輩、然而帝王皆着服給、雖以日易月着服者同事也、
雖摂政何憚哉、触穢之条、同雖有傾奇之人、法性寺殿（藤原忠通）大洛（治）有
着公事、令触彼穢給仍触穢了、着服之条如何、
　予申云、令着服給、何事之有哉、
着服者可用鼠色、其色或者墨許染之、或曰墨ニ」
（18オ）入移花云々、
　予申云、入花事不知給、
女房同可着之、重服之時ハ着一重、如此之時ハ只随季節練生
単衣着（用）之云々、如何、
　予申云、単衣歟、
文治五年二月廿八日、入道左大臣（藤原経宗）薨逝、左大将実房（藤原）（左大臣二女夫、）可遭
喪之由被申院、雖有勅許、摂政（藤原兼実）不可然之由被申、仍不可被穢
云々、

三月廿五日、女房為厳親（平時忠）亜相修仏事、（去月十七日平大納言時忠、於配所薨云々、三月十日所聞也、）今夕着服、同父異母女子
同宿、件人母去年九月逝去、周忌之内有此事、仍相尋主税助安
倍晴光、道志経康（三善経泰）等、」
（18ウ）脱本服着新服之人、（仮令喪母遭父之喪、又喪二等三等遭父母之喪等也、）不行解除只着之也、
新服日数満了之時、一度ニ各除之、当道如此所習伝也、委細
可被問明法候歟、謹言、
三月廿四日　晴光
於遠所聞喪之人、二親之外至于傍親者、仮者自聞始之日半減、
於服者自死日可計之候、然者平大納言殿去（去）月十七日令薨給
云々、奉為外孫君達也、外祖父母四等親（服三月、仮廿日、）自聞食始之日、
御仮十日可候、至于御服者、自去月十七日経九十日御除服可
候歟、但自八歳之時可為服親之故、於七歳之人者不可有御服
幷御仮候、」
（19オ）兼又平大納言殿他腹姫御前、去年九月奉為母御前遭喪、未過
一周以前、奉為彼大納言殿相重可令着御服者、重喪指合之時、
忌（如本）前喪初着後喪之服、経十三月先例也、然者平大納言殿御事、
自聞食之日迄于明年聞食之日、可着喪服（等）給候、経泰恐々謹言、
三月十三日左衛門大志三善経泰
勘申重服重畳例事
右件事、去長元九年、中宮（藤原威子）之一宮（章子内親王）着先皇（後一条）之御服、不経幾程、
同年九月比令着中宮御服間、被問先例之刻、大外記頼隆（清原）、依
礼文、脱先皇御服、新（可）令着此御服給之由」
（19ウ）雖勘申、明法博士令宗道成、脱旧着新之文依不見本朝之法、
只不別先後之御服、至明年九月可被除服給之由、依勘申、即
就道成之勘状被行候了、仍大概勘申、」
文治五年三月廿四日　修理左宮城主典右衛門大志三善経泰
長元九年四月十七日、後一條院崩、
同年九月六日、皇后威子崩、
長元九年九月十九日、経頼（源）曰、
宮々御服事、
抑先例如何、申云、明経博士頼隆申云、明年四月先令脱故
院御服之後、次令着宮御服、及九月（可）令脱給也者、明」
（20オ）法博士道成申云、更重不可令服給、只及明年九月可令服給
也者、
此外、尋世俗例、故左兵衛督公信（藤原）卿子息等所為、先遭父喪
之後、又遭母喪之日、重服云々、右兵衛（督）、朝任（源）卿子息等所
為、如法家云々、仰依法家説、可被行歟、
保元二年九月、徳大寺左府（藤原実能）薨、同三年八月室家又薨、大炊御
門右府（藤原公能）不除本服云々、就此等説、件女子不改服、可及明年二
月也、
卅日、雖重服人、河修祓無憚云々、仍女房晦日祓如例、
閏四月八日、有小除目、権大納言藤原隆忠、去年十月祖母三品（源俊子）
薨逝、自」
（20ウ）幼年養育、着服之間也、但従事之日吉服、

治承元年十月廿五日、未刻参宮、自今夜権大僧都雅実醍醐、修不
空羂索法、件人軽服日数内也、外叔父已灌頂寛叡故(藤原)俊忠卿息、去比入
滅、不被憚之、如北斗法可憚云々、
建久五年正月一日、右大臣兼雅、依重喪不出仕、
安元二年十二月十四日、花山院中納言兼雅、去九月十三日室家逝
去、着服満九十日、今日始出仕、着直衣云々、
(21オ)
仁治三年五月十九日、依吉日除軽服、是去四月十五日比勧修寺花内
法印、、、故殿(藤原忠経)弟也、死去之服也、
六月三日、蔵人某送御教書、、、可渡御三位殿(藤原姞子)方、為脂燭可参
者、、、、神今食以前参内、難叶之由、、、
四日、三位殿入内第二夜儀也、如予者無所役云々、軽服之間、
旁不参内、
十日、今日入御三位殿方云々、号露顕日、神今食前斎間、軽服
之輩難参者、
十一日、神今食依穢延引、
十二日、日来神今食御神事之間不参、今日着直衣参内、
十四日、祇園御霊会、先日被催馬長(隆家カ)雖不知、、、、申軽服由了、
(21ウ)無重催、若代始軽服輩被憚歟、後日、頭中将(源通行)軽服被憚云々、依不審問大外記師(中原)
朝、返事如此、
軽服人、令騎遣祇園御霊会馬長事、所見、、、不詳歟是則外記不奉
行、為蔵人方沙汰之故候歟、軽服人参詣当社、雖無憚候、近
代不然哉、且又彼御霊会、強非神事之由、見応徳四年師、、
、、、無憚候歟、然而如此事尤可在豫議候歟、頓首謹言、
五月十六日大外記中原師朝請文
十八日、土御門大納言(源)顕定着陣、定神今食・月次祭日時、来廿二日云々、是依式
日延引也、自定日禁中又御神事也、仍予退出、
廿九日、六月祓如恒、軽服間不審、然而家従之老云、除服之後、
不憚
(22オ)云々、仍修之了、重服不修之、僧(墨書)尼同不修歟、
寛元々年閏七月十七日、蔵人頭(仁治三年十二月廿五日任)伝聞、故入道中納言家(藤原)経卿息女、昨日
夜死去云々、三等親仮三日、服七日也、当時立坊(久仁親王)奉行、雖期日
遥、来月一日可被始諸社奉幣・仁王講幷五壇法、彼等用途已下
事奉行有憚、仍馳参内申事由、勅定早除服可申沙汰、御祈当日
等非服日数、兼日内々用途沙汰、強不可有憚者也、則退出、招
清基(安倍)朝臣於門有着除服事、
廿日、立坊条々、早速有可申事等、当時雖為御神事間、着直衣到
地上、入夜参内、付勾当内侍、於北対東向車寄戸縁面謁、予乍着
沓、懸尻於縁、
廿三日、巳終刻、参関白(二条良実)申入自去十七日六歟(朱書)軽服出来、禁裏御神事
之
(22ウ)間、不参入、昨日々数過了、今日所参也、次参内申条々、
廿九日、参内、奏云、、、

一、殿上所宛事奉行事、可仰頭弁(平時高)歟、軽服如何、勅定、非神事
軽服何事之有哉云々、則遣御教書了、
六日、放生会奉行穢事、頭弁依軽服辞退、欲与奪他職事如何、仰可仰顕(藤原)
雅、十四日、奉行職事頭弁時高卿、兼日依軽服罷退、申事由、与奪蔵人
次官顕雅了、
寛元二年八月廿九日、入道相国公経公(西園寺)薨逝、関白(二条良実)并左大臣(一条実経)以下軽服
人済々、於関白者明日可除服之由、可被宣下云々、
十月廿三日、冷泉前右大臣実氏(西園寺)、大宮大納言実雄卿(洞院)未復任、着重服之
後、初参内云々、
文応元年九月十六日、未刻参御前、左府公相公(西園寺)参入、被申曰、自一昨
日有軽服事、御禊行幸節下可為何様哉、於長元・永保者、雖為
軽服之日数中、有議勤之、天仁・建久有議憚之、今度可為何様
(23オ)哉、上皇(後嵯峨)仰云、先例已両極也、被尋人々可従、彼所存云々、此
後左府退出、
弘長二年正月廿二日、今朝一院(後嵯峨)奉相伴新院(後深草)・大宮院(藤原姞子)御幸石清水御参籠也、
宮、
廿六日、午刻、参御所、女院(藤原姞子)先御宮廻、次両院(後嵯峨・後深草)御宮廻、
予外戚軽服事出来之由、有其聞、当宮楼門之外不憚之、而自今
日可為賀茂御幸御神事、仍相触奉行人出京、秉燭之後帰宅、
廿九日、今日除服、可令出仕之由、頭左中将忠経(五辻)朝臣送御教書、
文永三年七月廿五日、伝聞、去夜、入道中納言家経(五辻)卿息女禅尼
為故殿(花山院忠経)御愛物、生勘解由小路禅尼、死去云々、今朝出仕以前粗聞之、須不出仕、然
而関東使者
(23ウ)下向之間、如不知参入、臨退出之期、付状於頭中将(源具氏)、申除服出
仕事、今日祈年穀奉幣也、伊勢幣発遣日也、奏下之条無便宜、明日可被下御教書之由、載
礼紙、
廿六日、午刻許、頭中将具氏朝臣奉書到来、可令除服出仕者、申
承了由了、入夜召陰陽師於堀河面小門前除服、先着麻帯、次解除、凡者除
服事、本儀出河原可修祓、略儀於門前修祓、定事也、祖父左大(藤原兼雅)
臣殿御座五条堀河之時、於堀河面准河原被修祓之由、所聞置也、
予蓬屋大炊御門北、堀河東、西大路為堀河、先々於大炊御門面晴門也、雖修祓、
今日示合陰陽師、於堀川面修之、頗有便宜歟、
廿八日、午後参御前、
文永四年十二月十五日、酉刻、権僧正忠尊故三位中将忠頼(藤原)息、故殿御猶子、自去
月之
(24オ)比肩有腫物、入滅之由、伝聞之間、以兵衛大夫通清為使弔遺跡、
帰来云、公信僧都只今帰白川房之由、覚伊阿闍梨問答、自今朝
辰刻許、死期近之由自称、無他事念仏、酉刻修終正念云々、予
可為七ケ日軽服、而皇子(世仁)御沙汰最中(前)也、急可除服歟、仍付蔵人
佐親朝(葉室)除服事申入、近年之法、以聞食之日除服、仍召陰陽師於
門前着除、三位中将(花山院頼兼)同除服、可為七ケ日也、
廿二日、早旦権右中弁経任(中御門)朝臣送状云、三ヶ月軽服出来、御五
十日奉行事、定被憚候歟、御賀奉行事もいかゝ候はんすらん、

旁歎入候、予答云、折節驚存、直可被奏聞、重送御教書云、御
五十日事仰親朝（藤原）、立親王可為定藤（葉室）之由、被仰了、
文永六年十月十一日、権大納言基具卿（堀川）、以事状問答如此、
軽服人御着袴日出現、若其憚候歟、先例不審候、近代弥可猶」
（24ウ）預候歟、如部類記未見及之間、事々暗然也、、、
返報云、
御着袴日、軽服人可参哉否事、其例只今不覚悟候、但冷泉院（天暦六年）
御着袴日（十二月八日）、式部卿親王（重明親王）依九条大臣（藤原師輔）命不改心喪服参入、花山院（天禄元年）
御着袴日（十二月十三日）、枇杷大納言（源延光）雖重服之間、依為宮大夫有召参入云々、
上古例、粗如此、可被相准歟、然而近来事、可被伺時宜候
哉、、、
廿四日、
（大臣）文永八年五月廿八日、辰刻大外記良季（清原）持来予除服出仕宣旨、予
坐寝殿西面簾中、召簾外謁之、良季指笏取筥蓋入宣旨、持来差入簾
中、予見宣旨了、留文返給筥、良季称唯退出、」
（25オ）内大臣（花山院師継）
正三位行権中納言藤原朝臣
家長（花山院）宣、奉　勅、件人宜令除
服従事者、
文永八年五月廿八日　大外記清原真人良季奉
去廿二日、愚息小僧明空入滅、依為院（後嵯峨）御○如法経中、暫不披露、
廿五日奉納了、還幸、廿六日東宮（世仁親王）御違例、必可参之処、服仮
日依有其憚、申入其由不参、仍忩所被宣下也、良季云、夜前
宣旨到来、而為復日之間、相憚不持参者也云々、本儀、暇日数了、
庶子服暇十日、服一月歟、可被宣下歟、然而東宮御悩有煩、予為親父細々可
致其沙汰之上、来月上旬神事之中宣下無骨歟、仍暇服日数中」
所被宣下也、
（25ウ）七月十七日、今日定申祈年穀奉幣使事、先有着陣事、去五月愚息小僧死去後着陣、
軽服之後着陣、此事不審、（朱書）服日数訖者忩可遂事也、宇治左府（藤原頼通）除服出仕宣下
日即着陣、大略毎度事也、近年人々所為不必然、仍于今遅々、
去比右頭中将実冬（滋野井）朝臣、入来奉幣可奉行之由、従之定日、弁以
下有便宜、且故左大臣殿（花山院兼雅）、建久六年七月廿一日、入道内府（中山忠親）除服
之次、被申行祈年穀奉幣定、吉例相存之故也、一昨日以家司状
相触官外記、以自消息相触大弁、事具着陣部、
文永十年三月三日、花山院前右府（通雅）、今晩被参詣春日、抑愚息聖
恵入滅、前右府可為七ケ日服、不被知此事有奉幣歟、不便事也、
後日談云、依無告人不知之、無為奉幣了、
四日丁巳、上巳祓、依愚息聖恵法師入滅、有無事不審、相尋安倍」
（26オ）有光朝臣、所答如此、
御軽服之間、上巳御祓事不憚候、雖有祓号、令勤行河臨祭事
候、仍先例不憚軽服候也、然者両御方、如先々可被行候、以
此旨可被披露給候、恐々謹言、

三月三日　有光

仍如例修之、以左衛門尉基言為使、少将師（花山院）藤同雖為軽服修之、

六日、予軽服之間、祭主（大中臣定世）罪名仗議、今月中被行之者、可有猶豫歟、仍付頭中将（滋野井実冬）尋申了、有勅許者可返上文書也、先例不審之間、相尋大外記（清原良季）良季〻業之処、神宮仗議、軽服人参陣有例、於奉行者所見不詳、又季御読経定可奉行之由、蔵人大進（冷泉経頼）示之、軽服暇間奉行之例、尋大外記良季〻業之処、不」（26ウ）分明、仍同尋申了、

良業（季歟）所勘申両事例如此、

季御読経定、上卿軽服不分明候、但永承六年三月十三日、権大納言源卿師房、参議（源）経長卿参入、被定申春季御読経日時僧名、経長卿軽服也、而有宣旨所被参入也、可被相准候歟、兼又仁王会軽服人参仕例、長元々年三月五日、於大極殿被修臨時仁王会、今日軽服人多参入従事、文治五年三月十三日、春季仁王会也、検校参議親宗（平）卿雖軽服未被下除服宣旨、依職事書状参入云々、如此候、以此旨、可然之様可在御披露候歟、良季誠恐謹言、

　三月六日　大外記清原良季請文」

（27オ）礼紙云、

追言上

軽服人奉行神宮仗議例、未勘得候、同人参〇（仗）議例、謹注進候、正暦元年九月十一日例幣、大納言（藤原）親（朝）光卿、除入道前太政大臣（藤原兼家）服参八省行事、長徳元年六月十六日、月次神今食也、中納言藤原卿公季、依甥喪雖請三ケ日仮、依宣旨参行云々、可被准拠候歟、得此御意可令申入給候、良季亦恐惶謹言、

　軽服人参伊勢仗議例

康和五年四月六日、内大臣（源雅実）已下着仗座、被定申神祇権大副輔（大中臣）」（27ウ）弘・太神宮前祢宜（荒木田）綱等罪科勘文、依伊勢離宮院放火幷度々落書事也、中納言（源）俊実卿、依姑服雖献廿日仮文、昨日被下除服宣旨、所被参入也、

保延二年七月五日、右大臣（源有仁）以下着仗座、被定申伊勢太神宮祢宜等訴申卅餘ヶ条事、権大納言師（源）頼卿、雖服日数内参入、依先例也、

承安四年四月卅日、左大臣（藤原経宗）軽服日数内也、而依先例被下除服宣旨参内、権大納言藤原卿実定、服日数内、権大納言隆（藤原）季卿、藤原卿実房、仗議上卿、已下、着仗座被定申伊勢太神宮司公俊（大中臣）豊受宮尼宮修造遅怠事、幷依豊受太神宮正殿簀子狂人昇居可造替哉事、幷右少将泰通（藤原）朝臣・豊受太神宮祢宜慶章（度会）（彦）等、相論越」（28オ）前国泉北御厨事等、

七日、今日祈年穀奉幣、上卿大炊御門大納言信嗣、

八日、蔵人大進経頼（冷泉）示送云、

季御読経定、上卿軽服人参陣事、於外記所見不分明之由申之間、相尋官候之処、如此申候、此上者何事候哉、為御計歟、内々申入候也、且領状之仁も不候、御参候ハ、可為公平候歟、以此旨

可令洩申給、経頼恐惶謹言、

三月八日、経頼状

軽服人申行季御読経定例、加一見返、就之所詮於有例者可随、

被仰下候、但暇中者難参行歟、来十一日暇之日数満候、為彼日

以後者、随重仰可存知之状如件、」

(28ウ)　三月八日　在判

山陵使定、可為明日九日、上卿巳刻可被参之由、謹承候了、早可

加下知候、仍言上如件、

三月八日　大史小槻有家

退言上、

季御読経定、軽服人参行例、寿永元年七月廿二日定、行事

右中弁光雅(藤原)朝臣先服、承元々年三月十六日定、上卿権大納言

藤原(良輔)卿、八條左府、外叔父服、等是也、神宮仗議、同日被発遣山陵使例不

分明候、可被問外記候歟、重謹言、

九日、秉燭後、大外記良季(清原)持来除服出仕宣旨、入筥蓋、以家司邦兼(橘)進云々、

内大臣(花山院師継)」

(29オ)　正二位行中納言藤原朝臣伊頼(鷹司)

宣、奉　勅、宜令除服従事者、

文永十年三月九日、大外記兼豊前守清原真人良季奉

留置宣旨、返給筥蓋、其次祭主定世(大中臣)朝臣罪名、両博士勘文下給

之、以六位外記可遣頭中将(滋野井実冬)許之由仰了、依軽服辞申此仗議奉行

之故也、

今夜為除服、乗車出門、於堀河面有除服事、主税助有光(中原)修祓、

前筑前守邦兼(橘)為陪膳、四位無其仁、又可着衣冠、而着布衣、深更不及沙汰、

十一日、鬼間議定可参歟之由、頭内蔵頭頼親(葉室)朝臣相尋、答軽服

暇猶及今日無殊召者不可参之由了、

十二日、軽服暇十ケ日満了、仍今日巳刻始着直衣参内、」

(29ウ)文永十一年六月十三日、午刻、参新院(後深草)、依可有評定事也、未刻

摂政前右府(九条忠家)、堀河大納言(基具)、、、、

抑前右府軽服暇中也、常儀不可有出仕歟、然而評定為内々事歟、

人数大切之間、以別儀被参、而一条前関白(実経)執政之時、依評定、

故院(後嵯峨)雖有召、暇中称無便不被参、丞相以上可為此儀歟、近年不

及沙汰、可謂凌遅、

七月二日、花山院中納言家長、子刻薨逝、前右府(花山院通雅)嫡子也、

三日、午刻参花山院、訪前右府、又謁申禅閤(花山院定雅)納言、歿後事、禅

閤右府相談被仰、或仏事禅閤大略管領、可令触穢給、前右府依

為新院執事、不執行仏事、不可触穢、但暇間、不可出仕籠居于

花山院、但近例、於軽服者不可着云々、」

(30オ)廿四日、花山院前右府、今夕被参院云々、去二日、長男中納言

家長卿以薨去、暇廿日間、所被籠居也、無除服出仕、宣下歟云々、

寛元二年十月廿二日、小舎人草部久直、去比軽服事出来、兄男

某、自幼年為異姓他人子被養育、然去比死去、仍服有無、訪法

家之処、昭穆不叶之養子、猶可有本軽服云々、」

尊経閣善本影印集成 55
消息礼事及書礼事 他

発行　平成二十七年十一月十日
定価　（本体二八、〇〇〇円＋税）
編集　公益財団法人　前田育徳会尊経閣文庫
東京都目黒区駒場四－三－五五
発行所　株式会社　八木書店古書出版部
代表　八木乾二
東京都千代田区神田小川町三－八
電話　〇三－三二九一－二九六九〔編集〕
〇三－三二九一－六三〇〇〔FAX〕
発売元　株式会社　八木書店
東京都千代田区神田小川町三－八
電話　〇三－三二九一－二九六一〔営業〕
〇三－三二九一－六三〇〇〔FAX〕
製版・印刷　天理時報社
用紙（特漉中性紙）　三菱製紙
製本　博勝堂

ISBN978-4-8406-2355-1　第七輯　第9回配本

Web http://www.books-yagi.co.jp/pub
E-mail pub@books-yagi.co.jp